硅谷创业课

［美］特恩·格里芬(Tren Griffin) ◎著
笪鸿安 吴益华 译
王玥 审校

A
Dozen Lessons
for
Entrepreneurs

中国人民大学出版社
·北 京·

全力倾听，孤独决策

今年，我大学毕业已十八年了。在这十八年中，我几乎所有的时光都是和创业者联系在一起的。从加入创业公司，到自己成为创业者，创办三家公司，再到成为投资人，投资了数十家企业，甚至成为所谓的创业导师，这十八年，我几乎见证了中国近年来最好的创业时代，也有幸认识了很多中国的创业家、投资人，同时也亲历了中国创业教育从无人问津到风生水起的过程。我无数次问自己，也被问及：创业精神真的是能够培养出来的吗？

无论是功成名就的企业家（他们更愿意被称为持续创业者），还是拿到风险投资的年轻创始人，我最强烈的感受就是很多人都经历了一个人性穿越隧道的过程。这个隧道的起点是矛盾和焦虑，越往隧道深处走，这种矛盾和焦虑就越突出，光线一点一点暗下去，旁边的杂音和内心的惶恐一点一点多起来。耳边的声音里面，有的人告诉他，要想闯过去，就需要像乔布斯、马斯克一样特立独行，不需要讨好别人；有的人告诉他要像任正非一样实行军事化管理，有的人告诉他要像谷歌等硅谷公司那样充满着人性和自由，公司里面堆满着零食甚至鼓励员工带来宠物狗；有的人告诉他要谨慎地对待每一个新的市场开拓，反复论证，有的人告诉他速度胜过一切，规模就是最好的营销；有的人告诉他创业者应该是最好的产品经理，应该是最好的销售员，应该是最好的企业文化建设官，有的人告诉他首席执行官就是首席执行官，雇用对的人、用好人、做好决策就可以。这些"金玉良言"让行进在黑暗隧道中的创业者，时而温暖，时而惶恐；很多人无法看到那一头的曙光，黯然退场，甚至有的人为此付出了生命的代价。而有一部分人，在这些声音中耐心倾听，最终渐渐消化各种各样的言语，从而倾听到自己内心真正的回响。慢慢地，这些声音汇聚成敦促自己前进的鼓声。在这鼓声中，自己一步一步，日趋坚定，逐步看到远方隧道那一头的光亮。

　　创业者要看清的事实是：成为一个真正的成功创业者，和一条鱼学会在陆地上行走的成功概率差不多。在过去的数年间，各种各样的创业媒体讲述的创业故事激励了很多人，更害了很多人，因为这个世界的大多数人，甚至绝大多数人，并不适合创业。而很多人，把做个小生意，把发财致富的梦想，把自己出人头地的盼头，都寄托在了"创业"这个词语上，让这个词混入了太多的杂义，而失去了它本来的底色。创业者最大的挑战，是和人性的斗争，是和自己内心深处各种欲望的斗争，是和周围各种人——投资人、合伙人、员工等内心各种人性的斗争，是和这些人性斗争之后融会贯通、各归其位的过程，这个过程是反人性的。一个创业者的知识金字塔，上面是产品、战略和管理，中间是历史和哲学，底层是对人性轮回深深的感悟、接纳和通透。而真的有这样的一堂创业课吗？答案是没有，必须将自己的脚印和心印，一步步印在那条被称为创业的崎岖道路上。这条路上相遇的每个人，都是真正的老师；这条路上的每一滴汗水和血水，都是真正的教材的内容。

这些年，一批曾经藏于创业者身后的投资人，在媒体的曝光和放大效应下慢慢呈现于公众眼前。他们在很多人的眼中，手握重金，一言九鼎，杀伐决断，贪婪成性，几分钟的决策就可以调动庞大的资金和资源，是老板背后的老板。他们说的每一句话都字字珠玑，让自己可以瞬间打通任督二脉，蜕变升级。我看到的事实是，成为一名成功的投资人的概率，比成为一个成功创业公司的创始人的概率还要低，因为要想比创始人还了解这个行业、了解这个公司，几乎不可能，但是，你还要给这个创始人更多的钱，持有比创始人更少的股份，这背后的风险，很多人是无法体味的。成为一名成功的投资人难，成为一名持续成功的投资人更难，因为任何一项成功都几乎无法复制，每个成功的创业者都截然不同，投中一个十倍回报、百倍回报、千倍回报的案子是很多投资人给自己设定的攀登成功的阶梯，而每层阶梯之下，都是亿万真金白银和无数创业公司的尸骨。

那么，那些成功的创业者、成功的投资人，他们的心路历程分享，值得倾听和学习吗？答案是：值得！尤其是那些用心的总结，如前面所说，是亿万真金白银和无数失败者的尸骨换来的经验、教训和心得，当然是值得听的。我现在依然清晰记得，在十三年前的那个夏夜，一个曾经叱咤风云的创业者——外界称他为大鳄——在尚未完工的鸟巢施工工地路边，用三瓶啤酒和一盘花生米给我讲的影响我一生的创业课。十几年后，我也用心地和一个个我参与投资和辅导的创业者，去复盘，去帮他厘清心中的困惑。突然，市面上多了很多创业辅导课、多了很多创业辅导员，我身边也出现了很多拿起一瓶矿泉水就可以滔滔不绝说个不停的创业裁判，而那些真正扎在创业投资一线的投资人、能够把自己和身边创业者的心路总结提炼成方法论的投资人，依然少之又少。

从过去数年间，在人大商学院担任客座教授，为高管讲授创新与创业，到与人大出版社合作翻译出版《企业生命周期》一书，都让我受益匪浅。我在自己即将开办的"相由新生"独立书店筹备之际，又想到和人大出版社的好朋友们合作。而这期间，他们告诉我，他们即将出版特恩·格里芬用数年时间，调研汇集 35 位著名投资人的经验和心得而成的《硅谷创业课》一书。我有幸提前通阅全稿，这里面的很多真知灼见，让我醍醐灌顶，感同身受，收益良多。更有幸为大家推荐此书，希望真的可以帮助到很多正在穿越隧道的创业者！

　　书中多处提到的概念之一就是凸性（可以简单理解为挑战传统的思维和模式）和反向投资（不追求潮流，投资凸性的方法），理解和掌握这些概念，无论对创业者，还是对投资人，都是一场人性修炼课，过关者，即抵达光明彼岸。全力倾听，孤独决策，送给即将阅读《硅谷创业课》的每一位创业者和投资人！

王　玥

连界投资董事长、持续创业者、投资人

2019 年 5 月

创业精神：协调各种矛盾的修炼

"创业精神教育"这种提法似乎有些不妥。

创业精神的核心是创新，是关乎创造新事物的，又怎么会有"最佳实践"可循呢？我们最推崇那些来自不同行业的创业者们，他们并未通过研究过去以创造未来。也许他们运用了一些商业、技术和设计方面的技巧，但是一路走来，他们藐视常规、忽略专家、避开现状。

那些正处于创业萌芽期的创业者，他们并不缺乏来自专业人士的各种建议。成功的创始人会出书，发表演讲，介绍一些历经艰辛才收获的经验教训，并会鞠躬致意。投资人也会自信地分享数年来从董事会会议中获得的智慧，以及从职业生涯中了解到的一些规律。不过，所有这些建议都源于文化背景、行业和创业时机迥异的不同公司。如此多的视角所呈现的智慧既富有价值，又相互矛盾。举几个例子……

根据以往的经验，专家是行业领军人物，但我们实际看到的是，初入行者推动行业变革。

我们攻读高等学位，并历经数十年在行业内摸爬滚打，从中获得了专业知识和技能。然而，大刀阔斧地进行行业变革的领军人物却是局外人。例如，优步（Uber）颠覆了交通运输行业，爱彼迎（Airbnb）颠覆了酒店业。也许，若要进行行业变革，要保持足够天真，一开始就质疑基本设想，并且尽可能长久地保持局外人的心态，采用那些对于该行业来说独特且有优势的技能，为行业带来变革。

我们被鼓励要有原创精神，却又被警告不要做无意义的努力。

创新很棒，但前提是我们创造的产品不会令用户有陌生感。我们很快发现，为实现产品差异化而采用的新产品名称很容易令用户感到困惑。和其他创业者一样，我在这方面也是教训深刻。我将 Behance（创立于 2005 年的创意设计类人才的网上共享平台）中不同的创意领域命名为"王国"，并将不同的小组称为"圈"，但后来还是将它们改回更简单的"领域"和"小组"。用挑战常规的方法为用户设计新体验，这样只会使用户感到迷惑。创业者慢慢会发现，创新助你脱颖而出，熟悉感让用户深度参与。

对于毫不留情进行行业变革的领军人物，我们为之喝彩；而对于怀着谦逊和同理心打造出卓越团队的领导者，我们表示尊重。

多年来，我见识过许多这样的公司创始人：他们会搬出史蒂夫·乔布斯（Steve Jobs）的故事，为自己的傲慢辩解；会将自己比作埃隆·马斯克（Elon Musk），说明自己罔顾现实的自信是有道理的；还会提及霍华德·舒尔茨（Howard Schultz）或谢家华（Tony Hsieh），说明文化优先的战略方向的正当性。然而，在试图依照自己羡慕的商界领袖的公众形象特征行事时，我们并没有注意到时机、环境、关系这些要素的细微差异，而这些差异至关重要。你可以寻求建议，但不能全部照搬他人的路径。就创建公司而言，最重要的实际上就是：设计自己独特的剧本，来创建团队、企业文化及产品。

我们被告知要倾听消费者，却得到提醒：消费者几乎不了解自己的需求。

大型公司会通过焦点小组访谈和市场调研的方式，来进行产品的迭代；敏捷的小型初创公司发布和迭代全新的产品，将行业在位者①挤出市场。最伟大的新兴初创公司会创造新市场，或以消费者从未想到的方式重新定义旧市场。如何听取消费者建议，从他们表面说出的需求中识别出实际上他们自己都未曾发现的真实需求？如何区分冷嘲热讽和理性批评，以获得中肯的反馈？所有伟大的创业者，在某一刻都学会了从怀疑中找到自信。如果每个人都认为你疯了，那么你要么疯了，要么

---

① 在位者（incumbent），指行业内占据较大市场份额的领先者。——译者注

确实在成就伟业。非凡的伟业从来都不是通过走寻常路取得的。

　　我们被教导说，要规划未来，但又被告知，现实永远和计划不一样。

所有经验丰富的创业者都知道，商业计划是有益的开端，但仅此而已。周密策划的、理性的商业战略在商场很快会败下阵来。闯入未知领域时，你只需要鼓足勇气，快速进行迭代。他人给予的建议仅仅是脱离了你所处的真实环境的策略而已。要制订计划，还要不断修正计划。

　　创业精神是关于例外的艺术。

真正的智慧不是选择性地听取建议，而是矛盾本身。创业精神，从本质上说，是调和各种矛盾的修炼：从案例研究成果和最佳实践中汲取智慧，但不直接采用。它是一种复杂的关于平衡的修炼：能力和天赋的平衡，接受和拒绝的平衡。

因此，作为创业者和投资人，我很长时间以来都很喜欢特恩·格里芬数年来发布的著名的"硅谷创业课"文章系列。他从各个视角挖掘了创业精神的宝贵智慧。特恩并不宣称自己有"正确答案"，也不为不可预见的未来敲定计划。相反，从许多在各自领域开创新局面的创业者那里，他拾取了一些宝石，对其成分进行了分析。

除了从实践中获得经验教训，你还要对创业精神进行研究，研究如何调和自己从各个角度获得的洞见，以便形成自己独特的路径，然后依此路径去创建团队、培育企业文化和共启愿景。公司要经久不衰，首先要做独特的自己，而且要超越自己。

斯科特·贝尔斯基（Scott Belsky）

创业者、作家、投资人

斯科特·贝尔斯基，创业者、作家和投资人。他创立了Behance公司——一个重要的创意设计产业共享平台，供人们探索和展示创意世界。他任Behance公司首席执行官，直到2012年Adobe公司将其收购。收购后，斯科特在Adobe公司担任负责产品的副总裁。斯科特为技术和设计交叉领域的人才带来建议，并进行投资。他还是Benchmark公司的投资合伙人，以及Periscope、Pinterest、Sweetgreen和优步公司的早期创业导师和投资人。他持续地指导并投资处于早期阶段的初创公司。他还是《想到做到》（*Making Ideas Happen*）一书的作者，以及99U公司的创始人。99U是一份关于创意的刊物，它每年组织大会，致力于提高创意领域的生产力。

目　　录

引　言

　　本书是关于创业精神的。这里介绍的是世界上那些最成功的风险投资人和创业导师的洞见。

　　在商业的历史上，相较于任何其他形式的商业，风险投资行业创造出更多的新产业、更多的财富。本书提及的创业导师和个体投资人是这些新产业和财富的重要推手。在推动新产业、创造新财富的过程中，他们获得了一些宝贵的洞见和恒久的智慧，值得与每一位创业者分享。

　　本书原始资料源于过去四年我对一些具有非凡才华的人的采访，以及相关阅读。与世界上任何其他群体相比，这些人亲眼见证了许多初创公司的成功之路。从这些初创公司的成功和失败经历中，人们可以获得一些借鉴。如果说，初创公司的经验教训经过具有绝佳判断力和非凡领悟力的人的思考加工，转化为智慧，那么，本书书名就可以换成《创业者必备智慧》。

本书介绍的这些人具有一个共同特点：他们都是天生的老师。虽然每个人都很独特，但他们看待商业的一些基本方法往往有共同之处。本书按照他们姓氏的首字母先后顺序予以介绍。

为什么将几位创业导师专门分类？创业导师值得享有如此礼遇。他们帮助创业者在个人生活、企业管理及领导力诸多方面获得发展和成长。通过提出合适问题并提供建议，他们对创业者进行指导。许多投资人都是创业导师，但并非所有创业导师都是投资人。本书描述的一位投资人谈到一位伟大的创业导师时曾这样说："我知道，比尔·坎贝尔（Bill Campbell）并不想被称为风险投资人。他总是告诉我他不是。他说：'你做投资决定，我只想和创业者一起工作。'"此外，先用小篇幅介绍创业导师，这就使本书自然地从介绍帮助创业者创业的过程开始。

书中介绍的 35 人中，有 6 位是女性。这个比例是行业内高端投资人中女性平均占比的 2 倍还多。尽管在风险投资公司非投资性岗位的女性占比达 60%，但从事高端风险投资的女性比例很低。我希望，风投业的性别多样化状况会得到改善，而且，更重要的是，还包括其他所有方面的多样化。研究表明，多样化工作团队会使公司发展得更好，投资的产出更佳。多样化使人们得到更多创意、获得更多视角、为更广阔的用户群体考虑更多的产品。和我一样，为本书撰写富有见地的序言的斯科特·贝尔斯基也相信，多样化会产出更好的结果。

具有多样性的意见和环境会提高"幸福的意外"产生

的可能性。意外发现源于差异。无论创业者还是投资人，都必须使自己创建的工作团队能依理性行事。方法就三个字：多样化。多样化意味着不同个性、性别、背景、教育程度、经历、民族/种族等。多样化不该只是生物学意义上的复选框，它的意义更微妙复杂。若想使工作团队超越个人视野，最佳做法就是召集一些有巨大差异且非常优秀的人。

本书快面世时有新闻曝出：一些杰出投资人被指控性骚扰他人。这清楚地表明，人们需要付出更多的努力，以营造更为开放、透明、友好的工作环境，在这样的环境中，公司创始人以及性别、种族、民族、性取向各不相同的员工都能健康成长。

本书中包含概念清单和词汇表。它们会帮助读者理解创业导师和投资人所介绍的一些原则。如果碰到不熟悉的概念，如"幂律分布"，可以参阅词汇表，查找该词的定义，然后看一下概念清单，看看哪些人提及了此概念。我发现，了解几位投资人在某个具体问题上的观点后，就可能知道，他们是否采用了相同或不同的方法，而且确定运用哪些方法可能获得类似成功。

如果相当数量的创业导师和投资人都推崇同一想法，就要对此想法予以格外关注，这样比较明智。

有三个概念在本书中多次出现，所以有必要一开始就定义清楚。第一个概念是"凸性"。杰夫·贝索斯（Jeff Bezos）用棒球打比方，描述了该词的意思：

巨大的经济回报常常源于挑战传统认知，而传统认知一般是对的。假定要使获得百倍投资回报的概率达到 10%，那么你必须每次都不按传统认知行事。但是，全部都押在非传统认知上，失败的风险会很高。我们都知道，你用力挥棒，努力打出一个全垒打，结果会多次三击不中而出局，但也会打出一些本垒打。然而，棒球运动和商业的区别是：棒球运动的得分结果呈现截尾分布。当你挥棒时，无论击打得多好，都只能跑四垒，得四分。在商业领域，偶尔，当你开始行动时，可能会跑 1 000 垒，得 1 000 分。这种长尾分布的回报说明大胆冒险很重要。大赢家都是在多次尝试后才有所收获。

有些人也许不熟悉棒球运动：本垒打，是指能让击球者跑过所有四垒，得一分的一击。第二个重要概念是大满贯（grand slam），此概念也源于棒球运动。它是指，当所有三垒都被其他跑垒员占领时（此情形被称作满垒）所打的本垒打，如此一来，只用一击，击球者就得到四分。在风险投资领域，大满贯的结果可能是几百万美元，而不只是棒球运动中的寥寥四分。风险投资中的大满贯是指，一项投资获得所投入资本一倍或几倍的分布式流动性回报。例如，某公司投资额为 4 亿美元，如果获得大满贯投资结果，就会有超过 4 亿美元的收益。大满贯与有些人所谓的"独角兽"不同，因为，对投资者而言，大满贯中他所获得的必须是来自流动资产的分布式回报，所以人们对获得大满贯收益的公司的估价常常不足。

第三个概念是具有"反向思维"（contrarian）的重要性。最优秀的投资人相信，找到商业中凸性的最有效方法，是采用与市场上其他大多数参与者相反的视角。这种想法不仅对风险投资适用，对所有的投资都适用。对冲基金投资人雷·达里奥（Ray Dalio）这样说：

> 你必须独立思考，因为，如果只是追随大众视角，那么你肯定赚不到钱，因为价格已反映在了大众视角中。但是与大众视角反着来，就会有很大的可能性会失误。因此，只能保持谦逊。

本书介绍的投资人认为，发现凸性的最佳地点是：其他投资人或公司创始人忽略的地方。我是从安迪·拉切列夫（Andy Rachleff）那里第一次听说风投行业的反向思维概念的。他说，他是从著名投资人霍华德·马克斯（Howard Marks）那里借用过来的。马克斯认为："问题是，非凡的业绩只能源于不追随大众视角的正确预判，但是做出不追随大众视角的预判很困难，极易出错，而且做起来难。"爱彼迎是创业者不走寻常路的经典案例。马克·安德森（Marc Andreessen）说，对于爱彼迎，人们惯常的想法曾经是："人们住到彼此家中，不会遇到拿着斧头的杀手吗？"本书将会更深入地探讨如何运用反向投资思维。

著名投资人山姆·泽尔（Sam Zell）曾这样简单地描述凸性、大满贯、反向思维三者之间的关系："听着，商业并非什么难事。如果你看到某行业风险低，有良好的上涨趋势，你就去做。如果风险很高，前景惨淡，你就放弃。唯一需要做很多工作的情况是，有明显上涨的趋势，并且风险也很大。"

概念清单

运用下列清单理解本书提及的重要概念。数字越大，表明此概念被提及的次数越多。每个名字后面的数字指此概念在相应的人名那一章的第几个问题中被提到。

幂律分布

19

里德·霍夫曼 1
维诺德·科斯拉 1
李宏玮 3
丹·列维坦 10
玛丽·米克尔 1
杰西卡·利文斯顿 7
查马斯·帕里哈毕提亚 9
安迪·拉切列夫 9
纳瓦尔·拉维康特 3
彼得·蒂尔 12
弗雷德·威尔逊 1

马克·安德森 1
史蒂夫·布兰克 12
罗洛夫·博沙 2
约翰·杜尔 11
克里斯·迪克森 8
吉姆·戈兹 1
保罗·格雷厄姆 2
比尔·格利 5

反向投资

16

杰西卡·利文斯顿 6, 12
玛丽·米克尔 8
迈克尔·莫里茨 10
安迪·拉切维列夫 11
纳瓦尔·拉维康特 5
埃里克·莱斯 10
彼得·蒂尔 11
弗雷德·威尔逊 2

吉姆·布雷耶 1, 7
克里斯·迪克森 1, 7
保罗·格雷厄姆 4
比尔·格利 12
里德·霍夫曼 2, 3
本·霍洛维茨 5
维诺德·科斯拉 3
丹·列维坦 11

风险资本

10

史蒂夫·安德森 1
柯尔斯顿·格林 4
乔希·科普曼 7, 12
道格·莱昂内 10
丹·列维坦 7, 8
杰西卡·利文斯顿 1
迈克尔·莫里茨 5
基思·拉波伊斯 6
安迪·拉切列夫 10
海蒂·罗伊森 7

周期

9

吉姆·布雷耶 1, 5
比尔·格利 2
柯尔斯顿·格林 11
李宏玮 5
玛丽·米克尔 6
迈克尔·莫里茨 10
安迪·拉切列夫 6
弗雷德·威尔逊 12
马克·苏斯特 7

市场

9

里奇·巴顿 8, 9
罗洛夫·博沙 5
克里斯·迪克森 8
吉姆·戈兹 4
保罗·格雷厄姆 3
丹·列维坦 10
安迪·拉切列夫 1, 3
纳瓦尔·拉维康特 6
马克·苏斯特 12

使命

9

山姆·阿尔特曼 1
史蒂夫·布兰克 9
罗洛夫·博沙 5
约翰·杜尔 1
吉姆·戈兹 1, 2
保罗·格雷厄姆 9
李宏玮 1
查马斯·帕里哈毕
　提亚 12
埃里克·莱斯 10

招聘

9

山姆·阿尔特曼 10
里奇·巴顿 10
史蒂夫·布兰克 9
比尔·坎贝尔 7
彼得·芬顿 1
道格·莱昂内 3
丹·列维坦 3
海蒂·罗伊森 5
彼得·蒂尔 9

运气

8

罗洛夫·博沙 7
吉姆·布雷耶 12
比尔·格利 3
维诺德·科斯拉 5
乔希·科普曼 11
杰西卡·利文斯顿 8
迈克尔·莫里茨 12
海蒂·罗伊森 9

天使投资人

7

史蒂夫·安德森 1
保罗·格雷厄姆 2
杰西卡·利文斯顿 5
道格·莱昂内 9
基思·拉波伊斯 5
纳瓦尔·拉维康特 3
彼得·蒂尔 6

资金消耗率（烧钱率）

7

山姆·阿尔特曼 10
史蒂夫·安德森 4
保罗·格雷厄姆 8
本·霍洛维茨 10
查马斯·帕里哈毕
　提亚 10
马克·苏斯特 2
弗雷德·威尔逊 4

创始人

7

克里斯·迪克森 2
保罗·格雷厄姆 5, 9
乔希·科普曼 2, 3
李宏玮 2
丹·列维坦 2
查马斯·帕里哈毕提
　亚 12
基思·拉波伊斯 3, 4

护城河

7

山姆·阿尔特曼 5
里奇·巴顿 1
吉姆·戈兹 6
比尔·格利 9
里德·霍夫曼 3
维诺德·科斯拉 4
彼得·蒂尔 1

人才

7

比尔·坎贝尔 7
吉姆·布雷耶 9
保罗·格雷厄姆 8
维诺德·科斯拉 5
李宏玮 1
丹·列维坦 1, 5
基思·拉波伊斯 9

谦卑和傲慢

6

马克·安德森 2
吉姆·布雷耶 4
比尔·坎贝尔 10
彼得·蒂尔 10
道格·莱昂内 7
查马斯·帕里哈毕
　提亚 5

风险、不确定性和无知

6

史蒂夫·布兰克 4
保罗·格雷厄姆 7
李宏玮 12
维诺德·科斯拉 8
迈克尔·莫里茨 1
安迪·拉切列夫 8

创新

5

埃里克·莱斯 7
本·霍洛维茨 5, 9
杰西卡·利文斯顿
　10, 11
安迪·拉切列夫 4
彼得·蒂尔 2

第 Ⅰ 部分 >>>

创业导师

1. 史蒂夫·布兰克

在 21 年的职业生涯中，史蒂夫·布兰克（Steve Blank），曾在 8 家技术公司工作过。后来，他决定在职业生涯中更多地投入到教导其他人如何成功创业的工作中。投资人安迪·拉切列夫说过："史蒂夫·布兰克写了一本很棒的书，叫作《四步创业法》（*The Four Steps to the Epiphany*），他在这本书中，真正全面提出了'客户开发流程'的理念。"对于人们所说的"精益创业"运动，史蒂夫也做出了具有奠基意义的贡献。本书选择将他列在首位，这很自然（特别因为他姓氏首字母是靠前的B）。在发表商业观点时，他总是从自己的个人经验出发。1996年，他在自己家的客厅创办了 Epiphany 公司，后来还创办了两家半导体公司——Zilog 和 MIPS 电脑，另外还创办了工作站公司 Convergent Technologies 及其他几家初创公司。他还写过

《创业者手册》（*The Startup Owner's Manual*）及其他几本书。

1. "初创公司是一种暂时性的组织，其目的是寻求一种可复制、可扩展的商业模式。"

　　商业模式描述公司如何创造、交付、获取价值。

关于商业模式，有几种不同的定义。我喜欢投资人小迈克·梅普尔斯（Mike Maples Jr.）的定义：商业模式是"公司将创新转变为经济价值的方式"。商业社会是一个逐步进化的系统。创业者努力使其公司进化得适应商业社会的需要，在这个过程中，他们反复试验，发现最佳实践，做出了创新。更合适的产品和服务会胜出，不太合适的会被淘汰出局。创业者创业或传统企业转型时，他们会进行试验。布兰克和其他人成功摸索出了创立商业模式的方法，其途径就是：提出假设，反复试验，发现最佳结果，而不是试图凭空搞一个宏伟计划。

2. "大企业是一种持久性组织，其目的是实施可重复、可扩展的商业模式。"

　　大企业之所以大，是因为它们找到了可重复的商业模式，而且它们将大部分精力投入运营中。这就意味着，它们一遍一遍地重复。它们摸索出了让企业成长壮大的秘密。

一旦拥有了可重复、可扩展的商业模式，公司就不再是初创公司了。布兰克说过，当不再是初创公司时，公司就可能开始生成"抗体"，阻碍自身开发新产品和新服务，以及创建新的商业模式。在创建可重复、可扩展的新商业模式，以及最大限度地实施现有商业模式之间，存在天然的矛盾，因为最好地实施现有商业模式常常需要剔除任何与现有商业模式不相关的东西。

3. "商业计划是成熟公司在经营中使用的工具。它不是用来寻找商业模式的。"

> 初创公司不是大公司的微缩版，两者有很大不同。商业计划是运营方案，初创公司甚至都不知道应该运营什么。初创公司最后要做的一件事情才是制订商业计划。

> 商业计划类似于：有人要生孩子了，你被派去烧水。其目的是让你忙起来，但在行动和成功之间没有关联。

> 在初创公司，没有哪份商业计划能活过与用户的第一次接触。

世界变化如此之快，风险和不确定因素如此之多，一份详细的长期商业计划基本上就是一种虚幻的东西，撰写商业计划就是浪费宝贵的时间和资源。诸多关于企业经营本质的商业书籍中，写得最好的一本是菲尔·奈特（Phil Knight）记录耐克经营故事的《鞋狗》（*Shoe Dog*）。《鞋狗》描述了创建公司所必经的艰难漫长的历程。奈特说："我们没有总体规划，都是凭直觉和经验……生活和成就一番伟业一直会存在冲突，人们一直在和平和混乱之间挣扎。两者我们都无法掌控，但我们可以去施加影响。如何着手是成功的关键。"纳西姆·塔勒布（Nassim

Taleb）这样描述为什么商业计划会使企业失去其潜在价值：
"一份僵化的商业计划将人们框在事先设定的固定框架中，就像
是没有出口的高速路，限制了更多选择的可能性。"

4."初创公司不是实施一系列明确的方案。大多数初创公
司面临一系列未知的东西：未知的消费者细分市场、未知的用
户需求、未知的产品特性，等等。"

> 悲观者在每次机遇中都会看到风险，乐观者则在
> 每次风险中都会看到机遇。

最大的不确定性会给初创公司创始人及投资人带来最大的
经济回报，因为在这样的情形中资产极有可能被错误定价。在
决策时，创始人和投资人必须评估三个因素。

（1）**风险**：世界的未来情形都有哪些以及每种情形发生的
概率都是已知的（就像轮盘赌那样）。

（2）**不确定性**：世界的未来情形都有哪些，是已知的，但
这些情形发生的概率是未知的（类似生活中的多数事物）。

（3）**无知**：世界的未来情形会怎样是未知的，因此这些情
形发生的概率更加不可预判（对未来一无所知）。

那些面对风险、不确定性、无知仍能保持理性的创始人或
投资人，能更好地利用资产被错误估值的机会。只有当其他投
资人感情用事而非理性思考时，资产和机遇才可能被错误定价。
例如，正是在 2008 年金融危机后世界经济触底时，投资人或创
始人才有最佳投资或创业机会。最佳创业时机常常出现在经济
下行时，因为这时更易招聘雇员，原材料价格更便宜，而且竞

争也更趋缓。创建公司需要勇气，特别是在经济衰退时，但这种勇气可以为创始人带来丰厚回报。乐观主义者，以及以前经历过经济周期的人，他们更可能意识到：即使经济处于下行阶段，商业环境也必然会好转。他们明白：经济周期必然会在繁荣和萧条之间摆动，循环往复，周而复始。

5. "在产品研发的早期阶段以及之后的过程中，如果公司高层管理者常常与用户交流，听取用户的声音，那么产品就会有好的市场表现。如果将产品转交给没有参与研发的销售和营销部门去推广，产品就不会赢得市场。事情就那么简单。"

　　　　现如今大多数公司的现实情况是：它们采用的产品推介方式大多是在办公室里搞推介活动。在此过程中，用户的意见可能只流于形式，走流程，并不是产品推介过程的主角。

而在办公室里不会获得真相，所以还是走出去吧。

布兰克认为，初创公司应该像科学家那样运用科学的方法。基于此想法，布兰克开发出了他称为"客户开发流程"的东西：先提出假设，然后进行测试和证明，或者，如果假设被证明有误，再做进一步的迭代假设。因此，初创公司应该先从产品着手，然后为产品找到市场，而不是先从市场着手，再试图为市场找到适合的产品。只有花时间与用户互动交流，才能更高效地驱动客户开发流程。一些最棒的创始人、首席执行官、经理人，以及工程师，他们花大量时间与用户互动，获得反馈。他们这样做，是因为他们热爱自己的产品，并愿意与他人分享这种热爱。

6."如果你失败过一次，'精益创业'思想才最奏效。如果失败过一次，你就会了解，不能仅凭一腔热情行事。也许应该先稍微审视一下自己的热情，再花 3～4 年的时间去实现它。"

良好的判断往往源于经验，而经验往往源于糟糕的判断。因此，失败虽然令人痛苦，但它常常很有益。从他人的错误中吸取教训，这样痛苦会少些，但亲自品尝到失败的滋味，最令人难忘。创业过程中最可贵的事情是：创业早期，花时间和精力去弄清楚"狗是否会吃狗粮"（用户是否会买账），没有什么比这个更重要。在早期阶段测试创业想法，只需要付出相对较少的努力，就可以避免失败的命运，又何必因为追随个人的热情，做没有意义的牺牲？

7."'公司创建好了，业务就会上门'，这不是战略，这是祈祷。为什么如此多的创始人，如此不情愿事先花哪怕 500 或 1 000 小时做市场调查，以确定市场对其研发出来的产品有真正的、大量的需求或热爱？如果没有热情的用户，即使最富有激情的创业者至多也是瞎折腾。"

心理上的拒绝可能会非常强有力。那些迫切想得到某种结果的人，他们常常会假装说，用户会购买他们的产品，可没有证据表明情况果真如此，因为现实太糟糕，令他们不敢去想。例如，如果某创业团队的种子资金被耗尽，投资者又施加压力，这时该创业团队也许会自我安慰说，用户会购买他们的产品，即使连十岁小孩都知道，他们产品的价值并不足以吸引用户去掘钱购买。如果公司没有找到核心产品价值（针对用户某个痛点的有价值的解决方案），销售将无法获得增长以使公司活下去。

8. "如果公司能快速制定并实施决策，它就会获得巨大的，而且常常是决定性的竞争优势。"

重要的是，公司要有向前发展的动力，以及有助于快速发现并纠正任何错误决策的严密的、基于事实的、用数据说话的反馈环路。这就是初创公司灵活敏捷的原因。在大公司里，公司某委员会安排下属某委员会选定一个开会日期所用的时间内，初创公司可能已经决定了 20 个事项，取消了 5 个事项，并已实施了 15 项可行的决策。

在快速进化的商业环境中生存下来的都是反应极其敏捷的公司。精益创业运动及敏捷开发思维都运用了这样的方法：不断试验，并从试验结果中获取反馈，以使公司始终走在变革前沿。在《反脆弱》（*Antifragile*）一书中，纳西姆·塔勒布描述了此方法的基本原则："任何试验和错误都有成为可用方案的潜力——只要人们能从试验和错误中发现有益的结果并充分加以利用。"

9. "创始人看到愿景，接着他们会设法吸引一些世界一流的人才，协助自己实现愿景。"

要创建一家成功的初创公司，创始人必须懂得如何进行销售。早期，创始人的销售能力在招聘工作团队时得到测试。说服一流人才，使其加盟到存在诸多不确定性的初创公司中，这确实是一种很宝贵的能力，也是富有热情和使命感的人最适合做的。最优秀的投资人明白，初创公司的创始团队非常关键，他们常常会帮助创始人进行员工招聘，特别是在公司的早期阶段或者招聘首批员工时。

10. "你不必特别聪明，但创业很关键的一点是，80％的时候你要出现。我的职业生涯很大一部分就是出席露面。人们会说：'都有谁在？布兰克在。我们叫上他。'对我而言，事事主动、勤露面是很重要的事。然而，一直以来，我都善于发现规律性的东西，从噪声中接收到信号。虽然我并不比其他人都聪明，但或许我更善于发现规律性的东西。"

像保证守时、做出准确判断这些基本但很重要的素质，是创业及商业环境中的基本要求。在一封信中，伍迪·艾伦（Woody Allen）写下了很著名的一段话：

> 我发现，当一个人写完一部剧本或一部小说，他其实很快就能将这部剧拍出来或者将这本书出版出来了。而大部分人的实际情况是，他们雄心勃勃地说要写点东西，却在刚写了一个开头之后便没有下文了。现在努力回想，我在谈话中确实说过，成功的80％源于出现①在那儿。

无论是创建一家初创公司，还是开启一条新的产品线，首先要做的都是"开始"。例如，我撰写第一本书的方法就是开始写。我没有策划案、代理人，我也不了解出版流程的复杂细节。

---

① 原文是 show up，直译是"出现"的意思，此处作者想要表达的意思是尽管去做。——译者注

我就是写了一本书，交给了出版商，出版商同意出版了。对出版行业了解更多后，现在我并不推荐大家这样做，但是写第一本书的过程，我确实做到了"出现"。

11. "高层管理者要知道，新设部门引入颠覆性创新和现有部门进行产品升级有所不同。新部门就相当于一个在寻求新商业模式的团队，而公司内的现有部门进行产品升级只是在实施现有商业模式。如果是在资产达数十亿美元的公司内进行颠覆性创新，那么，一年收益1 000万美元的新产品线甚至都不会使公司业绩有明显改进。因此，在推动新业务的落地时，过于大胆乐观的预测是常态。具有讽刺意味的是，大型公司的一个最大风险是：由于人们预测期待高，压力大，它会推翻真实的'客户开发流程'。人们会受到诱惑，在客户开发流程甚至还未开启前，就将巨大市场的愿景转变为可靠的公司收入预测。"

大型成熟企业会花大量时间设法拿出乐观的市场预测。许多初创公司也会这么做。而这些市场预测通常是使用"美好图景教授"提出的方法做出的。市场研究公司会为企业提供支持性的预测，从而赚取企业的钱；有些市场研究公司为了获得企业的欢迎，还会做手脚，只使用能支持他们结论的信息。很遗憾，许多这类市场研究预测常常只是想象出的故事。我喜欢听故事，讲故事可以有效地激励他人，故事也很有趣。但是，要谨记，故事只是故事，并不适用于现实。

12. "我曾经这样说：'这里共有500人，好消息是，10年之内，你们中会有2人赚到1亿美元。其他人很可能会成为沃尔玛的雇员，赚自己的一份工资。'每个人都笑了。我说：'别笑，别笑，这不是开玩笑。好笑的是，你们都看着别人，认为别人都是倒霉蛋，都在为别人难受。'"

　　创业和投资的财务成功都遵循幂律分布。之所以这样，究其原因，在投资和创业领域，非独立做出的相互关联的一些决策会引发网络效应和信息瀑布。相反，所谓的正态分布，它源于许多盲目的独立决策，财务绩效最终达至平均数。贯穿此书，"幂律分布"一词被多次提及和讨论，因为对风投业和初创公司而言，此概念举足轻重。

　　决策时，创始人、员工、用户、经销商都会基于以往的成功经验做出判断。如此一来，过去的成功便为更多成功提供了借鉴，那些优秀的风险投资公司和初创公司往往也会取得更好的效益，财务回报往往会呈现幂律分布。对此现象，研究者邓肯·沃茨（Duncan Watts）这样宽泛地描述：

　　　　人们几乎从不会自行决策，部分原因是：这世界有太多的选择，人们几乎不指望靠自己找到想要的选项……如果人们喜欢跟风，别人喜欢什么自己也喜欢什么，那么事物受欢迎程度的差异会受到所谓"累积优势"或"富者更富"效应的影响。这意味着，如果此物在某个恰当时刻恰好比彼物稍受欢迎，则此物往往还会变得更受欢迎。

　　过度自信倾向使多数人相信，他们会成为赢家。尝试创建公司会不可避免地遭受失败，这令人难以接受，但对社会而言这是好事。纳西姆·塔勒布这样写道："你们多数人会失败，颜面尽失，贫困潦倒，但我们感谢你们，感谢你们甘冒风险，感谢你们为世界经济发展和他人脱贫做出牺牲。你们提供了可贵的经验。国家感谢你们。"考虑到成功概率之低，创业或者进入初创公司成为其早期员工并非理性之举，正如萧伯纳在《人与超人》（*Man and Superman*）中写的："所有进步都有赖于非理性之人。"一些书籍，如本·霍洛维茨（Ben Horowitz）的《创业维艰》（*The Hard Thing About Hard Things*）和菲尔·奈特的《鞋狗》得到了创业者极大的共鸣，因为这些书真实描述了创业者种种不可避免的可怕挫折以及每天都会面对的挣扎，而不是表面上的风光无限。斯科特·贝尔斯基称此创业阶段为"混乱的中期"。

2. 比尔·坎贝尔

2016 年过世的比尔·坎贝尔，一名知名的教练，曾指导过一些最具影响力、最著名的人物。他是前哥伦比亚大学橄榄球队教练，后来成为卓越的商界领袖，转型堪称传奇。他取得了许多商业成功，包括：1983 年始任苹果公司营销副总裁，后来任 Intuit 和苹果等公司董事会成员。比尔·坎贝尔指导过的商界高管领军人物包括苹果的史蒂夫·乔布斯、亚马逊的杰夫·贝索斯、谷歌的拉里·佩奇（Larry Page）等。高效、睿智、勤奋、低调、可信、忠诚，所有这些词都适用于比尔·坎贝尔。Benchmark 公司的比尔·格利（Bill Gurley）指出："创业者若能得到比尔指导，就好比玩扑克牌时手握一张额外的万能牌。"

1. "公司的目标是获得增长，而唯有通过创新才会获得增长。创新源于出色的工程师，优秀的营销人员是无法带来创新的。"

对公司来说，得到授权的工程师是最重要的。

在创新的组织文化中，异想天开的人有话语权，工程师受重视。坎贝尔的理念是，工程师需要具备影响力。

我多次看到，公司的某单一环节统领其他一切。有时是销售团队，有时是工程部门，有时是科学家，有时是财务，有时是运营，有时是营销。公司由哪个环节统领，创始人和首席执行官的背景举足轻重。显然，坎贝尔认为，公司中统领一切的应该是工程部门。马克·安德森补充说：

> 20世纪90年代和21世纪早中期，工程部门应该统领一切的看法在硅谷还显得极不寻常。然而，当时坎贝尔所任职的公司（如苹果和谷歌）已经把工程部门放在了举足轻重的位置。对于有销售和营销背景的人来说，这一看法很难被接受。如今，此看法在硅谷已变得非常普遍。但一路走来，坎贝尔一直坚信工程部门应统领一切，这到底有多不寻常，真的难以描述。

2. "初来硅谷时，我发现所有人都想聘用在IBM做过销售的人来当首席执行官。他们穿蓝色外套、白衬衫，系红领带。很遗憾，这些家伙都是搞销售的。我的意思是，他们只做过销售。他们都败得很惨，因为不懂产品，不了解技术，他们能做的就只有销售。"

现在，做一名成功的经理人或首席执行官，仅仅身着套装、发型漂亮、牙齿齐整、销售出色，这些远远不够。如果对产品和服务没有深入的了解，必定会被对手干掉。如今，出色的首席执行官和经理人具有多重技能，并正在学习技术。坎贝尔曾说："我很投入地去学习业务，我从未觉得技术与我无关。我可以像其他人那样学习。我一直偏爱技术方面的东西，那些东西那么难学。"马克·安德森指出，坎贝尔虽然尊重工程师，但不会被他们吓住。在如何与有技术梦想的人有效合作方面，坎贝尔找到了秘诀。

3. "销售人员在向首席执行官推销某样东西时，通常会比较直接。他们会请对方去喝点什么，或给其妻子买条金项链。人们认为，这些销售人员就像杀手、机器，他们玩弄那些手段，让销售过程变得神秘：先是喷气式飞机驾驶员乘虚而入，狂轰滥炸一番，接着其他人进来，准备收获成果。我是不信这一套。我会采用定量处理方式对对方说：'让我告诉你我们的产品有什么用途，让我告诉你我们的产品将如何帮助到你们。'"

坎贝尔相信，销售环节必不可少。但他认为，现在的销售方式与当年人们用保守方式销售 IBM 打字机的方式截然不同。"跟首席执行官闲聊，为他的妻子买金项链"，这些手段如今不再有发挥的余地，不再奏效。现在搞销售的人知道，销售就是为现实问题提供解决方案，并帮助顾客在购买前弄清产品或服务的内在机制或过程。安德森同意说："现今时代，伟大的销售人员是顾客的顾问，先帮助顾客找到购买理由，然后将产品成功售出。"

4. "对顾客我们要上心。这是几年前我从史蒂夫·乔布斯那里学到的。来到苹果供职时，我带来了柯达在做研究方面的思想，而乔布斯的看法是：'要让研究变得具体。如果用户都想象不出正在研发的产品会是什么样的，他们就无法为你提供反馈。'于是，我们会就研究的方法展开争论。我会跟他开玩笑说：'搞营销的人永远构想不出 Mac 电脑这样的产品。但营销人员可以使它变得更好。'"

有些人是新产品或新服务方面的天才专家，他们似乎本能地知道用户需要什么。我近距离接触过一位这样的产品专家，他是有线电视和无线电先驱克雷格·麦考（Craig McCaw）。他拥有想用户之所想的神奇本领。看他推出新产品是一件美妙的事情。对产品或服务有深刻洞察的人并不多。因此，人们创立了诸如精益创业这样的流程。通过这类流程，人们便可以快速对价值假设进行测试，并做出调整和改进，从而生产出能和天才专家水平匹敌的产品。精益创业的一个基本原则是，测试产品或服务的过程可以被系统化。那些优秀的首席执行官和创始人知道，与其尝试去预测未来，不如基于科学方法在真实的用户身上进行试验，以发现真实的需求。

5. "才华不是教会的，但运营方面的东西可以教会。你有运营方面的天赋吗？这不重要。跟我工作半年，我就可以教给你运营工作的流程和技巧，把运营的工作做好，从而帮助整个公司有所作为。"

> 相信我，运营那一套我搞砸过很多次。我是老人

了，犯过很多错。

听到坎贝尔这样有成就的人说，可以通过学习掌握运营的技巧，这令人鼓舞。以我的经验来看，某些人比其他人更适合搞运营，像吉姆·巴克斯代尔（Jim Barksdale）［供职过联邦快递、McCaw Cellular 公司和网景（Netscape）公司］这样的经理人天生就善于运营，他们在职业生涯早期也接受过正确的教育和辅导。优秀的运营高管和普通的运营高管之间的区别在于：前者会吸取教训，而且会比后者犯更多的新错。

6. "像马克·扎克伯格（Mark Zuckerberg）这样的人，他们利用科技创造出前所未有的新应用，并有所成就。他们是创始人，是产品创造者。"

我只与那些有创业激情、想要创造出能经历时间检验的产品的创始人合作。

任何伟大的公司，其核心都是创业者。创业者最先提出价值假设（解决有价值的用户问题的真正的、有意义的方案）。有了价值假设，才能测试、发现核心产品价值。伟大的创业者坚韧、执着，真正伟大的创业者似乎还具备一种天赋，即从用户的视角看世界，他们似乎本能地知道用户需要什么。史蒂夫·布兰克相信："最好的创业者会充满激情地解决某个问题，因为他们自己遇到了或看到他人有这样的问题，他们热爱用户，热衷于解决问题，或者他们就是相关领域的专家。他们是真正的创业者。"布兰克还相信："创业者内心深处实际上是艺术家，伟大艺术家的作品往往都出乎人们的意料。世界级的创业者是受激情驱动的。"他相信，创业是一种内心的召唤，而非一份糊口的工作。

7. "你需要一位领导者。你得出去招聘一位知道如何营造创新文化的、你能找到的最优秀的人。他自己不必最具创新力，但是他要知道如何培育创新。然后，授权这位领导者去招聘其他人。你需要几个团队，聘用的人要具备你想要的基因。"

> 人才是重中之重。如果找对了人，最终会形成对的企业文化。

> 在我开除的员工中，因为态度和行为问题开除的远比因为绩效不佳而开除的人多。

在一家运营良好的公司中，每个人都会努力帮着寻找合适的人才。公司中优秀的人才会吸引其他优秀的人才加入，如果公司的招聘流程良好，这种吸引的效应会以非线性的方式扩大，因为有正面的反馈环路。坎贝尔相信，优秀的团队、优秀的人才、好的制度，会产生倍增效应，驱动利润增长。但在他看来，所有这一切归根结底还是人。

8. "如果没有对的产品，或产品推出的时机不对，公司不会成功。"

> 好的产品、优秀的人才是全部答案。

有很多人或初创公司只专注于公司的成长，却忘记了有价值的产品才是最重要的，这样的人或公司数量之大令人吃惊。并且，即使公司想办法成功推出了有用的产品，但没有出色的人才，结果也很可能是个悲剧。坎贝尔指出的另外一点是，产品推向市场太早或太迟，都是错误之举。

9."与初创公司一起工作时，营销是我最后才关注的环节，我并非要低估营销。因为苹果的营销是基于其出色的产品的。"

太多的营销人员相信，品牌的打造要靠广告。投资战略家、作家迈克尔·莫布森（Michael Mauboussin）敏锐地指出："品牌本身并无竞争优势可言，用户选择特定品牌是为了达到他们的特定目的，能可靠地以低成本方式满足用户这些特定要求的品牌便成功了。"试图通过营销来塑造品牌，却没有出色的产品，这就好比在只有杯子却没有冰激凌的情况下做冰激凌圣代。塑造出色的品牌依靠出色的产品。杰夫·贝索斯认为：

> 话语权的天平正远离公司，向用户倾斜……用户拥有了话语权。对此现象，公司正确的反应应该是投入大量精力、资源和财力，用于打造出色的产品或服务，将更少的资源用于推广、营销产品。如果你开发出了出色的产品或服务，用户会互相告知……以前，人们用30%的时间打造出色的服务，用70%的时间来吆喝。现如今，情况正相反。

贝索斯还说："品牌的形成主要取决于公司做了什么，而非说了什么。"

10."我并不会做网页，我只是指导公司如何使运营更顺畅。"

> 我不做任何变革性质的事情，也没有马克·安德森那样的远见。我只是做运营层面的事情，我帮助人

们思考他们的公司应该如何开展业务、如何组织、如何进行以数据为中心的管理。

我相信管理的作用。如果你给员工分配任务，要基于工作完成情况对他们进行评价。要确保一切尽在掌握中。

员工会看出你在用心管理。你对他们严格，实际上是在努力帮助他们。他们会觉得你是真正的领导者。

坎贝尔做人做事的许多方式都很稳重、谦逊。他认为，你自己不必成为优秀的工程师，你只需要帮助他人成为优秀的工程师。他努力地去了解技术知识。善于运营公司的人是公司稀缺和宝贵的财富。运营一家公司所需的技能与创建一家公司完全不同。有些创始人确实也是出色的运营者，其他人则不行。在描述优秀的运营者时，人们有时会这样说："他总是能让火车准点到达。"准点到达，这很棒，因为如果公司运营中"火车不准点"，就会出现很糟的局面。出色的领导者善于聆听，能说服他们的是逻辑和事实。想法不是事实，像吉姆·巴克斯代尔这样的人深知想法与事实的差异。对于此话题，我一直很喜欢著名的"巴克斯代尔主义"："现在我是这里的老大，如果我说，一只鸡可以拉动一辆拖拉机挂车，你需要做的就是把它们套到一起。如果我们有数据，就一起看数据。如果你有的只是一些想法，那就听我的。"

11. "一些知名公司，如凯鹏华盈风投公司（Kleiner Perkins）、红杉资本（Sequoia）、Benchmark、安德森·霍洛维茨

（Andreessen Horowitz）基金等，这些公司的合伙人关注所投资的公司的成长，这是最重要的一点。在需要的时候，这些合伙人可以为公司请来合适的人帮忙，他们关心的不是套现。我坐在董事会办公室，将抗体（指那些只关注套现或只关注销售量的董事）抵挡在外。"

在风险投资行业，为什么同样一些投资公司和投资人会一直持续地实现最大的投资回报？这是有原因的。这些人拥有最佳的人脉网，他们可以帮助初创公司以及已经有一定品牌知名度的公司，吸引到创始人、员工、资金、分销渠道和用户。大多数时候，创业过程中很难发生大满贯的情况，但当创业成功时，便是难忘的奇迹。成功的关键是创业团队形成正反馈环的能力。创建使正反馈环发挥最大效果的核心价值，同时构建使正反馈环顺利运转的系统，这很难做到，但非常有价值。

12. "我爸爸是个厉害的家伙。儿时，我们家有辆车，妈妈常常开车去厂里接他下班。他上完半夜到早上八点的班，下班后会穿着西服外套、打着领带出来。我们会将他送到学校，在学校他一整天都教学。教学结束后，他便回家睡几个小时，到半夜再回厂里上班。"

> 我喜欢长时间保持低调。保持低调，没有让我成
> 为徘徊于硅谷的无名之辈，反而让我变成了受人关注
> 的重要人物。

一些优秀的导师认为不需要在聚光灯下保持高调。他们知道，要干成一件事的最好方法就是将荣誉归于他人。我并不是

说所有或多数导师都这样，但是像坎贝尔这样伟大的导师就是如此。跟他在哥伦比亚大学做橄榄球队教练不同，在高科技行业，他指导的对象不再是大学生，而是需要帮助的成功公司的高管。谦逊使比尔·坎贝尔成为更好的导师。他没有被科技或科技远景吓倒，反而变得更加出色。

当我向一位非常了解坎贝尔个性的人提起他时，此人说："一定要说说他的忠诚，不要漏掉这一点。"为自己的故乡（宾夕法尼亚州的 Homestead）、为哥伦比亚大学等机构，坎贝尔出了很多力。从所有这些行为中，人们看到了他的忠诚。这里有个不错的小片段说明坎贝尔的谦逊。

> 在硅谷，人们这样问过我："你为什么干科技行业？"我就问他们："你看过我的橄榄球比赛记录吗？"人们都笑了。然后，我说："橄榄球教会了我团队协作和支持他人。但是首先，我学到了，我有责任'回报社会'。"

最后这则小故事来自马克·安德森，从中可以看出比尔·坎贝尔的谦逊和付出。

> 和我们一起为 Opsware 工作时，他拒绝了公司给的股票期权（及其他形式的酬劳）。我内心不安，因为他帮我们太多了。我感觉，如果他得不到酬劳，这不对。我去跟他说这事。跟往常一样，他又拒绝了我，说他不要任何股票期权。于是我便威胁说："我要去查查你支持哪个政党，我要把这些股票期权捐给你反对的那个政党。"这一招最终奏效了。（我一直也没有弄清楚他支持哪个政党。）

3. 埃里克·莱斯

埃里克·莱斯（Eric Ries），创业者、教师，是《纽约时报》畅销书《精益创业》（*The Lean Startup*）的作者。安迪·拉切列夫说，埃里克的《精益创业》堪称精益创业运动的"圣经"。人们不会轻易说某人发起了一场运动，但埃里克确实是精益运动的发起者。跟史蒂夫·布兰克一样，埃里克也用自己的亲身经历指导他人。他创办了诸多初创公司，其中包括社交网络 IMVU。他还有发展势头良好的研讨会和咨询业务。他的另一本书《创业之道：让企业家精神成为所有企业的基础原则》（*The Startup Way：Making Entrepreneurship a Fundamental Discipline of Every Enterprise*）于 2017 年秋季出版。

1. "最小可行产品（minimum viable product，MVP）是指仅包含最少属性的产品，这个产品你可以交付给用户，引起用户共鸣，他们会付钱购买或者提供反馈。关于最小可行产品，它仅包含获取反馈所需要的功能就可以，其他的任何工作都是多余的，不管在当时这部分工作看起来有多么重要。"

开发最小可行产品的目的是，快速、低成本地验证假设。以上引用的这段话中的关键词是"反馈"，因为只有通过反馈人们才能认识到产品的有待改进之处。最有效的流程是基于科学方法的反馈环路：构建、评估、学习。初创公司提供的最小可行产品应包含完整的功能以为用户提供价值并获取价值，但最小可行产品不能完整、全面展现创业者的愿景。最小可行产品是一种试验，其目的是验证用户看重并愿意付钱购买的是什么。

最小可行产品不是初创公司向前推进的唯一方式。埃里克还描述了两种极端的情况：

第一种，我称之为成功概率最大化，它的逻辑是这样的："瞧，这次我们只有一次机会，所以一定要弄好。"直到产品完全做好了，再投放市场，这样做确实非常理性。如果只有一次机会，人们会努力表现得最好，尽力构建最完美的产品。当然，可能出现这样的问题：研发部门可能会花上五年时间秘密研发出自认为用户想要的产品，后来却懊恼地发现用户并不买账。另一种极端情况是这样的："好吧，我们就'早发布、频繁发布'新产品。"这种方式是："不管手上的东西多烂，我们都发布，然后听听用户说什么。不管他们怎么说，我们都照着去做。"但问题是，如果你向三位用户展示一种产品，他们会有三十种看法，该怎么办？所以，最小可行产品是这两种极端情况的折中。

2."问题不是'这个产品能做出来吗'，相反，问题是'应该做这个产品吗'，以及'围绕这个产品和服务，我们能否打造出可持续的业务'。"

初创公司打造新产品就是一个试验的过程。弄清楚怎样构建可持续的业务，就是试验的成果。试验过程包含三步：构建、评估、学习。

初创公司是在极度不确定的情况下努力创造新事物的组织。

在构建最小可行产品时，运用这条简单的规则就足够了：去除所有对获得反馈没有帮助的产品特性、过程、努力。要构建最小可行产品，必须准备好做迭代。必须有勇气说："是的，我们会交付给用户某种产品，获得负面的反馈并回应。"

对于最小可行产品来说，最小功能集合并不是目的，它是以快速、低成本的方式验证假设的一种策略，目的是基于用户反馈来了解并调整产品，而不是努力预测最终的产品是什么样的并推出这样的性能完备的最终产品。人们将使用最小可行产品的过程描述为飞轮或环路，这是有道理的。多数时候，实际的假设检验都会证明，用户并不觉得产品甚至产品所代表的愿景有什么价值。如果假设未得到试验的证实，公司就应该修正假设进行产品迭代，或干脆直接放弃。

3. "我们要运用科学方法、依靠判断力,这样做的好处是:随着时间的推移,慢慢就能形成一个训练判断力使其变得更好的体系。"

埃里克的观点是:学习成为更好的创业者是一个训练过程。投入创业过程中并付出精力的人可以从实践中有所学。埃里克也是在说,如果能基于科学方法使之系统化,那么创业者关于公司创建的判断力就能得到提升。好的判断力源于经验,而经验又往往来自糟糕的判断。因此:(1)投入战斗,从成功和失败的经历中学习;(2)加入做相同事情的人的社群,从他人的成功和失败经历中间接学习。这是两种不错的方式。

4. "在产品开发及市场营销过程中的每次行动、每次对话、做的所有事情,都是试验。如果能将自己做的工作看成做试验,而不是开发产品功能、投放营销活动,你就可以以更少的努力获得更大的成效。"

这里,埃里克描述了这样一个过程:将精益创业的概念进行拓展,使其超越产品构建的范畴。商业中的许多方面,包括生活中许多方面,都可以看成精益试验过程。例如,市场营销就可以系统化,以减少低效。

5. "创业者会提出的两个最重要假设是价值假设和增长假设。价值假设是测试产品或服务是否会给用户带来价值。增长假设是测试新用户如何发现一项产品或服务。"

如果一项产品或服务解决了真正的用户问题,它就提供了核心产品价值。安迪·拉切列夫(Wealthfront 的首席执行官、联合创始人，Benchmark 的联合创始人）给出了这些假设的定义，并给出了它们的正确排序。

埃里克（和我）相信，要提高成功概率，初创公司就应该从最小可行产品做起，以测试他称之为价值假设的东西。价值假设应该反映创始人关于这些事情的最好的猜测：何种价值会驱动用户采用公司的产品，产品与哪些用户最密切相关，以及应利用哪种商业模式来推出产品。创业者的最初假设很可能最后被证实不行，这也正是创业者必须通过一系列试验对假设进行迭代，直到实现产品-市场匹配的原因。

作为消费品公司，如果公司在没有市场营销投入的情况下迅速有机增长，那就说明价值假设得到了证实。只有在价值假设被证实后，创业者才应该再验证增长假设。增长假设涉及以低成本方式获取用户的最佳途径。遗憾的是，许多创始人将次序弄错了，他们先追求增长，再追求价值。拉切列夫还提出并命名了产品-市场匹配（product-market fit，PMF）的概念。此概念的核心是基于他对领先的风险投资人和红杉资本创始人唐·瓦伦丁（Don Valentine）的投资风格的分析，瓦伦丁说："给我一个巨大的市场，一直都要。"就此话题，瓦伦丁曾说过：

阿瑟·洛克（Arthur Rock）是持"先找到出色的创业者，然后给他投资"这种想法的人的代表。我的观点一直是"先找到巨大的市场，然后在这个市场中培育几家公司"。我们的观点一直倾向于"先有一个技术问题，技术问题解决后会出现巨大的市场，这样我们就可以实现非常多的销售"。我喜欢和很棒的人一起做这些事情吗？当然。我们不愿意投资那些没有很棒的人才的公司，对吗？当然。我们投资了苹果，那时史蒂夫·乔布斯18岁或19岁。他没有在哈佛商学院念过书，事实上，他没有念过任何大学。

思科（Cisco）是一个著名的例子，它告诉人们，如果董事会将创建公司的夫妻档从董事会赶出去，会发生什么。在其他案例中，公司会引入新的团队成员（是增加新人而不是用新人替换旧人），以为公司带来新技能。埃里克·施密特（Eric Schmidt）为谷歌招兵买马就是这种做法的著名案例。马克·安德森相信：

> 任何初创公司的生命周期都可以分为两部分：产品-市场匹配前和产品-市场匹配后。如果处于产品-市场匹配前的阶段，公司关注的是如何实现产品-市场匹配，会尽一切努力实现产品-市场匹配！换人、改进产品、进入不同市场，虽然不想但还得告诉用户"行"或"不行"，虽然会稀释股权仍然会进行第四轮融资。总之，会想尽一切办法实现产品-市场匹配。

拉切列夫还提出重要的一点："如果没有搞市场营销，产品销量却指数级增长，那你就知道，产品-市场匹配成功了。只有你的产品令用户满意，口碑才会形成。"结合这些概念，拉切列夫认为，创业者常常将产品-市场匹配与埃里克所谓的"虚荣指标"（"在纸上看上去很漂亮的数字和统计数据，但实际上没有任何重要意义"）的增长相混淆。

6. "我们所有的流程图（在大公司）都是单向的，由线条和方框组成，但创业实际上是一个迭代的过程。因此，我们的流程图应该是环形的。我们必须愿意犯错、接受失败。"

"构建、评估、学习"形成环路，是一个不断重复的流程。有时，失败具有重大意义。要在特定方向上取得成功，面临的阻碍太大，这时，转向①就很有必要。初创公司会权衡从之前的迭代中获取的经验教训，向新方向努力，实现转向（转向并非完全重启）。不应该轻易决定转向（有些创始人直接将公司转向了破产）。失败并非好事，面对失败并从失败中转败为胜，才是好事。

7. "创新过程分三步：（1）通过最小可行产品，掌握关于公司现在哪些方面做的是对的的数据。（2）初创公司必须试着将引擎从基线调试至理想状态，这可能需要许多尝试。在公司做出能做的所有微小改变和产品优化，以从基线调整至理想状态后，公司就到了一个决策点。这就是第三步。（3）转向或坚持。"

要确定狗是否会吃狗粮（用户是否买账），最有效的方法是在现实世界中进行试错试验，看结果如何。从某种意义上说，调整过程中包含许多小的转向，这样做可以改进产品。更好的

---

① 转向（pivot），国内有时翻译为"关键转折"，指创业团队经历转型，做出更符合市场需求的产品。——译者注

结果是：做出一些绝佳的选择，有一点小小的运气，并能坚守阵地、坚持不懈。如果公司最终被迫转向，仍然有成功的机会。公司能转向，而且转向后还能成功，这是精益创业过程的特征，但不是我们的目标。

8.“发布不好的产品没有错，在产品发布时请公关人员参与其中就不对了。不要让人们对产品的早期版本满怀期待。最好的创业者诞生于无人关注的低风险环境中，如马克·扎克伯格在哈佛大学的宿舍。”

有些人提出，如果初创公司的产品过于精雕细琢，早期使用者会产生怀疑。这一点有意思，但并未得到证明。我是这样看的：过度承诺而又低交付的公司会死得很快。在商业领域，你可以用剩下的时间来修复不好的第一印象，生活中也是如此。

9.“精益创业过程是一种可以用来创造或提炼商业模式、商业战略、商业设计的方法。”

一个商业模式、商业战略、商业设计好不好，取决于它所基于的假设。之前我已给出了商业模式的定义，商业战略是公司努力保持独特的途径，商业设计是公司为获得成功而必须做的一切。史蒂夫·布兰克指出，除非你在办公室之外的市场中测试了商业模式、商业战略及商业设计所基于的假设，否则你的计划书就是“创意写作”。

10.“要能忽略种种不利的现实，想象世界应有的样子，而不是现实的样子。这会激发人们，使其产生强大的信念。然而，无视现实也可能会形成阻碍。助力创业者成功的性格特点同时也会导致他们失败。"

凸性常常出现在这样的地方：其他人没有去看或者没有看到正在发生什么的地方。这就是为什么有时你会听到风险投资人说，他们在寻找看起来"有些疯狂"的商业机会。大部分疯狂的事情实际上看起来都不靠谱，但偶尔，创业者会发现他人还未发现的巨大机会。创业者对自己愿景的信念，既是他们开发出新产品或服务的力量源泉，也是大部分项目失败的原因。创业成功的数量不多，但一旦成功，影响力巨大，正是这一点，使得这一过程对社会来说是有价值的。这就是所谓的贝比·鲁斯效应（Babe Ruth effect）[①]。

11. "新用户的产生来自老用户的传播行为。"

如果老用户将喜欢的产品介绍给新用户，病毒式传播就会出现。病毒式传播使公司实现有机增长。要点很简单：如果用户喜欢某产品，他们就会告诉朋友。如果有人告诉你说，某产品不怎么样，你就不会再用它。

12. "任何人都可以租用生产资料，这意味着人人可创业，也意味着人人有风险。"

在今天的商业环境下，创建和运营一家公司的成本变得很低，这既是机会，也是挑战。有进入壁垒才会有利润（否则，价格就会下滑至机会成本）。遗憾的是，现在的进入壁垒（护城河）比以前持续的时间更短了。公司即便是开发出了基于价值

---

① 贝比·鲁斯是美国棒球史上最伟大的球员。贝比·鲁斯效应是说，追求成功的人应该冒更大的风险，才能获得更高的收益。——译者注

假设和增长假设的解决方案，如果没有护城河，从长期看，能确保公司获得财务成功的盈利能力也很微弱。面对不可避免的竞争，单靠收入不足以维持一家公司。沃伦·巴菲特（Warren Buffett）在文章中写道："尽管你看不到它，但事实上所有的经济护城河要么在变宽，要么在变窄。"今天，护城河比以前更加重要，同时也需要更频繁地被更新。初创公司比以前更多了，这意味着，此时此刻，也许有人在某个地方正思考如何颠覆你所在的行业。创建护城河需要的要素一直在变化，因为这些要素会相互作用，形成非线性的正向和负向变化。护城河的形成极为不容易，也很少见，保持自己的护城河同样很难。有形成颠覆性创新的业务，就有被颠覆的业务。

风险投资人

4. 山姆·阿尔特曼
Y Combinator 孵化器

山姆·阿尔特曼（Sam Altman），32 岁（原书出版时），是世界最著名的创业孵化器 Y Combinator（YC）的总裁。他个性独特，这样评价自己："大脑少根弦，不在意人们对我的看法，这实在是上天眷顾。大多数人希望被他人接受和认可，所以不去干有风险的事，以免被认为很疯狂——实际上他们对风险有着太错误的判断。"《纽约人》（*New Yorker*）杂志简要介绍过阿尔特曼，文章指出："跟硅谷所有人一样，阿尔特曼也坦言要拯救世界；跟那儿的几乎所有人不同的是，他有拯救世界的计划。"阿尔特曼是 Loopt 公司的联合创始人和首席执行官，YC 在 2005 年投资了该公司。阿尔特曼个人投资了 Reddit 等公司。在帮助众多初创公司获得成功方面，YC 发挥了重要作用，因此，阿尔特曼有独特的洞察可以分享。

1. "最优秀的公司几乎总是以使命为导向。"

公司最终都要进化为某种使命，公司所有人特别是创始人都会为了该使命而奋斗。"使命型与唯利型"这个简洁的概括被广泛使用，但说得没错。

如果创始人并没有充满激情地致力于解决某个用户关心的重大问题，那么他们所创办的公司获得大满贯结果的可能性不大。创立一家如此量级的可扩展、可重复、能抵御竞争的公司，是少数事件。风险投资人喜欢充满激情的创始人，因为，与那些常常轻易放弃的唯利型创业者相比，使命型创业者更努力，更有韧性；使命型创业者不太可能过早将所创公司卖掉，而唯利型创业者常常轻易放弃。

2. "一般来说，创业者最好能做自己需要的产品或服务。如果你还需要通过和用户交流才能理解一项产品或服务，那么你对它的理解肯定比不上对自己需要的东西理解更深刻。"

如果公司提供的解决方案针对的是创始人个人的痛点，那么这家公司就更可能充满激情和使命感。换句话说，如果创始人本人是公司所要提供的解决方案的潜在用户，他们就会更深刻地理解用户问题以及解决方案的价值。这不仅使创业过程更高效、成本更低，创始人也更加不会错误理解碰到此类问题的潜在用户的需求。是的，对于可能的新解决方案，具备佛教禅宗所谓的"初心"固然有益，但是，具备相关领域的专业知识也不是坏事。

3. "你应该专注于那些其他人很少研究的想法，并且即使这些想法一开始听上去不怎么样，也没关系。"

　　真正的好想法通常听上去并不像是那种值得人们去窃取的想法。你想要听起来疯狂的想法，但实际上你需要的是对的想法。

　　我们投资的最成功的项目是：其他人认为它赚不了大钱，但两年后它却变成了大生意。真的很难对此进行预测。

　　许多绝佳的想法起初似乎很傻、很糟糕——你需要的想法是"看起来不怎么样"和"确实是个好想法"两者的交集。

初创公司创始人和风险投资人一直在努力找到被错误定价的凸性投资机会。资产价格的波动比其真实财务价值的波动更大，这就为投资者创造了机会。如果初创公司不跟风随大流做市场上大家都在做的项目，那么找到并成功抓住被错误定价的凸性投资机会的概率就大得多。

4. "如果没有足够好的产品，那么，即使有厉害的增长黑客、精彩的营销方案、很棒的销售团队，也无法使公司长期生存下去。"

　　要打造人们需要的产品。如果产品对路，多数其他事情都会被带动起来；如果产品不对，其他任何东西都挽救不了你。

　　对于所有成长为真正的大型公司的那些公司而言，其方式只有一种：人们会将此公司的产品或服务推荐给其他人。这意味着，如果希望公司能变成一家伟大的公司，公司最终提供的产品或服务就必须足够好，以至于人们愿意向朋友推荐。事实上，如果产品或服务足够好，人们会希望做第一个向朋友推荐这款产品或服务的人。

要找到使用户大规模增长的途径（比如，不畏艰辛找到有效的销售和营销方式）。顺便说一下，虽然花费高于用户终生价值的费用来获取用户的做法目前较流行，但此策略不值得提倡。要花大量心思来提升公司的增长率，永远都不能停止关注它。公司首席执行官考核什么，公司就会重点构建什么。无论何时，如果突然觉得"目前我们没有专注于公司的增长"，那就要好好想想，是否专注在错误的指标上了。还有，不要让自己被没有意义的指标所蒙蔽。

在商业中，公司要做的是打造用户愿意购买的产品，解决真正的用户痛点，没有什么能代替这一点。如果不能提供有价值的产品，过于销售驱动的公司文化就不可避免会导致用户获取成本过高，这往往是致命的。一款好的产品方方面面都具有助力公司增长的潜力。公司可以通过做出关于产品的不同选择来实现增长，这样的机会几乎无穷无尽，因为严格来说不可能所有的产品都是千篇一律的。例如，人们不会设计出完全一样的汽车、完全一样的建筑、完全一样的软件。公司打造和提供产品时会做出各种选择，这些选择会给公司的增长带来或积极或消极的影响。YC 的联合创始人保罗·格雷厄姆（Paul Graham）指出：

> 初创公司这种形式本身就意味着要实现快速增长，公司新成立和初创公司是两回事。初创公司也不一定是技术公司，不一定要使用风险投资，不一定具有某种"退出"机制。初创公司唯一重要的方面是增长，与初创公司相关的所有其他一切都有赖于增长。要获得快速增长，就需要构建可以向大规模市场销售的产品。

5. "前期花些时间认真考虑公司业务的长期价值以及抵御竞争的能力，这是值得的。"

> 要有战略，而大多数人并没有。时不时花时间思考一下，自己的战略执行得如何。

要实现盈利，公司都必须找到某种能阻碍竞争对手进入的壁垒。没有某种形式的护城河，竞争对手就会增加产品供应，直到到达财务回报与资本的机会成本持平的那个点。换句话说，如果竞争对手不受约束地提供替代产品，那么你将不能盈利。哈佛商学院迈克尔·波特（Michael Porter）教授指出："如果完全是消费者说了算，并且竞争是基于价格的，公司就赚不了多少钱。"护城河可以以多种形式存在，但护城河必须经常更新，因为它总处于竞争对手的攻击中。

6. "每家公司在开始时都会面临许多困难。"

> 公司要获得成功，你必须全身心投入其中，到近乎疯狂的地步。

　　创建和管理一家公司，尤其是初创公司，其过程从来都不会按计划的那样展开。不存在成功创业的指导手册，没有万无一失的公式。要取得积极的结果，创业者必须具备勇气、毅力、投入、决心及坚韧这些东西。安吉拉·达科沃斯（Angela Duckworth）博士将坚韧定义为"对长期目标所怀有的毅力和激情"。那些坚韧、有计谋、有决心，而且不断提升自己的人不会轻易放弃。讽刺的是，你越专注于使命而非金钱，反而越可能获得财务上的成功。

　　7. "如果你不是一位乐观主义者，你就不会成为一位好的风险投资人。"

　　虽然，如果以成功频率来衡量，创业者和风险投资人大多数时候都以财务上的失败而告终，但优秀的创业者和风险投资人一般都很积极乐观。面对市场的不确定性和不断的失败仍保持乐观，这是一种挑战。我想到一个笑话：一位乐观的创业者和一位悲观的创业者坐在咖啡馆交谈，悲观的创业者对乐观的创业者说："情况不能更差了。"乐观的创业者回应说："不，还会更差。"

　　8. "好的执行力比好的创业想法至少重要十倍，同时会艰难百倍。"

　　　请牢记，相比被竞争对手碾压，公司更可能由于糟糕的执行力而死掉。

　　通过创造神奇时刻来愉悦用户，这对获得商业成功至关重要。有时，神奇时刻也被称为顿悟时刻。公司创造神奇时刻的目的，是让月户对产品产生亲近感。"愉悦"和"热爱"这些词较大，但没用错。安迪·拉切列夫举了奈飞（Netflix）公司的例子。奈飞完全专注于带给用户愉悦，而非偏执狂式地防着竞争对手。这样，奈飞与安迪·格鲁夫（Andy Grove）的偏执地防着竞争对手的理念划清了界限。拉切列夫引用奈飞首席执行官里德·哈斯廷斯（Reed Hastings）的话说："偏执地防着竞争对手，这是最后才做的事，因为这样会干扰你手上的主要工作：带给用户愉悦。"

9．"保持聚焦，不要试图一次做太多事情。"

要排除干扰。

运营公司困难的部分在于：你可以去做 100 件事情，但其中只有 5 件是重要的事情，而最重要的只有一件，其重要性超过其他所有事情的总和。所以，找到并专注于一件关键的事情，忽略其他所有事情，这一点非常重要。

任何公司，特别是初创公司，会面临诸多挑战。可以做的事情总是很多，人力和资源总是不够。出色的创始人和创业者知道，"可以为"和"应该为"这两者是不同的。关键是明白重要性排序，保持聚焦。任何公司都必须明确"不做什么"，特别是因为这是战略的本质。诸如参加行业大会这样不会给公司带来价值的事情就是对重要事项的干扰，特别是手头上正在进行的工作特别重要时，比如找到核心产品价值以及实现产品-市场匹配，如果这两项任务未完成，其他任何事项都是干扰，因为如果没有它们，公司注定会衰败。

10．"在创业的一开始，等到迫切需要用人的时候再招人。"

到后期，你应该学会快速招聘人员，扩大公司规模；但在创业初期，目标应该是尽量不招人或少招人。

招聘是最重要的事之一，至少要花 1/3 的时间在招聘员工上。

在公司刚起步时，产品-市场匹配还未实现，这时小型团队不仅更高效，而且可以使资金消耗率在公司取得里程碑意义的成就之前保持较低水平。低资金消耗率使公司有更多时间去创造用户真正满意甚至热爱的产品。如果资金消耗率高，初创公司就会迫于压力，在时机不成熟时就将未经证实的产品价值假设付诸实践，这样做的结果往往是致命的。优秀的创始人会花费大大超出人们想象的时间招聘员工，但非常值得注意的是，他们在产品价值假设得到证实后才开始招聘。

11．"创始人总是低估的一件事情是：招聘员工的难度。"

你认为，只要自己有绝佳想法，大家就会愿意追随你，加入你的公司。但情况不是这样。

出色的团队和好的市场两者都很重要，必须兼备，争论哪个更重要的做法很愚蠢。

不要让销售人员运营公司，但确实要学会如何销售自己的产品。

有经验的投资人会寻找依据，以确认创始人具有很强的销售能力。在创业早期，验证创始人是否具备较强销售能力的事项是：他们在融资演讲中的表现。道理很简单：如果创业者不能将自己的想法推销给投资人，他又怎么能说服优秀的人才加入公司呢？又怎么能销售出去产品、找到很棒的产品分销渠道呢？说服投资人认可公司的产品、说服潜在员工相信公司的潜力、将产品推销给用户，所有这些能力对公司来说都十分重要。阿尔特曼的意思是说，销售人员对公司成功来说必不可少，但它不应该成为主导活动。

12. "要留意银行的可用资金，不要用光资金。"

要对潜在投资人进行背景调查。问问其他创始人，当公司一切都不顺时，这些投资人的表现如何。

优秀的投资人值得获得合理的溢价。宁可选少数几个对公司事务高度参与的投资人，也不要选很多个对公司事务参与度不高的投资人。

如果创始人有非常好的想法，有强大的工作团队，而且有具有吸引力的目标市场，那么对于创建成功的公司来说，资金不会是他们最稀缺的，他们缺的是增值资本（那些不仅提供资金还切实为公司提供其他方面支持的投资人），更稀缺的是公司发展遇到困难时投资人提供的巨大帮助。创始人最不需要的是，只能同安乐、不能共患难的投资人。理智的做法是，创始人花点必要的时间研究一下潜在投资人的情况，因为创始人和投资人之间的合作关系会持续多年。

5. 史蒂夫·安德森

基线创投

史蒂夫·安德森（Steve Andersen），基线创投（Baseline Ventures）的创始人。基线创投是微风投的最早代表。创立基线创投之前，安德森曾在星巴克、eBay、微软、凯鹏华盈风投及美国数字设备公司（Digital Equipment Corporation）任职。他投资的公司包括 Heroku、Instagram、Machine Zone、Social Finance 及 Stitch Fix。基线创投的决策者只有一位，所以公司运作非常灵活，决策也很迅速。基线创投专注于创业早期的种子轮投资，这就意味着安德森对创业过程有特别有趣的视角，这种独特视角对安德森和基线创投很有帮助。

1."2006 年，我开始酝酿创立公司。当我开始考虑筹集种子资金时，我发现可以考虑的选择少得可怜。"

过去十年，平均的退出收益为 1 亿美元。如果我能得到这 1 亿美元收益中的 10%，对我和我的联合创始人而言，实在是一大笔钱。为什么风险投资行业没有人将心思投向种子轮投资的收益？在 YouTube 上有一段包含丰富信息的视频。视频中，安德森与创业者、投资人克里斯·迪克森（Chris Dixon）有一次谈话。他们谈到，在创业早期，他们各自都想为自己的公司融资，都面临过这样的情形：在种子轮融资阶段，为获得所需资金，他们不得不出售公司过半的股权。迪克森这样描述他遭遇的境况：

"我的第一家获得风险投资支持的公司创立于 2004 年，当时，考虑投资消费互联网公司的风险投资公司有 10～20 家，它们都是主要投资于 A 轮及之后融资轮的更大型的风险投资基金公司。在我们进行种子轮融资时，我们不得不出售公司 50% 以上的股权，以获取 260 万美元的资金（交易是分期落实，这又形成了其他挑战）。很显然，市场需要一种新的风险投资产品。最终，我与其他几位发现了同样商机的人联合创立了 Founder Collective 种子基金公司，并且投资了基线创投、Lowercase 及其他公司。"

在公司进行种子轮融资时，创始人应该寻找能够为公司提供除了资金之外更多支持的专业投资人。专业投资人是什么意思？专业投资人富有、人脉广，除了为创业者提供资金，他们还能帮助创始人解决切实的商业问题。

2. "每一轮融资你都不得不出售公司至少 20％ 的股权。"

在一段特定时间内，传统的风险投资公司会派一位合伙人同时在几家公司的董事会参与公司事务，能帮助的公司数量有限。风险投资公司常常要承担很高的机会成本，所以很多情况下，如果没有较高的股权，他们就不会投资。当年史蒂夫·安德森和克里斯·迪克森面临着如果不稀释股权就很难为他们的初创公司融到资的困难，与那时相比，如今有很多更专业的种子轮投资者，为创业者提供更吸引人的条件、支持和估价。

相比过去，现在创始人的日子要好过多了，他们有更好的资讯、更多的选择。

3. "平均下来，每家公司我投资 50 万美元。"

像安德森这样的微风投如果能筹集到 1 亿美元，那显然这笔钱可以投资许多家种子轮公司。而且严格来说，微风投也可以进行数额巨大的种子轮投资，但创业早期的公司不宜筹集太多资金，原因是：（1）太多钱对公司的生产力会产生不利影响；（2）公司必须保留股权以持续激励创始人、员工及未来的投资人。

4. "10 年前，创业需要 500 万美元。如今，只需要 70 美元，以及一些编码能力。"

如今，关于种子轮融资一个值得注意的方面是：创办一家公司只需要很少的钱。另外，云服务、现代软件的开发方式，这些都使成功创立公司的费用比过去少很多，所需人员也更少。然而，这也意味着，在许多行业中，初创公司之间的竞争更加激烈。

5. "作为投资人，我的目标是为公司提供足够它生存12～18个月的资金。"

我在投资时总是留下足够余地，让初创公司可以进行转向或重新审视目标。大多数时候，创业者在接近终点时会看清现实，说这个创业想法不行。这时说不行并不那么难。到后期公司获得的投资有数百万美元时，说不行才更难。

资金太多会干扰初创公司，使其不能聚焦于公司为获得成功所应专注的事情上。公司会由于缺乏资金而饿死，也会由于资金过剩而死于消化不良。公司资金耗尽的原因常常是公司失去其专注点，将资源分散到一些对公司成功不是非常必要的方面。

资金短缺或资金过剩反映了公司糟糕的决策，如业务不成熟时扩大规模；同时做很多事情；频繁进行转向。

6. "一般而言，我做出的大部分投资都是在产品发布前的想法阶段。"

种子阶段的投资包含风险、不确定性和无知，所以对初创公司团队的实力进行评估就特别重要。种子阶段投资人贾森·卡拉坎尼斯（Jason Calacanis）说过："我一般投资A轮融资前的创投公司，这个阶段的初创公司死亡率很高。就我的经验而言，天使投资人每投10家，就有8家是甜甜圈（零回报）。"在美国，在一个特定季度一般会有1 200家处于种子阶段的初创公司，此数字会根据商业环境的不同而有上下几百的浮动。根据Mattermark（提供初创公司数据情报的公司）提供的数据，2016年，在大概5 000家种子阶段初创公司中，只有800家进行了A轮融资，也就是说，种子阶段初创公司的死亡率高达84％。Mattermark根据数据计算得出，这些初创公司的生存率远不足10％。此计算结果基于未获得下一轮融资的初创公司数量。根据其他定义的研究得出的相关结论是：根据哈佛商学院高级讲师席卡·高希（Shikhar Ghosh）的研究，在美国约75％风险投资支持的初创公司以失败告终，据高希的研究估计，30％～40％的高潜力初创公司最终以全部资产被清算而告终，从任何定义来看，资产清算都是失败。但是，在高希看来，如果将初创公司的失败定义为未取得预想的投资回报，那么95％风险投资资助的公司均以失败告终。

7.“进行A轮、B轮、C轮或成长轮的投资之后，你就知道自己要投资什么了。”

投资未实现产品-市场匹配的公司，意味着投资决策相对更依靠直觉。在一次接受专访时，安德森甚至说，对于种子阶段的投资，他往往会凭直觉来。风险投资人依直觉进行投资，所依靠的是模式识别能力。模式识别能力源于经验，而经验的积累是需要时间的。

8.“人脉非常重要，我会花时间和创业者打交道，我会通过一些创业者去结识更多的创业者。”

对投资人而言，投资种子阶段的初创公司可以使他们从奔忙辛劳中、慷慨帮助他人中受益。只是伸出手去帮助他人，这本身就会使投资人获得巨大的"红利"，因为人类有被称为"互惠原则"的天然规律。帮助他人其实也是帮助自己。

9. "先搞清楚自己是否真的喜爱风险投资这个行业，你才能知道你是否能干好它。"

这要花五年、六年、七年、八年，甚至更长时间……反馈周期较长，这事不容易。

投资人有时会犯错，多年后他才会为此付出代价。这种延迟反馈拉长了学习过程。因为这一点及其他因素，成为一名成功的投资人可能要花许多年。投资人每投资一家公司，其实都是一个学习的过程，都需要付"学费"。与职业生涯后期进行的投资相比，他们早期的投资往往更是"学费高昂"。

10. "现在种子轮投资市场很强健。"

投资回报决定一切。如果某类资产会带来财务回报，它就会吸引更多的投资。

仅仅在美国就有数百家微风投公司。从事此类投资的公司数量多少为宜，还没有定论。和一般意义上的风投一样，对微风投行业规模形成重要制约的因素是：从所投资的公司组合中退出能够获得的资金总数。如果一些微风投共同出资 X 美元进行投资，最终它们必须能获得足够多的退出收益，来给自己、给它们的投资者，否则，它们获得的回报就不足以保证该行业健康发展。风险投资行业过去是，将来也会一直是周期性行业。

11. "创业孵化器是为那些缺少人脉或不能发展自己人脉的

创业者设立的。你多久会有一次机会参加活动展示自己的公司并能见到 80 家公司？当然，参加这样的活动价格会比较高昂，因为会有更多的人了解你的公司。与以往任何时候相比，如今的创业者拥有更多透明资讯，他们可以选择愿意与之合作的投资人。"

非常棒的是，如今投资人和创始人拥有如此多的选择，包括加入某个孵化器。创始人拥有的选择越清晰，对所有人都越有益，初创公司的成功率也就越高。

12. "在风险投资行业，你错失的机会能列出很长的单子。如果错失了什么，我会努力吸取教训。"

每位投资人都有过放弃投资项目的经历，这代表了错失的投资机会，这是风险投资的特性。重要的并不是说投资人错失了机会（因为在某种程度上他们总会错失）；重要的是，他们能够从这些失误中吸取教训。创业者不要把投资人的拒绝看成是针对个人的。那些全球最具价值的公司也曾无数次遭到投资人的拒绝。

6. 马克·安德森

安德森·霍洛维茨基金

马克·安德森，创业者、投资人、工程师，也是积极的技术热爱者。他与朋友共同开发了 Mosaic 这款首个被广泛应用的网络浏览器。安德森还是网景和 Loudcloud 的联合创始人，是安德森·霍洛维茨基金的联合创始人和普通合伙人。《纽约客》杂志这样描述他："饱含信仰，是技术的传播者，热情洋溢地去重塑我们所理解的生活。他相信，硅谷带着使命，引领人类走向完美。为了论证这一点，他会运用三段论推理方式，摆出数据，对每个潜在反驳论点提前进行驳斥。他有很强的说服力。"在我看来，就技术而言，他可入选"世界上最有趣的人"。安德森是以下这些安德森·霍洛维茨基金投资的公司的董事会成员：Anki、Bracket Computing、Dialpad、Honor、Lytro、Mori、OpenGov 及 Samsara。他还是 Facebook 和惠普公司的董事会成员。安德森于 1993 年毕业于伊利诺伊大学香槟分校，获得了计算机科学专业学士学位。

1. "风险投资的重要特点是，投资回报呈幂律分布。在美国，每年新成立的技术公司有几千家，这些公司都需要融资，而我们只能投 30 家。"

> 每年我们会看到数以千计的项目，我们会从这些
>
> 项目中筛选出几百个，再仔细地进行斟酌。

投资人会花很多时间研究这些投资机会，再花很多时间决定说"不行"。耐心是几乎所有投资人的特质，同样，它也是大多数成功的风险投资公司的重要特征。成功意味着要非常有耐心，但时机成熟时，就要果断出手、积极争取。

2. "你要尽可能'武装好大脑'。尽可能多地学习更多的东西。与人初次见面，要尽可能地谦虚，像佛教禅宗那样虚心，要说'请教'。我们虚心地向那些最棒的创业者学习。"

安德森的话使我想起佛教曹洞宗铃木俊隆禅师曾说过的话："如果你大脑是清空的，它就准备好接受一切，它就向一切开放。对初学者来说，总是有各种可能性。而专家的脑子里几乎没什么可能性。"参加初创公司内部会议时，如果投资人认为自己无所不知，他就什么都学不到。正确的态度是"学习一切"而非"知晓一切"。同样，如果投资人相信他能预测一切，那么他必将失败。正确的做法是：当时机来了，要乐观并积极争取，同时对自己不了解的东西保持谦逊。

3. "你想一下子就发现那些大胆的想法……但是，就其实

质而言，你不可能预测到它们。"

我们认为，风险投资这门艺术的全部要点是大胆的突破性想法。大胆的突破性想法的实质是：不好预测。

多数大胆的突破性技术或公司起初似乎都很疯狂：个人电脑、互联网、比特币、爱彼迎、优步、Twitter，无不如此。突破性技术必须是大胆的，当人们第一次看到它们时会说："我没明白，没搞懂。我觉得太奇怪了。这太异乎寻常了。"

会有这样一些时刻：围绕某新概念或新事物，所有一切相互碰撞，并达到临界状态，最终这个概念或事物对数目庞大的人群或大量的企业产生巨大的意义和影响。但是，这些确实难以预测。我相信有人可以预测。

霍华德·马克斯曾说过一句著名的话：很难进行预测，但我们可以做好准备。他这样描述这种正确的态度：

也许你会说："这自相矛盾。为投资周期所做的最佳准备就是进行预测，而你却说很难预测。"这没错，但在我看来，这绝无大碍。正如我前面提及的，所有的投资都与未来有关，而我们对未来知之甚少。但是，只要我们承认对未来的认知存在局限并相机行事，这种认知局限不会导致我们失败。

应对马克斯所谈及的这种情况的最佳方法是：购买包含被

错误定价的凸性机会的投资组合，而不要设法去预测不可预测的未来。1993 年，沃伦·巴菲特致股东的信中，说明了购买包含凸性机会的投资组合这一方式：

> 你可以有意识地投资包含风险的项目——有很大的可能性会带来损失或损害，但前提是：你相信概率加权后的收益将远远高于概率加权后的损失，并且你可以同时投资几个相似但不相关的项目。

表 6 - 1 展示了由看法是否一致及看法是成功的还是失败的两个维度形成的四种结果。

表 6 - 1　　　　　　　　　　投资的结果

	一致看法	不一致看法
成功	指数基金/交易型开放式指数基金	顶级风险投资人和价值投资者收获超出市场水平的回报
失败	虚张声势的风投	顶级风险投资人成功路上的必要代价

4. "投资人会花很多时间谈论市场和技术，会有很多看法，但做决策时应该围绕人。约 90％的决策都关乎人。"

> 我们寻找那种集勇气和天赋于一身的人。勇气
> （面对困难不放弃）是人们可以后天学到的。

如果你有一个充满战斗力的团队，那么他们出色的适应环境的能力、创新能力会给投资人和公司带来有价值的选择性。创始人想要打造的理想飞轮是一种勇气自我强化的景象。在恰当的环境下，勇气可以带来更多勇气：一旦种下一颗种子，其反馈环路会十分强大。

5. "相当多成功的技术公司最终进入的市场和它们开始进

入的市场略微不同。微软最初是做编程工具的，但最终成了做操作系统的。甲骨文开始是给美国中央情报局（CIA）做外包的。美国在线起初是一家在线视频游戏公司。"

因为未来不确定、不可预测，所以，因拥有强大的团队及研发能力而具有凸性的公司往往会发生转向（关键转折），进入其他市场。如果你是那种在每个产业类别只投资一家公司的投资人，那么公司的关键转折就可能给你带来问题。但是，关键转折好于倒闭，当然也好于在注定失败的路上一直走下去。

6. "风险投资的最大好处是，我们的钱是锁定的、禁售的。与对冲基金或共同基金相比，风险投资公司一个很大的优势是，我们的钱是锁定的。"

我们投给初创公司的钱有十年的锁定期。

公司可能会有四次赶上或失掉趋势的机会，我们可以投资一家这样的公司，这没问题，因为我们会一直在。

沃伦·巴菲特也发现了禁售投资人的股份是有价值的，他曾经的做法世人皆知：不再采用合伙方式，而是成立了伯克希尔·哈撒韦公司（Berkshire Hathaway）。与风险投资公司一样，伯克希尔·哈撒韦公司的资本也是锁定的，这就避免了在市场行情下跌而引起恐慌时有人试图赎回资本。著名投资人布鲁斯·伯克维茨（Bruce Berkowitz）曾说过："秘诀是：永久性资本。这是事情的本质。我想，这是巴菲特放弃合伙方式的原因。公司需要永久性资本，因为市场情形不好时，人们会逃跑。"风险投资公司在银行应该存有钱（或至少有能力使用有限合伙人在合同上承诺的钱），这就使得其在经济衰退时期也能进行投资，而经济衰退时期常常是创业和投资的好时机。

7.“所有风险投资公司的一个共同点是：大多数成功的科技公司都被它们错过了。”

在风险投资中，我们所犯的错误不是投资了最终证明不行的公司，而是错过大热门投资机会。所有当初有机会投谷歌而没有投的那些投资人都觉得自己是个傻瓜，有机会投 Facebook 却没有投的那些投资人都觉得自己是个笨蛋。风险投资中真正的挑战是：过去50 年，所有出色的投资人有一个共同特点，那就是他们都错过了大赢家。所以，还是那句话，要保持谦逊。

巴菲特和查理·芒格（Charlie Munger）称此类错误为“遗漏错误”（就是说，与所做的相比，没做的那些带来的损失更大）。每个投资人，无论是否意识到，都会犯遗漏错误。芒格指出：“伯克希尔公司历史上出现的极大错误就是遗漏错误。我们看到了投资机遇但没有采取行动，这些是巨大错误，我们损失了数十亿美元。我们一直在犯错，但越来越好了。我们永远无法避免此类错误。”在风险投资行业做得久了，不可避免地会在一开始就放弃或中途放弃一些最终取得巨大财务成功的初创公司。

8.“一些科技行业的新兴创业者，他们一般 25 岁、30 岁或35 岁。他们干得很努力，身体已近极限。从外部看，这些公司似乎特别成功。在公司内部，如果你是公司的运营者，就总觉得公司处于失败的边缘，总觉得一切都快不行了。员工在请辞，竞争对手在进攻，媒体人在写抹黑你的文章。你好似脚踩在刀刃上一般。"

创业不易，或者说胆小的人不宜创业。也许，有些人会把投身初创公司列在自己的愿望清单上，但愿望不是实践。许多人嘴上说得好听，说要离开大公司，投身初创公司，但这样的时机到来时，他们大多不会这么做。

9. "2000 年互联网泡沫破灭之后，新一代创业者在硅谷崛起了。他们完全无所畏惧。"

> 现在的创始人非常注重技术，他们以产品为中心，努力构建伟大的技术。他们对销售和营销毫无头绪，他们似乎讨厌学习这些。

> 许多开发出伟大产品的创业者并没有好的分销策略。如果他们坚持说不需要分销策略，或声称无分销策略为"病毒式营销策略"，情况将会更糟糕。安德森·霍洛维茨基金对那些重视、懂得营销和销售的人更感兴趣。

现在，看上去无所畏惧的创业者很常见。乐观是好事，但缺少畏惧之心也许会导致由傲慢和盲点引发的问题。例如，20 世纪 90 年代末，互联网泡沫带来了一个重大问题：许多由销售和营销驱动的公司忘记了或未重视一点，即公司需要在有巨大空间的市场中交付核心产品价值（也就是说，产品要能解决真正的用户问题）。因害怕错失机会而将太多资金投入很多业务类别中，这样做会酿成大错。可能人们很早就开始宣传公司的产品了，这并不意味着销售、营销、分销渠道对公司成功不重要。例如，连续创业者、投资人里奇·巴顿（Rich Barton）相信：

> 搜索引擎优化和自然搜索结果在减少。随着替代搜索范式（手机、Alexa 网站、APP）的增多，随着 Facebook、YouTube、Snapshot 使得获得"效用"的方式及量大大增加，我会说，我们正进入市场营销和品牌推广的新黄金时代。未来的营销团队构成会多样化、现代化——聪明的分析师能利用大数据做出更明智的决策，公关专家会用各种方式讲述吸引人的品牌故事，社交媒体专家知道如何占据最新媒介的头条，并直接与用户接触，是的，还有会令人感动得流泪的艺术家、讲故事的人。营销又回来了。

10. "你的大部分时间都会花在帮助你投资的公司中那些面临困难的公司上。这些在困难中苦苦挣扎或正面临失败的公司才需要最多的帮助。已成功运营的公司没有你也会一切顺利。面临失败的公司才需要帮助和支持。因此，最后你所做的最多的工作就是帮助深陷困境的创业者。这会令人一直保持谦恭之心，你是一个问题解决者。总有什么地方出问题，我们会跟我们的合作伙伴说，要做好情况不顺的心理准备。这行业看上去风光无限，令人激情澎湃，实际上，其中更多的是挣扎和痛苦。如果你能接受（因为挣扎和痛苦是此行业的一部分），那么总体而言情况尚好。"

风险投资是一种服务行业。它并不是坐在昂贵的椅子上挑一些赢家进行投资，也不是在大会上发表谈话，而是夜以继日地工作在一线，帮助创业者取得成功。卓有成效的投资人会在这些事情上花时间：为所投资的公司招聘工程师和其他人才，帮助所投资的公司实现销售、找到新的分销渠道。安德森的意思是说，虽然创业者和投资人都应有创业旅程充满困难的思想准备，但还是值得一试。生活中几乎一切重要的东西都有得有失，风险投资也不例外。

11. "软件正在吞噬全世界。"

每个人都会拥有电脑，每个人都会上网，那是全新的世界——一个我们以前从未体验过的世界。我们不知道这会是怎样的世界，它是全新的。唯一知道的一点是：你突然想到一个关于产品或服务的点子，想到通过软件交付此产品或服务的方式，你现在就真的可以去做。

使用软件会节省许多成本……现在我们可以对每个领域、每个类别、每个行业、每个产品一一核查一遍，我们可以这样说："如果这些都可以实现软件化，那会是怎样的情形？"

安德森提出"软件正在吞噬全世界"，这个想法总令我想起比尔·盖茨说过的话——他这样解释在微软早期他决定不生产个人电脑的原因：

如果每隔两年，个人电脑微处理器的处理能力就翻一番，那么在某种意义上，你可以将电脑的处理能力看成近乎免费的。那你会问：为什么进入一个生产近乎免费的产品的行业？什么是稀缺资源？什么是可以从电脑无限的处理能力中挖掘出可以带来价值的有限的东西？答案就是：软件。

如今，所谓全新的世界以及安德森所说的"软件正在吞噬全世界"是指：在全球范围内，硬件已经到位，正等待软件的到来。软件公司不再需要制造可运行软件的硬件系统，智能手机越来越普及，计算机和储存器可按需定制。软件驱动了越来越多的变革，这是安德森颇具感染力的乐观精神的来源：

> 有些人担心创新会放缓，在这方面我持完全相反的观点，我认为创新正在加速。因为，一旦将没有软件化的东西实现软件化，在未来使其发生变革的速度会快得多。与改变现实世界中巨大的有形物体相比，软件的变化要容易得多。

12. "说实在的，干风险投资这一行，真的很难做到不乐观，因为每年会有 2 000 名创业者来到这儿，就坐在那边椅子上，谈论他们的一切，描述未来，他们积极乐观，否则就不会来这里。他们带来的都是全新的想法。我想，如果是风险投资公司之外的人看到、听到这些创业者及他们的想法，这些人也许会更乐观。"

> 经济包含非常不同的两部分：第一部分，科技的变化突飞猛进，生产力快速提高；第二部分，正好相

反，质量没有提高，价格却在上涨。

经济已两极分化。在生产力高的行业，价格在降低，而价格越来越低的行业在经济总量中的占比在缩减。在未来，电视可能会仅卖 10 美元一台，而医疗费用可能会高达百万美元。

现代大学教育成本不断上涨，令人咋舌。在生产力快速提高的行业，人们都吓坏了，因为，在一切都实现自动化之后，他们何去何从？在经济的第二部分，即医疗和教育行业，人们担心的是："天呐，这些将占用我全部的预算！我全部的个人预算都要耗费在这些上面了。教育和医疗将花掉我个人收入的每一块钱。而且它们将吞噬国家预算，使美国破产！"在将来，每个人要么成为护士，要么成为教师。这很有意思，人们对经济中的这两部分的情感反应也是完全相反的。

当今技术的进步带来了效率的提升，进而降低了成本，这意味着开支和标准国内生产总值的降低。用更少的投入干了更多的事，但是根据传统测算方法，在更有生产力的行业中投入的钱更少了，这意味着生产力下降了。而且，许多人主观认为，创新会带来更多的生产者剩余和利润。查理·芒格这样描述这种现实：

微观经济学非常重要的一课是，学会区分技术何时是有帮助的、何时是有害的。大多数人没弄明白这一点。有各种各样很棒的新发明，这些新发明不会给发明者带来任何好处，只会让他们在一个并无价值的项目上不断烧钱，你还是赚不到钱。伟大技术进步的所有益处最终都应惠及用户。

这些容易让人困惑，但是不能因此就对创新带来巨大有益影响的潜力持悲观态度。毫无疑问，如今经济的发展，以及驱动经济增长的技术变革，带来了一系列的新问题，如员工的再培训。我们必须找到新办法来解决这些新问题，这又涉及多种形式的创新。

7. 里奇·巴顿

亿客行，镜门，吉洛

里奇·巴顿，创业者和投资人。20 世纪 90 年代中期，在微软公司内，他创办了亿客行（Expedia），该公司后来成功上市。巴顿一直担任亿客行的首席执行官，直到 2003 年。来自西雅图的风险投资人、亚马逊早期投资者，也是巴顿的亲密朋友尼克·汉诺尔（Nick Hanauer）说："你可以说出比里奇更富有的人，但取得他那样成就的人不多。在这个国家，像他那样那么多次从零起步到创业成功的人不多。"巴顿的核心投资理念是"为他人赋能"。他相信"让用户可以访问他们因为看到或通过电话听到专业人士敲击键盘访问信息而确信存在的那些信息或数据库"可以带来很有价值的生意。巴顿是吉洛（Zillow）和镜门（Glassdoor）的联合创始人、总裁，还是 Benchmark 的合伙人。他是 Artsy、Avvo、Liberty Interactive、奈飞、Nextdoor

及 RealSelf 的董事会成员。里奇·巴顿 1989 年毕业于斯坦福大学，获工科学位。

1. "'市场'一词很重要。两方参与才形成市场。"

　　用户生成内容模式很神奇。这是因为，以酒店为例，它获得的用户评论越多，就会有越多的用户被吸引过来。当然，用户越多，获得的评论就会越多。这是一个简单的、完美的正反馈系统的例子。飞轮越转越快，逐步就会形成护城河——城堡周围的护城河、防护带、具有竞争力的差异性，随着用户留下的每一条评论，护城河越来越宽、越来越深。

巴顿的意思是说，可以利用用户生成内容系统实现正向的自我增强，以实现越来越多的成功。举例说明：如果市场中的 B 方拥有更多用户，市场中的 A 方就会更重视此平台，这样，便会形成正向网络效应。像亿客行、镜门、吉洛这样的市场中都有多方参与，它们通过"平台"直接互动，产生网络效应。当这个"平台"上有越来越多的用户生成内容出现，实际上就形成了竞争对手进入的障碍。风险投资人尤里·米尔纳（Yuri Milner）相信："从利润角度看，用户生成内容非常神奇。"一家新媒体公司如果能使平台用户自我生成内容，那么，与传统媒体公司相比，新媒体公司投入的成本要低得多。

2. "如果你确实拥有飞轮，那么花钱让它转起来是非常值得的。为了让它转起来，可以搞些非经济性质的活动，以手动方式推动飞轮。一旦轮子转起来，你就可以放手了。"

　　要让平台达到临界规模，第一步是解决"鸡和蛋"的问题。可以这样简单地描述这个挑战：使平台上的一方在另一方退出之前对平台产生兴趣，反之亦然。其中的困难是，使双方的用户数量都足够多，从而能够达到临界规模。临界规模并不容易达到，尤其是需要双方同时出现时。那些不能很快达到临界规模的公司会出现资金短缺，发展势头不足。如何吸引一方到平台？关键是以低成本方式让人们参与到平台中。低用户获取成本是这里的关键。巴顿的意思是，投入资金，让飞轮从静止的状态转起来，是整个过程重要的一环。即便最初启动飞轮时花了钱，但只要正向反馈环路运转起来，平台最终是省钱的。这是因为，只要平台的正向反馈环路运转起来，它就可以以很低的成本有机地获取用户。巴顿用自己在吉洛的经历说明了这一点：

　　　　我们当时没有多少钱，不能花钱进行广告宣传。但是我们知道，在营销组合的"5P"中最重要的是"产品"。因此，我们打造了非常具有感染力的产品（Zestimate），并为它开发了一个完美的公关方案，此方案是由当时沟通部的主管、后来吉洛的首席运营官艾米·博霍廷斯基（Amy Bo-hutinsky）设计的。第一天，数以百万计的用户登录吉洛网站。在一天半时间内，吉洛网站被挤爆。之后的几年，产品和公关是我们赖以生存的面包和黄油。在我们每月有500万用户并且形成了成熟的商业模式后，我们才开始投放传统的品牌广告，包括电视广告。

3．"过去，我专注于大的垂直产业类别。在这些产业中，数据库信息往往被锁在高墙之内。我希望能让用户访问到这些信息。我喜欢包含真实的人、真实的决策、真实的资金投入的垂直行业，因为其更容易货币化。在这样的垂直行业卖广告是常见的，因为商家希望消费者在做决策时能看到这些广告。"

亿客行、镜门、吉洛都是巴顿"为他人赋能"理念的例子。简单说，这个理念反映的是："如果我们为普通大众提供帮助，使他们的生活更美好，为他们省钱，并给他们提供透明度，那么我们就在做对的事。"在巴顿发表于《连线》杂志的一篇文章中，他用一个生动的故事讲了他的投资理念：

> 帮助用户访问到信息和数据库。他们看到或通过电话听到专业人士敲打键盘，所以知道这些信息存在。我记得，我曾恨不得穿越电话线，到电话线的另一头，自己去看那边的电脑屏幕——将屏幕转向自己，自己去操控。我知道我会比电话线那头的代理人投入更多时间，获得更好的查找结果，因为代理人并不了解我的偏好，只是尽力接近我的偏好。

巴顿认为：某些垂直行业会有大量收费的交易，用户获取成本高。巴顿已经证明，在商家会花大钱进行有效广告宣传的垂直市场，用户生成内容的模式会很吸引人。

4．"我想告诉人们的是，一样东西，如果可以收费，它就会收费；如果可以免费提供，它就会免费；如果可以让大家知道，它一定会被大家知道。"

这里，巴顿是说，电子信息会越来越公开，而不是被藏在防火墙后面。在市场中共享信息的模式对于创建平台业务如此关键，很可能这种模式将来会成为免费的。与此相似，基于用户生成内容的商业模式如此有吸引力，所有东西都会形成一个评分，因为评分可以用于销售广告或驱动其他基于市场的商业模式。

5. "只要给我一个新鲜、刺激的产品，我就可以告诉你，怎样不花大笔营销费用就将该产品推向市场。人们喜欢新鲜刺激，如果你是站在用户的一方推出刺激好玩的产品，行业会有强烈的反应。这就是最佳的市场进入方式。"

我们看到，具有争议的商业模式（如优步）和重视信息的商业模式（如镜门、吉洛）正在转变为免费品牌的形象，用户越来越多，而随着用户的增多，争议和信息也更多了（这种循环不断加强）。正向的反馈循环是当今商业的特点，那些优秀的创业者明白如何利用这个特点打造持续竞争优势。

6. "想法易得，实施不易。"

要有好的执行力，领导者需要具备以下三种特质：头脑、勇气、用心。

初创公司的成功离不开好的创业想法，但仅有想法是不够的。创业想法会不可避免地随着时间的推移及环境的变化而不断进化。巴顿的意思是，获得好的创业想法容易，执行起来则会很难，需要组建团队、打造产品、寻找产品-市场的匹配、进行市场扩张，这些都是具有挑战性的任务。

7. "与使用既有的词相比，编造新词从长远来看更有力量。我很喜欢使用拼字游戏（Scrabble）中的高点数字母来组成我的公司名——如果可以组合在一起的话。说它们是高点数字母，是因为它们很少被用到，极少被用到的那些字母往往会令人记忆深刻。在 Scrabble 中，字母 Z 和 Q 的点数有 10，X 的点数是 8。当你读到它们时，会觉得它们很抢眼，并且会牢牢地将它们记住。"

如果你成功编造了一个新词，并将它引入人们的日常语言中，那么你就拥有了该词，它就成为一份独特的重要资产，不会与其他任何东西混淆，也不会被竞争对手侵犯。最好的情况是，该词最终被用来命名整个新的产品类别，如 Kleenex、Levis、Polaroid、Nike、eBay。创建自己的品牌，将一个新造的词引入消费者的语言体系，是一个艰难的过程，会花费很多成本和时间。

那些愿意努力将编造的词转化为强大品牌的人往往志存高远，这对于投资人来说很有吸引力，因为他们需要获得大满贯的结果，以使商业模式奏效。如果一个创业者认为自己可以将创业想法变为实际行动，那么这就说明，他具备了创业所需的思维方式或基因，可以去寻求风险投资了。

8. "如果想要组织不断成长、充满活力，那么你需要抓住一些大的新商业机会。"

在一个不断成长、充满活力的公司中，和团队其他成员一起工作是多么有趣的事啊！巴顿很幸运，职业生涯早期，他在微软工作。当时的微软正以令人难以置信的速度成长，员工拥有无限的进步和学习机会。在此期间，微软的业务快速增长，员工承担的责任和面临的机会持续增多。那时的环境早已不是零和博弈了。当巴顿在微软处于试用期的时候，有许多一线员工得到晋升。在巴顿投资的公司中，包括镜门和吉洛，员工拥有相同的高成长环境。这与衰退行业中员工人数缩减的情况形成鲜明对照。机会缩减意味着员工面临比零和博弈更差的状况，常常会导致对公司非常有害的内部政治和分裂文化。

9. "你可能有一个很棒的团队，但如果钓鱼的地方不对，他们也不会有任何收获。"

科技型初创公司不是资本密集型的。开发软件的第一个版本时需要花钱，但将软件复制给成千上万人是不需要什么钱的，如果可以成功扩张，这是边际利润很高的行业。

从产生一个创业想法直到做出点什么，需要的是一个伟大的梦想和愿景，再加那么一点疯狂。

梦想大部分是能自我实现的。无论是大事业还是日常小事，要想成功，需要付出的是一样的，无外乎心血、汗水和眼泪。

风险投资人关注的是：发现一些努力在大规模市场中创造价值的敢想敢干的创业者。创业者开始的创业计划只是有一点儿疯狂，不可避免地，很快就会有竞争对手做相似的事情。创业者花费数年时间一直为自己的创业计划而努力，为什么不努力做些更伟大的事情呢？如果创始人的目标是实现某个真实的使命，那么这种使命感会带来追求财务回报之外的动力。如果在为社会做些有价值的事情的同时还能收获财务上的回报，这两者的结合会非常强大。

10. "在创业之初要聘用最优秀、最聪明的员工，这很重要，这样才可以构建一个有有效的组织架构的公司。"

> 让自己的周围都是超级明星，而不仅仅是你选出来一起工作的那些人，还包括给你投资的那些人。如果你身边围绕的都是超级明星，许多事情自然就能做到了。在我职业生涯早期，因为要满足一些短期需求，我妥协过，不得不将某人招到公司来。这是个错误，我很后悔。很难将绩效差的人赶走。要让自己的身边都是超级明星，他们会再招聘超级明星进来。

如果你周围都是喜欢把事情做好的聪明人，这会使你变得更聪明，也更愿意把事情做好。巴顿讲这一点的意思是，早期招聘的人员尤其重要，因为他们是核心，公司的文化、价值观、最佳实践基于他们而形成。弥补一次招聘失误比我们想象的更费钱、耗时。总之，招人不当会对公司有害。聪明的、对自己有信心的人更愿意招聘聪明人，与聪明人共事。惧怕威胁、容易气馁的人会招聘一些没有威胁的人，最终这些人并不能给公司带来什么价值。

11. "选择投资人时，要选那些能量最大的。"

在公司的成长过程中，最聪明的创业者不仅从投资人那里筹集资金，还会注重投资人是否能带来有价值的服务。优秀的投资人拥有出色的人脉资源，这进一步增加了他们的价值。当你有一个很好的商业点子，有强有力的团队，有巨大的市场或潜在市场，那么此时资金就不再是问题。

12. "今天我们所说的职业生涯规划和父辈那一代人所说的完全不同。我父亲毕业于杜克大学，获得工科学位。我不知道他是哪一年毕业的，大概是 1956 年。毕业后，他去了一家大型化学公司工作，相当于他那个时代的互联网公司，其实是一家塑料公司。像电影《毕业生》（*The Graduate*）里演的那样，我父亲总是说：'你从事互联网行业，我那时从事塑料行业，当时的塑料行业和今天的互联网行业一样火。'总而言之，他去了那家公司，34 年后从那家公司退了休，他一直都在那儿工作。这就是他那个时代的工作概念——公司人。他们穿灰色套装，戴着礼帽，拿着公文包；他们在周五喝马提尼酒。我爱爸爸，敬佩他。他总是支持我，对我的职业生涯规划以及我关于现代职业路径的观点很感兴趣。在我看来，职业生涯中要去尝试那些好玩的事情，要努力学习新技能，掌握一些工具，然后换一家公司，再掌握一些新的工具。最终，你会掌握很多工具，足够开办自己的公司了。"

这里，巴顿强调了在职业生涯中学习新技能的重要性。要抓住机会，不断获取新的技能。在当今世界，这就意味着职业路径往往是非线性的。人们不再用"阶梯"而是用"攀登架"来比喻职业生涯的上升。与正式文凭相比，一个人的真实技能、工作成果及个人人脉变得更重要。通过工作成果向应聘的公司展示自己的能力，正逐步替代传统的简历。

8. 罗洛夫·博沙

红杉资本

罗洛夫·博沙（Roelof Botha），红杉资本的合伙人，他负责红杉资本的战略、团队构成和融资。博沙在南非比勒陀利亚和开普敦长大，他的第一份工作是在约翰内斯堡的麦肯锡公司做顾问，从 1996 年 8 月干到 1998 年 6 月。后来，他去了美国，在斯坦福大学完成工商管理硕士学业。他还是受过专门培训的精算师。博沙在 PayPal 干过好几个职位，包括首席财务官。他在 2003 年加盟红杉资本。他投资的公司包括 Instagram、Stripe、Tumblr、YouTube。博沙相信，"如果没有亲身体验过创始人或创业者的生活，或没有参与过创办一家公司，你很难成为好的投资人"。

1. "渴望为用户解决问题是创业者的重要特征，这种热情驱动着创业者。而'我想这会成为一家市值数十亿美元的公司，我想做是因为可以挣大钱'这种想法则不是创业热情和驱动力。"

我寻找这样的创业者：具有个人激情，能清晰描述问题，并且能清楚说明为什么他们的解决方案既独特又吸引人。

那些最成功的创业者往往最初就是始于解决某个有趣问题的强烈渴望：由于个人在这个问题上遇挫，所以格外想要解决这个问题。

如果公司不能为用户解决真正有价值的问题，那么失败是迟早的事。如果公司不能提供核心产品价值，那么创始人思考增长模式、投资条款清单及其他诸多次要事项，就都是没有努力到点子上。在说这些时，博沙是在表达一种渴望——对使命型而非唯利型创业者的渴望。爱彼迎的布莱恩·切斯基（Brian Chesky）曾说过，"打仗时，使命型比唯利型更有耐力"。

2. "获得风险投资的公司的死亡率为50%。想象那条曲线，有一半的最后归零。有些人想要得到三倍的高回报和很低的死亡率，但是，即使那样的风投模式仍然服从幂律分布，只是曲线没那么陡峭。"

风险投资行业的这个现实意味着，风险投资人要关注那些具有获得非线性比率收益和利润增长潜力的大市场和大业务。许多初创公司并不适合风险投资，这没什么，对大多数公司而言，发展的最佳途径是使用内部生成的资金、商业贷款，以及来自朋友和家人的投资。

3. "创业的内涵远不止于获得风险投资。"

许多申请风险投资的公司其实只是小公司，它们应寻求小公司的融资方式。在构建健康经济和创造就业方面，这类公司和创业者所创建的市场起到重要作用。但是，这类公司并不适合风险投资。风险投资在经济总量中所占比例只是一小部分，由于风险投资对创新和提高生产力有很大影响，所以，就影响而言，风险投资的重要性远远超出其在经济中的占比。然而，如果放在经济总量的背景下考虑，每年风险投资投入的资金总量相对还是较少的。

4. "将自己看成网络的中心点。"

使公司快速扩张的最佳方法是创造一个飞轮，也就是，形成自我增强的局面。飞轮的形成对初创公司很有帮助，而处于飞轮中心的是创始人及其团队。要让飞轮转动起来，创始人必须先播下一颗"种子"来启动飞轮，然后自我增强。要形成飞轮，面临的比较棘手的问题是，如何解决"鸡和蛋"的问题。在一切就位之前，公司如何获得最初的动能？一般情况下，启动飞轮需要有免费的"鸡"或"蛋"，到底是"鸡"免费还是"蛋"免费并不重要，市场中通常会有合适的一方成为种子，另一方就成为利润源。

5. "形成飞轮的关键在于两个重要变量：市场规模和价值主张的力度。公司的增长会经历指数曲线的过程，然后由于市场饱和呈现平稳态势。如果市场机会的天花板是 2 亿美元，那么即便有了飞轮，公司可能会从 2 000 万做到 6 000 万，再到

7 000万，然后便逐渐减少，因为可得的市场空间已经饱和了。"

市场越大，公司的跑道①就越长。如果能达到曲线的拐点，公司就可以获得指数式增长，并持续很长时间。一家公司如果能够持续3～4年每年保持规模翻倍的增长，它就会成长为一家大公司。这是飞轮思想的一个基本观点。

初创公司要实现投资人要求的那种增长，以使商业模式顺畅运行，最好选择进入非线性的领域。从广义来说，摩尔定律便是这样的情况，特别是如果公司还受益于网络效应。有时飞轮是在小规模市场中形成的，对此，投资人就没那么感兴趣了。

6. "一些公司最后会募得太多资金，也许会有足够15个月使用的资金。它们会变得自满，缺乏批判性思维。情况会在9个月的时候出现波折，然后转化为危机。之后，就再没有人想给这家公司投钱了。"

有人提出这样的经验法则：当公司资金可维持12个月时，就应该考虑融资了；当公司资金还可维持9个月时，就应该着手融资了；当公司所剩资金只能维持6个月时，就应该感到着急了。A轮融资相比种子轮的融资要难得多。相比过去，现在可获得的A轮投资并没有更多，但已获种子期投资开始竞争A轮投资的初创公司却更多了。

7. "要获得巨大成功，必须同时具备许多要素。在一些案

---

① 路道（runway），指初创公司在不融资的情况下还能支撑多久。——译者注

例中，从外部看起来似乎一帆风顺，可能真实情况是已接近死亡，一些细微的变化和结果可能会有很大的影响，其中包含着能力、运气，交织在一起。"

谈到运气和能力两者的不同，读一下迈克尔·莫布森的书会很有帮助，他说："测试某项活动是否涉及能力，最快、最简易的方法是，问自己是否能做到故意输掉。在涉及能力的游戏中，很显然，你可以有意输掉；但当你玩轮盘赌或买彩票时，你就不可能有意输掉。"如果可以通过刻苦努力来影响结局，这就事关能力而非运气。

8. "问题公司会占用你更多的时间，而不是那些成功的公司。"

对创始人或投资人而言，时间是他们的稀缺资源。存在许多问题的公司耗费了他们最多的时间。只有在出现问题时，由公司高管、顾问和导师组成的出色的董事会才真正显现其价值。正是由于初创公司总是会遇到各种各样的问题，所以在做选择时，初创公司应该看到资金之外的东西。相比只能带来资金的投资人，那些愿意为初创公司奔波并且具有良好的判断力、专业知识和技能、重要社会关系的投资人更受青睐。

9. "选择初始投资人时，要选择不急于退出的人，这很重要。"

> 你将要跟谁打交道？你必须了解自己可能与之合作的投资人，基本上，你们将进入一段长期的合作关系。

想象一个简单的 2×2 矩阵：一个轴代表的是"易相处"和"不易相处"，另一个轴代表的是"出色的创始人"和"不出色的创始人"。不难看出，投资人会给哪个象限的人投资。

如果你可能要在生活中以一种重要的方式与某人相处多年，为什么要选择难以相处的人呢？如果与生活中比较重要的人相处不好，这不仅会极大地降低事业成功的概率，还会让人痛苦不堪。为什么要痛苦呢？生命很短暂，开心远比人们想象的更重要。

10. "考虑一下私人投资。私人投资和对冲基金投资或公共投资很不一样。在私人投资中，可以利用市场心理和短期差价，因为可以自由退出。风险投资没有这样的好处。我们不可能预测说，这种趋势会在未来三年内很风行。根据定义，风险投资需要有长远的立场。也许三年、五年、十年内公司会上市，或被收购，谁知道呢？我们喜欢较长的'跑道'。"

风险投资需要经过较长时间才会有财务上的回报，这驱动着风险投资行业的许多方面。红杉资本对其投资的公司说过一句著名的话："如果没有足够的资金来应对融资前的时期，最好有可以快速带来正向现金流的盈利模式。"更好的选项是，有足够资金和现金流来维持公司较长时间的运转。

11. "你不能指望靠开支票就能赚钱，也就是说，你不能只提供资金。你必须能用差异化的方式帮助所投资的公司，比如，为它们动用你的人脉或提供很好的建议。"

每家初创公司及其创始人、员工、商业模式、市场都是独特的。在实现产品-市场匹配、员工招聘、财务管理、团队建设等公司运营的方方面面，初创公司都需要手把手的帮助。如果投资人在初创公司融资、招聘关键雇员或是达成大笔交易方面没有起到支持作用，那么初创公司就找错了投资人。

12. "精算科学具有人们不易觉察的益处。当初加入风险投资行业时，我并没有意识到这个益处。精算师训练有素，考虑的是未来30年的情形；会计师考虑的是过去一年的情形。精算科学会迫使你形成长期思维，那种思维范式对我如今的工作产生了影响。我们会投资只有三名员工的小公司。我们必须设想，公司在未来10年或15年后可能会变成什么样子。"

博沙是训练有素的精算师。他指出，成功的投资人必须能想象，一家初创公司10～15年后会是什么样子。在设想可能的结果时，投资人需要考虑"可能正确的方向"。在风险投资行业，像会计可能会做的那样去推算过去15年的情况，这不是成功的关键。

9. 吉姆·布雷耶

布雷耶资本

吉姆·布雷耶（Jim Breyer），布雷耶资本（Breyer Capital）的创始人兼首席执行官。布雷耶资本是一家投资和风险慈善公司。布雷耶也是风险投资公司 Accel 的合伙人。虽然布雷耶最著名的投资项目是 Facebook，但他还成功投资了其他许多公司，包括 Etsy、Spotify 等。1956 年，布雷耶的父母以难民身份从匈牙利来到美国。布雷耶的职业生涯始于他在斯坦福大学读本科时，在暑假和非假期的课余时间在苹果公司工作。布雷耶和中国一家风险投资公司 IDG 资本一起出资，成立了中国最大的风险投资基金公司之一。布雷耶还在戴尔、Marvel Entertainment、沃尔玛担任董事。布雷耶每天早上都会冥想以保持头脑清晰。

1. "我学到的经验是，市场悲观时赶紧投资，加快投资步伐；市场乐观时就缓一缓。"

别人贪婪时你要谨慎，别人谨慎时你要贪婪，给出这样的建议不难，但是做到这一点却很难。有时，人们的从众心理会很顽固。大多数投资失误源于情绪和心理问题，但大多数投资机遇也基于此，因为只有当别人失误时，才会产生错误定价的资产。简言之，基于大众的两种极端行为，采取与之相反的行动，就可以获得高于市场的投资回报。比如，互联网泡沫破裂前，吉姆·布雷耶投资非常谨慎，结果他承受了不少压力。他预测的时机不对，而他的谨慎最终证明是对的。

2."投资与心理密切相关。无论你是沃伦·巴菲特，还是在早期投资科技公司的投资人，心理状态都至关重要。"

投资最难的是控制自己的情感。正如巴菲特所说："投资简单，却不易。要做好投资，最重要的品质是个人性情。"和巴菲特一样，吉姆·布雷耶也是在说，投资人应具备良好的心理素质。因为大多数投资错误源于情感或心理问题，所以控制情感是无止境的努力方向。

3."无论是投资，还是从初期到之后相当长时间的创业过程，都会伴随着模式识别和实时知识。"

成为一名成功的投资人需要时间，因为模式识别的能力源于犯各种各样的错误，犯错可以培养投资人良好的判断力。关键一点是，要避免犯诺贝尔奖获得者、心理学家丹尼尔·卡内曼（Daniel Kahneman）所说的"第一思维系统"的错误。迈克尔·莫布森这样描述两类思维方式："第一思维系统是你的经验系统，这个思维系统来得快、迅速、自动，并且难控制。第二思维系统是分析系统，它来得慢、有目的性、审慎，但可塑性强。"莫布森提出了使用这两类思维系统的注意事项："要让第一思维系统高效运转，你需要应对一些线性或一致的状况。但是，如果你正在做某特定领域的一项决策，决策结果是非线性的，或者其统计特性会随时间而变化，那么凭直觉做决策就会出错，因为第一思维系统不知道发生了什么。"最好利用第二思维系统做投资决策，因为商业世界是非线性的。别人都用第一思维系统做出错误的估值，所以当你运用正确的第二思维系统时，反直觉的思考就会带来投资机会。正确使用第二思维系统需要培训，这样投资人才能在做决策时有正确的视角。

4. "我们总是认为，失误过一次就会吸取教训。每天，我们都在新的错误中变得更谦卑。"

如果屡次犯同样的错误，你投资的过程就是有问题的。要获得关于投资决策的正确视角，失误后及时反思很重要。人天生倾向于在心理上拒绝承认错误，但是，通过接纳错误而非掩盖错误，你会学得更快。

5. "风险投资的周期在不断变化，行业内最吸引人的讨论常常是围绕'我们处在周期的什么阶段'这个话题展开的。"

硅谷一直上演着发达和衰败的故事。

所有市场都有周期性。人们不会不依据任何信息做投资决策，当一个人决策、行动时，其他人往往会跟风，直到毫无征兆地停止下来。人们行为的顺序决定了经济周期，而认为人们行为的顺序是可以准确预测的这一观点是人们在拥有了无数的经验后仍抱持的希望。与其他市场相比，风险投资市场的周期性更强，而不是更弱。人们最常谈论的一个预测周期的信号是：当人们开始议论说不会再有任何周期变化时，经济周期可能正出现新的变化。

6. "在许多情况下，资本过剩比资本不足的危险更大、更严重。"

　　我们总这样说，降低风险就是：在创业的第一年保证没有技术风险，在第二年保证没有销售和营销风险，在第三年构建运营资本和国际分销渠道，第四年公司上市。这是一个经典的风险模型——从投资阶段的角度。但是，实际上，在互联网泡沫期间，投资不分阶段，公司并没有采取任何降低风险的措施，因为资本非常充足，公司能够很快筹够它们需要的全部资金，并同时尝试解决所有那些问题。

初创公司拥有过多资金会导致出现各类问题，如缺乏聚焦、创新不足等。如果公司努力解决问题的方式是烧钱，而不是采取不太费钱的措施，如完善有问题的流程或文化，说明公司正在犯可怕的错误。资金过多也会毁掉公司的股权结构表，使后续的融资很难实现，令人痛苦的估值较低的融资便在所难免。

7. "我们寻找的是那些展现出独特洞察的公司。"

如果不想方设法成为反向投资人，不想方设法找到正确的反向投资视角，那么，作为投资人的你将永远无法超出市场水平。反向投资观点适用于投资的许多层面和领域，比如为初创公司界定目标市场。如果初创公司只知道跟风其他初创公司或成熟大公司，则很难取得成功。战略的本质是：理智地做出与众不同的决策，并持久地坚持。

8. "硅谷那些最成功的公司大部分都是从一个简单的概念开始，然后扩展至邻近细分市场，乃至全球市场。"

聚焦很重要。最成功的公司往往都聚焦于一个没有那么多竞争的市场，或专注于开辟一个新市场，这使得公司可以快速发展，并可能为业务拓展至邻近市场打下坚实的基础。这是一种"占领并扩张"的战略。

9. "我们一直在寻求人、机会、想法三者之间的匹配。"

所有出色的创业者拥有一些共同的美好特征，它们是乐观、坦率、理性的诚实、正直之间的平衡。

哈佛商学院迈克尔·波特教授建议说，在制定公司战略并为公司构建护城河时，要将各要素的"匹配"作为一项目标。波特写道："匹配不仅给公司带来竞争优势，也为可持续发展提供动力：当诸多方面互相强化形成良性循环时，竞争对手就很难模仿。匹配就是利用公司的独特之处创造更多的独特性。"查理·芒格所说的"lollapalooza效应"① 强化了人们对"匹配"这个理念的关注。换句话说，公司中良好的匹配会带来非线性收益。

---

① lollapalooza效应是查理·芒格为那些相互强化并极大地放大彼此效应的因素发明的词组。——译者注

10. "科技公司和其他许多行业公司的发展历史表明，第二个或第三个进入行业的公司常常会最终胜出。让他人创建市场，然后自己第二个或第三个进入市场，这样做有时比较划算。从事电子表格业务的莲花公司、从事个人电脑业务的戴尔、从事路由器业务的思科，以及做操作系统的微软，都是这样的情况。"

在市场胜出的是最先实现产品-市场匹配的公司，而非最早进入市场的公司。看来，可持续的竞争优势可能比人们想象的脆弱得多。有线电视和无线通信的开拓者克雷格·麦考曾几次对我说："有时，开路先锋会因为他们努力开拓而背后中箭。"

11. "在我能记得的所有交易中，都曾有过黑暗的一天：董事会成员围坐桌旁，绞尽脑汁地考虑如何才能摆脱困境。"

许多现在非常成功的公司都曾在创业最初几个月或几年内几乎撑不下去。成功的投资人知道这一点，他们不会轻易放弃。知道什么时候收手、什么时候值得继续搏一搏，这种能力只有经过时间的历练后才会拥有。

12. "有些人的确很幸运，但不可能一直靠运气经营一家风险投资公司。运气肯定会有帮助，但你不能指望它。"

低估运气在成功中的作用，这是愚蠢的；一切都指望着好运气，这同样不明智。如果对运气不心怀感恩，这表明你没有用心。随着年龄的增长，人应该变得更为谦卑。

10. 克里斯·迪克森

安德森·霍洛维茨基金

克里斯·迪克森，一位创业者、程序员、投资人，他是安德森·霍洛维茨基金的普通合伙人。在此之前，迪克森与他人共同创建了 Founder Collective——一家种子轮风险投资基金公司。迪克森博学多才，他经常写一些技术和商业方面的文章，他写的文章思路清晰、富有洞察。迪克森与他人合伙，先后创立了 SiteAdvisor（如今称为 WebAdvisor，后被 McAfee 收购）和 Hunch 公司，在 Hunch 他担任过一段时间的首席执行官。迪克森还曾在 eBay 工作过，并曾在一家专门从事高频交易的对冲基金公司做过程序员。他投资的公司包括 Airware、BuzzFeed、Coinbase、Comma.ai、Dispatch.ai、Envoy、iCracked、Improbable、Keybase、Nootrobox、Oculus、OpenBazaar、Ringly、Shapeways、Skydio、Soylent、Stack overflow 和 Wit.ai。

迪克森在哥伦比亚大学获得哲学学士和硕士学位，并获得了哈佛商学院的工商管理硕士学位。他也一直是一位活跃的天使投资人，在 Behance、Foursquare、Kickstarter、OMGPop、Pinterest、Stripe、Warby Parker 等科技公司都进行了个人投资。

1. "如果人人都喜欢你的想法，我可能就会担心该想法不够超前。"

对于初创公司来说，最好的机会存在于那些被人忽视、鲜为人知的领域。迪克森的意思是说，如果人人都喜欢你的想法，那就等于说，这个想法将不会带来超大利润。迪克森还认为"不要对自己的创业想法遮遮掩掩"。他说明了把想法分享出来并获得反馈的种种益处，指出"充其量，可能只有屈指可数的人会放下一切，全力以赴地去复制你的想法"。

2. "如何才能发现表面看起来糟糕、实则难得的好想法？这就需要理解彼得·蒂尔（Peter Thiel）所说的'秘密'：你相信大部分人都没有发现的事情。怎样才能发现秘密？你需要：（1）比其他人更熟悉工具的使用；（2）比其他人更深刻地了解问题所在；（3）从独特的生活经历中汲取。"

创始人必须很早就选择好目标市场，然后他们才会清楚是否实现了产品-市场匹配。在我看来，预测初创公司能否取得成功的最佳方法是看它是否实现了大卫·李（David Lee）所说的"创始人-市场匹配"。"创始人-市场匹配"是指，创始人对其即将进入的市场有深刻的理解，而且他们的产品、业务，乃至公司很大程度上融入了创始人的个性特征。

迪克森的意思是说，最可能了解一个商业机会背后"秘密"的人，是那些对这个领域有深度研究的人。换句话说，不够专业是几乎不可能获得成功的，因为不够专业者对技术、创建产品的最佳方法、将产品推向市场的最佳方式以及用户的需求没有深刻的理解。初创公司中拥有相关领域丰富专业知识的人，可能是凸性的源泉。如果创业团队对某领域的专业知识有深刻的理解，他们就可能会发现迪克森和蒂尔所说的"秘密"，他们适应市场的能力和创新能力会给投资带来更大的凸性。

3. "种子期的投资，以及，坦率地说，在创业早期阶段获取有用的信息，非常关键。遗憾的是，几乎所有这类信息都不是公开发布的。"

伟大的投资人会一直努力寻找好的信息源，尤其是未公开发布的信息。如果关于一项业务的信息很难获取，那么这对于初创公司来说是大好事，因为这意味着可能形成错误定价的机会。换句话说，在创业早期，不确定性和无知是创业者的"朋友"。随着团队工作往前推进，减少技术和市场风险，实现产品-市场匹配，并设法使业务上规模，公司就有机会消除不确定性和无知并创造价值。风险投资人的一部分工作就是为创业者介绍一些人脉资源，帮助他们快速、低成本地找到能帮助他们实现目标的非公开信息。

4. "想法很重要。这里的想法不是指大众所理解的狭义的创业想法。一个好的创业想法一定是经过深思熟虑的，历经数年规划，这些规划会根据环境的变化提供多种可能的路径。"

　　最好的创业想法具有这些特征：（1）大人物会认为这些想法是小打小闹，看不上这些想法；（2）它们会将其他产品已实现的功能进行拆解；（3）这些想法往往源于兴趣爱好；（4）它们往往挑战社会规范。

　　好的创业想法总是来自直接经验。将你的直接经验从传统智慧中挑出来——好的创业想法正来源于此。

也许下面的例子最能清楚地说明迪克森的意思。我职业生涯的大部分时间都在为克雷格·麦考工作。在将想法发展为大生意方面，克雷格·麦考是专家。在如今被称为移动行业的很早时期，移动电话用户只是极少的一部分人，移动电话为他们提供了足够的价值，帮助他们获得了商业成功。麦考是移动电话的忠实用户，对该行业有深刻的见解。那时，消费端设备非常庞大，要装在手提箱中或安装在汽车上才能使用。最热衷于这种产品的用户当中有地产经纪人和建筑工人。但这种移动电话费用昂贵。最终，便携式移动电话出现了，但仍十分笨重，且价格不菲，并且与之前的仍然相似。在那期间，麦肯锡著名的预测是：如果可以使用固定电话，没人会使用移动电话。麦肯锡认为，麦考所谓的人们可以"拿着电话移动的能力"几乎没有或根本没有价值。但是，麦考很享受在"移动办公室"（汽车、飞机或游艇）办公带来的自由感，因此，他自然对这款产品充满热情。出于对移动行业的热爱，当麦考决定出售有线电视业务，以双倍价格进军移动电话市场时，他丝毫没有犹豫。

5. "有个广为流传的误解：要成就一家伟大的公司，必须有伟大的想法。"

表明你会有所为的最好方法是：把产品样品做出来。难怪很多投资人会对创业者说："有了样品，再回来找我。"他们不关心这种产品是否可行，他们关心你是否能把它做出来。

团队的执行力比一个绝妙的想法更重要。当一个新的商业创意出现时，人们总是不止一次地说"是我先想到这个商业创意的"。如果没有团队愿意努力去实现想法，世界上最棒的想法也毫无价值。迪克森的意思是说，用什么来证明团队有能力将他们的商业计划付诸实施呢？就是成功的样品。例如，要想证明你可以搞出一款非常实用的软件，最好的方法就是做出软件样品来。

6. "那些最聪明的人在周末的兴趣爱好，很可能会成为十年后普通大众在工作日平日的活动。"

如果那些智力非凡的人没有实现短期财务目标的压力，他们就会把时间花在兴趣爱好上。

迪克森不是指那些周末在车库打乒乓球或在宿舍玩虚拟棒球的绝顶聪明的人。他说的是创立家酿计算机俱乐部（Homebrew Computer Club）的那种人。家酿计算机俱乐部是硅谷早期的计算机爱好者团体，1975 年 3 月 5 日，他们举行了首次会议。迪克森寻求的关键要素是这样一种先进的技术：对那些聪明绝顶的兴趣爱好者来说很有用，但它的用途还不能带来明确财务回报。随着时间的推移，这个兴趣爱好的成本和表现会提升，提升到一定程度时，它就变成一个繁荣的产业了。

7. "在当今科技时代，核心主题似乎是超越比特世界，延至原子世界。这意味着，科技不只在虚拟空间大行其道，它还影响现实世界，影响运输、住房、医疗及其他所有方面。这些领域会发生翻天覆地的变化。此问题正开始变得重要起来，它可能在接下来的十年成为科技领域的主要议题。"

技术和现实的交互必将是未来面临的挑战。迪克森这段表述说明了未来的机会在哪里。太多投资人追随潮流，当他们进入某热门领域时，他人却早已转向其他商机。如果只是为了反向投资而反向投资，那么这是一种自杀行为。但是，在你的反向观点正确的前提下偶尔背离共识，这就是像迪克森这样伟大的投资人的成功之道。

8. "向投资人做过融资演讲的人都知道，他们痴迷于市场规模。"

如果不能说明你面向的是价值达十亿美元的潜在市场，那么你将很难获得投资人的投资。

如果你使用电子表格数据和投资人争论市场规模问题，那么你就已经输了。

处于创业早期阶段的公司永远不要依靠定量分析来估计市场规模。风险型的初创公司瞄准的是宽泛的长期趋势。好的投资人明白这一点。

如果初创公司的业务是填补市场空白的，那么这

样的公司通常不会成为改变世界的公司，但这类公司
的创业者通常能平稳退出。这类公司出现时，风投大
佬会翻看自己之前错过的融资申请，风投大佬常常会
收购这类公司。

巧妇难为无米之炊，差材料做不出好东西。初创公司要
想为投资人带来大满贯的财务回报，产品的潜在市场必须够
大。如果创业者调出电子表格数据，基于假设和猜测，试图
说明市场规模足够大，这么做没有意义，还会毁了自己的信
誉。投资人讨厌看到基于不切实际的设想、与现实情况不符
的曲棍球杆形状的曲线分布。是的，他们希望看到尽可能多
的事实依据来支撑论点。对，他们不想听到被当成事实的盲
目乐观的猜测。

9. "投资人可以分为两类：一类是像罗恩·康韦（Ron
Conways）那样的，他们找到靠谱的创业者并帮助他们打造伟大
的项目，以此来创造价值；另一类投资人只是想坐享创业者的
成功。创建者和坐享其成者，要远离后者。"

太多时候，创始人将融资视为交易，实际上它是
一种深入的关系。创始人认为钱就是钱，没有其他成
分。其实钱有其他成分，有智慧的钱、愚笨的钱、正
直的钱、虚伪的钱。

创业的成功越来越依赖于创业者的人脉和资源网络。如果
初创公司可以在"只提供资金"和"提供资金加上人脉"二者
之间选择，为什么不选后者呢？也许有一位像拉拉队长一样的

投资人在一边加油呐喊，创业者就不再那么畏惧前路，但是最聪明的创业者希望投资人在融资、招聘、定价和分销方面能给予直接的帮助。

10. "风险投资人拥有自己的投资组合，他们想获得大的成功，他们更愿意多买几张彩票。而对于创业者而言，公司是他们的全部。比方说，创业者需要融资500万美元，而投资人给出了5 000万美元的投资，创业者会说：'瞧，我能赚到数百万美元，用这些钱我可以再开一家公司了。'通常这会引发紧张局面。"

迪克森既创过业，也做过投资人，所以在这些问题上他能理解双方的心情。这种情况会引发紧张局面，他说得没错。问题是，如何才能以双方都受益的方式解决这种矛盾呢？答案比较复杂，需要双方的迁让。如何最理性地解决公司创始人和员工的套现问题？这要具体情况具体分析。换句话说，没有适用于所有情况的解决方案。弗雷德·威尔逊（Fred Wilson）指出，一定程度的套现具有激励作用："在适当时候让创始人套现，会激励他们长期专注于公司发展，而且退出时公司的估值会高得多。这是因为，与普遍的看法相反，创始人比投资人更积极地推动退出过程。"当然，如果你的资产净值达几百万、几千万美元，你就可以集中投资，这是一回事；而如果一旦生意失败你的资金储备就所剩无几了，这是另一回事。迪克森提出的重要一点是，创始人和投资人之间可能会有重大冲突，如果不理性处理，就会造成紧张局面。

11. "如果被拒绝还没有成为你的日常事项，那说明你的目标还不够有野心。我在职业生涯中学到的最珍贵的一课，是在我试图进入科技行业，申请了许多大公司、初创公司、风险投资公司的工作职位时。那时的我四处碰壁。我有不寻常的教育背景，我最初学的是哲学，后来又自学了编程。后来的事实证明，这段经历成为我职业生涯中最宝贵的经历，因为我练就了厚脸皮，再也不害怕被拒绝了。并且，我想通了，开始接纳别人的拒绝。最终，被拒使我不再怯懦。运用更大胆无畏的策略，我最终落实了一项工作，为自己的第一家初创公司融到了资。所以直到现在，我都还让自己每天都经历些被拒的情况。"

我很羡慕销售人员应对日常被拒的能力。为什么有些人在一次一次敲门、一次一次遭拒后，仍然能长久地保持积极心态，最终做成生意？对于有些人而言，仅一次拒绝就让他们沮丧不已；而有些人却能量满满，直到最后敲定买卖。这种坚韧不拔的精神或许源于销售人员的先天个性和后天能力两者的结合。无论如何，创业或成功的职业生涯都会涉及销售，其程度远超多数人的想象。创业者需要一直向潜在员工、供应商、分销商、投资人和用户推销自己、自己的公司和产品。如果你不擅长销售或不想干销售，那么创业对你来说就不是明智的选择。

12. "创建第一家公司前，我认识的一位经验丰富的创业者说：'要有心理准备，接下来五年你会紧张不安、提心吊胆。'

我那时的态度是：'那又怎么样呢！'后来我的感受是：'我应该听他的。'"

　　你要么已经创建了公司，要么还没有。"创业"不是指作为早期员工加入初创公司，或投资初创公司，或为公司提供建议和帮助。"创业"意味着，在没有资金、没有帮助、没有人信任你（也许除好友和家人外）的情况下白手起家，在借来的小隔间办公，用信用卡贷款，只能睡办公室。"创业"意味着，你会被傲慢的投资人拒绝，他们会姗姗来迟、毫无准备，他们不会直接拒绝你，而是会给出"我们只投资处于发展后期的公司"这种不甚明确的拒绝。"创业"意味着，寻找眼神中透出潜力的员工，说服他们离开稳定的工作，放弃一切，和你同舟共济。"创业"意味着，那些从未创过业的专家在媒体和博客上批评你，对你所有的失误说三道四。"创业"意味着，每天晚上躺在床上辗转反侧，担心钱快要花光了，白天也总是在担心，担心会让屈指可数的信任你的人失望，让那些沾沾自喜的怀疑论者幸灾乐祸。

有一个例子可以很好地说明这一点。在克雷格·麦考和比尔·盖茨创立的 Teledesic 公司，我当时是公司招入的第四名员工。Teledesic 一度筹集的资金达 30 亿美元，使它成为有三个独角兽大的大型公司。虽然我不是公司创始人，然而这却是改变我人生的一次经历。我当时决定加入公司，是因为我认为它有令人震撼的使命。与迪克森描述的情况不同，我们那时并不缺乏供公司运转的资金，但我们需要筹集并花掉 90 亿美元，才会产生收入。在 Teledesic，需要募集如此大量的资金，做出其他一些令人心慌的决策，这令我好多次十分担心。这是一段吓人但令人兴奋的过山车之旅。

11. 约翰·杜尔
凯鹏华盈风投公司

约翰·杜尔（John Doerr），凯鹏华盈风投公司的合伙人和总裁。作为风险投资人，杜尔表现卓著。他投资过的公司有：亚马逊、康柏、谷歌、Intuit、Macromedia、网景、太阳微系统公司、赛门铁克（Symantec）和 Twitter。1974 年，杜尔在英特尔公司（Intel）开始了他的职业生涯，这一年英特尔推出了领先的 8080 微处理器。杜尔在英特尔公司做过工程师，搞过市场营销，从事过管理和销售，这些经历使他成为一名全能的创业投资人和顾问。杜尔说过："我给那些想要做风险投资人的建议是：忘掉投资这回事，努力成为一名成功的创业者。"杜尔的想法与巴菲特的想法不谋而合。巴菲特指出，做企业可以使你成为更好的投资者，反之亦然。杜尔获得了莱斯大学电子工程专业学士学位和硕士学位，以及哈佛大学工商管理硕士学位。

1. "时机对的时候，就用力一搏。"

杜尔说的就是著名的贝比·鲁斯效应。迈克尔·莫布森写道："任何概率练习中都包含重要一课——对的情形出现的频率无关紧要，重要的是对的情形的量级大小。"如果你面临一个局势比较明朗的赌注，会有大收益和小风险（比如凸性机会），那么一定要押重注！这种情形很少出现，但是一旦出现，就必须做好奋力一搏的准备。明智的投资者会耐心等待，而当时机对的时候，他们便狠狠地出击。和其他所有形式的投资一样，风险投资也是一项概率和统计知识起关键作用的投资活动。查理·芒格曾说过："如果不具备基本的概率计算能力，你在竞争激烈的生活中就是个瘸子。"芒格的话在风险投资中十分适用。

2. "我们相信，有想法很容易，但实施才是一切。"

好想法或好发明必不可少，但想获得商业成功，这些还远远不够。创业者需要有想法，还需要将想法变成真正有扩张潜力的业务。团队必须努力"撸起袖子加油干"，要"保证火车准点运行"，这很重要。关于此话题，比尔·盖茨曾这样说：

> 做梦想家很容易，做首席执行官却很难。要做一名梦想家，你只需要发表一通老套的"把 MIPS 送上月球"的演讲。一切将无处不在，一切将聚合，每个人都知道这些。而做首席执行官，则必须找到盈利的模式，这完全是另一回事。

3. "相信我，销售是令人尊敬的工作，尤其在初创公司中，有可能它决定了公司能否存活下去。"

如何才能更直白地描述销售对于初创公司的重要性? 销售做不好, 意味着初创公司逃不开死掉的结局。说到销售, 我见过几乎所有的情形, 从根本不存在销售到完美的销售, 各种情形都有。一种极端的情况是, 我曾看到过完全由工程师组成的没人懂销售的创业团队, 在类似这样的情形中, 其结果必然惨淡。我也见过一些销售团队, 他们基于产品或服务的性质以及竞争状况, 运用高超的销售技巧, 他们能将产品或服务销售出去, 但是在这些情况下, 顾客最终会醒悟过来, 不再使用其产品或服务, 这意味着公司就活不下去了。顺序很重要。真正有吸引力的产品才是关键, 产品必须能解决真正的用户问题。先开发出真正的好产品, 再投入营销和销售资源, 这才是正确的顺序。

4. "最优秀的创业者不害怕未知, 所以他们会尝试那些不可能的事, 往往会成功。"

人们常常会在起初看起来不可能的地方发现凸性机会。如果某个新行业初看就让人觉得可行, 那必然会有不少人已经在追逐这个商机。许多创业者在尝试不可能的事情时失败了, 因为存在幸存者偏差, 他们被历史遗忘了。失败是人类进步的必然部分, 没有失败的商业, 就像只有天堂没地狱, 是不可能的。

5. "最优秀的创业者不会一心只想着成功, 他们专注于打造全球领先的公司。他们明白, 成功是自然而然的事情。如果一心只想着成功, 你就不会成功。如果专注于做点什么有意义的事情并为用户创造价值, 那你一定能赢。"

唯利型创业者受某种偏执驱动，使命型创业者受激情驱动。唯利型创业者的思维方式是投机，使命型创业者的思维则是战略思维。唯利型创业者是短跑选手，使命型创业者则是马拉松运动员。唯利型创业者专注于竞争对手和财务报表，使命型创业者则专注于用户和价值。唯利型创业者是狼群首领，使命型创业者则是团队导师或教练。唯利型创业者心心念念于其应得的权力，使命型创业者则沉迷于做出贡献。唯利型创业者的动机是挣钱，使命型创业者虽然也知道钱的重要性，但基本上他们的驱动力是：渴望做些有意义的事情。

我认识的一位投资人回忆说，杜尔早在 1998 年召开的斯图尔特·艾尔索普议程（Stwart Alsop Agenda）会议上就使用了"唯利型和使命型"这个说法。多年来，杜尔常常提及这个说法，它实际上已成为风险投资行业的一种通用表述。简言之，唯利型主要受金钱驱使，使命型则受事业心驱动。杜尔更偏爱使命型创业者的创业方式，但他也意识到，有时唯利型创业者也会成功。使命型创业者追求的更多是事业而不只是财富，所以他们往往会坚持得更久，他们有更大的韧性和决心，不会太早就出售公司。埃隆·马斯克就是使命型创业者的例子。相比只获得财务回报，他对改变世界以及创建永续经营的公司更感兴趣。唯利型创业者有时可能会获得经济成功，但他们并没有为其所在社区带来可持续的价值。就经济发展而言，一个城市或一个国家需要的是这样的公司：能创造就业，能进行产品和服务的创新，能提供更好的生活品质，并且能长期贡献税收。

6. "最优秀的创业者会与公司一起一直走下去，而且他们坚持学习。"

> 好的领导者也是好的沟通者。他们极其正直诚实，通常他们是最先发现问题的人。他们会不留情面、保持理性、为人真诚。他们懂得如何招聘到优秀的人才，一直在构建自己的人才网络。他们也是很棒的销售人员，一直在推销自己公司的价值主张。

出色的领导者和创业者都拥有多种能力。只有一种或者少数几种能力是不够的。要成为胜任工作的多面能手，最好的方式是不断学习。由此推知，人才构成越多样化，团队越强大。伟大的创始人或首席执行官会招一些与自己能力互补的员工，他们的协作效力是首席执行官或创始人单打独斗的效力的数倍。

7. "对于任何值得做的事来说，都需要团队合作才能赢。"

> 在当今世界，有大量的技术、创业者、资金、风险资本，这些并不欠缺，缺的是好的团队。你最大的挑战就是：建立一个出色的团队。

招聘人才对初创公司的成功如此重要，再怎么强调都不为过。优秀的人会吸引其他优秀的人。正如比尔·盖茨所说："每个商业行为都包含人这个基本因素。是否有完美的产品、生产计划和营销宣讲，这些都不重要，你需要对的人来领导和落实这些计划。"

8. "如果你自己不能创造未来，那就退而求其次，去投资他人。"

杜尔的意思是，投资他人的创新项目是创业之外另一个很好的选择。当然，许多创业者后来成为成功的风险投资人。毫无疑问，创业需要更多的勇气。

9. "没有冲突就没有利益。"

此话真实性有待查实，因为似乎无人能给出出处。无论杜尔是否这样说过，千真万确的是：在私人市场，投资者可以寻求专有优势；在公开市场，这是不被接受的，因为存在披露要求。

10. "传统经济环境下，人一生只要掌握一种技能就可以了；现代经济环境下，人需要终身学习。"

选择第一份工作时，要看重经验的积累而非挣钱多少。带上包（销售）、产品发布、带团队，这些都可以从大公司学习到。人们会根据你是否具有倾听能力和批判性思维来评判你。要针对问题，而非人。要学习。你会因为幽默风趣而获得加分。要构建人脉。这意味着，要了解他人，了解他们的工作。还有，要给自己找几位导师。

如果可以接触到高层次的人群，人们便会获得有价值的信息，有价值的信息会转化为成就，而有所成就的人又会有机会获得更多有价值的信息。良性循环就这样形成了，成功带来更多的成功。

11. "风投行业的人都知道，一小部分公司获得了风险投资的大部分收益。我认为，这种情形今后也不会变。"

风险投资行业的回报不像面包上的花生酱那样均匀。因为生活中其他许多方面的结果总是呈现出正态分布，所以人们可能会低估风险投资结果的极端程度。风险投资领域就是纳西姆·塔勒布所谓的"极端斯坦"①。

12. "斯坦福大学是创新的摇篮。我无法想象没有斯坦福大学的硅谷会是什么样子。"

我想讲个故事来说明杜尔的观点。1889 年，当华盛顿领地作为一个州加入美国时，当时的政治分布情况是这样的：塔科马（Tacoma）而非西雅图（Seattle）成为铁路的终点，奥林匹亚（Olympia）获得州府地位，瓦拉瓦拉（Walla Walla）成为州监狱所在地，繁荣的汤森港（Port Townsend）设立了海关。在此政治进程中，西雅图的收获是：为创办于 1861 年的华盛顿大学赢得了更多资助和支持。就经济发展而言，西雅图拥有华盛顿大学，情形便大不一样了。伟大的城市会围绕卓越的学院和大学建立起来。没有华盛顿大学的西雅图就不是西雅图了。杜尔的意思是说，没有斯坦福大学的硅谷就不是硅谷了。

---

① 斯坦有国度之意。——译者注

12. 彼得·芬顿

Benchmark 资本

彼得·芬顿（Peter Fenton），Benchmark 资本的合伙人。在此之前的 7 年，他是 Accel 公司合伙人。他投资的公司包括 Twitter、Hortonworks、Newrelic、Polyvore、Quip、Yelp、Zendesk 和 Zuora。芬顿还是一名直升机飞行员，是旧金山歌剧院和加州科学院的董事会成员。我认为，Benchmark 最有意思的是，它有一个十分明确的战略，即芬顿所说的"是公司，更是行业协会"。芬顿拥有斯坦福大学哲学专业的学士学位和斯坦福大学商学院的工商管理硕士学位。

1. "投资时我们关注的首要问题是，我们将要与之合作的人员的素质。在这个世界上，我们会看到一些出类拔萃的人。怎样才叫出类拔萃？我试图将他们的特征浓缩成三点：第一，他们具有深层次的内在驱动力；第二，我认为他们具备一种共同特质，我称其为学习的能力；第三，这一点是最显而易见的——吸引优秀人才的能力。"

这里，芬顿简明扼要地表达了三个要点：（1）在不可避免出现的逆境中，有内在驱动力的人更加坚韧，能够付出艰苦的努力；（2）能坚持学习，意味着公司在动荡的世界中能适时变革和发展；（3）为了使命和梦想而招聘人才，而不是为了公司的运营，这一点至关重要。芬顿所说的这三点中都包含着一点，即投资人非常注重的并非财务回报或交易条款，而是公司本身。基于商业的基本逻辑，芬顿的建议适用于所有新开的面包店、零售店或初创公司。没有合适的基础业务，初创公司不会成功。创业者在创建公司时，不应找拉拉队式的投资人，应该找有相关领域的商业能力并且愿意和创业者一起努力打造公司的投资人。

2. "优秀的创业者发现，他们需要找能力与自己互补的人。看看自己，想想自己有什么能力、才华及独特之处，你就会发现人人都有自己的短板。"

每个人都有自己的强项和弱点。与对的人合伙和做同事，弥补自己技能和能力的不足，这样做可以使成效倍增。沃伦·巴菲特曾说过："一加一之和肯定超过二，就像我加上查理·芒格。"如果首席执行官周围是些溜须拍马之人，他就会有麻烦。如果身边有合伙人说"你的想法不够直接"，这有益无害。理查德·泽克豪斯（Richard Zeckhauser）是哈佛大学教授，也是一位桥牌高手。对于一加一为什么会大于二，他也有过类似描述：

"好的投资回报来自资金与补充性能力（比如新技术开发）的结合。"道理很简单：如果你的强项是技术，就找拥有其他能力的人，反之亦然。如果你总是喜欢追求新鲜事物，那么就找些能力和才干跟你互补的人，也就是遵守规矩、能确保"火车按时到达"的人。补充性能力和技能，这不仅是寻找合伙人的关键，而且意味着可以获得更好的投资回报。

3. "一些风险投资人接触不到公司运营的复杂现实，对于预测未来和把握未来，他们自我感觉太好。在经营一家公司时，公司下半年或来年的情形你不会了解很多，周围充满了不确定性。"

考虑到商业环境充满未知和不确定性，那些能根据环境和机会变化做出调整的强大团队，能抓住出现的好的选择。所谓风险投资，就是通过发现被错误定价的资产（凸性）寻求少见但巨大的财务收益。因此，毫不令人意外的是，芬顿注重于应对因为未来的不确定性以及人们无法准确预测未来而出现的挑战。面对风险、不确定性和无知，最佳的方式就是保持谦卑并根据环境变化灵活调整。

4. "当确实需要深度参与时，我们喜欢用'并肩'一词。并肩工作时，我们恨不得一天能多出几小时。因此，在 Benchmark，我们并不进行大力扩张，而是深度耕耘与每家公司的关系。Benchmark 模式的核心前提一直是，优化与我们深度参与的公司的关系。"

每个我认识的 Benchmark 的合伙人都喜欢积极参与有价值

的新公司的创建过程。这些合伙人希望和公司的创业团队并肩作战，经营公司。深度参与初创公司的工作，只是 Benchmark 所做的事情的一部分。这种合作方式会带来乐趣，帮助创业团队增强自身能力。如果你喜欢新鲜事物和不确定性，喜欢解除疑惑并带来积极变化，还有什么比与创业团队在一起更有趣呢？

5. "什么都无法替代打造令人眼前一亮的产品。如果这一点没做到，而是想先筹资再做产品，那我就会怀疑你是否需要投资。我们要做的是创建公司，为此，我们需要以一种类似婚姻关系的方式彼此付出。在这段关系中，我们会为初创公司付出我们的真心、能量和感情。"

> 创业者如果只想从投资人那里融资，实际上是在欺骗自己。如果有对的机会和对的创业团队，创业者就不会缺钱。芬顿的意思是说，如果你只想要资金，那么 Benchmark 资本对你不合适。优秀的创业者要的是具有附加值的资本。最成功的风险投资人之所以能屡次取得超级投资回报，其原因就在于：他们为投资的公司提供商业价值而不仅仅是钱。

6. "我们喜欢与创业者一起做日常工作，这让 Benchmark 不去扩大规模。"深度合作要求我们自己亲力亲为，无法将任何部分外包给别人做。所以，除了保证公司正常运营的助手外，Benchmark 没有其他员工，没有领导，这是一种战略。另一种非常明智的战略是，努力构建一套特别的服务体系，以体现 Benchmark 的差异化。"

在风险投资行业，有各种不同的成功之道。Benchmark 的方法十分有效。此方法适合那些合伙人的个性，他们在这里可以开心地工作。其他一些风险投资公司会采用平台方式，这样可以有更多的人参与进来，而不是只有合伙人提供范围广泛的各类服务。

7. "一个有效的董事会会议不应该只是更新信息，而是注重提出尖锐问题，并运用批判性思维去思考问题。我与许多创业者共事，我会鼓励他们摆脱幻灯片。一次典型的董事会会议会使用 30～60 页幻灯片。所以，我要那些创业者考虑一下，把幻灯片换成 word 文档，将幻灯片内容浓缩一下，让董事们在会前就可以简单看一看，这样就不用枯坐三小时看那些幻灯片了。"

如果不能用几个简单陈述句以书面形式描述你想做的事情，表明你未经过深思熟虑。我喜欢亚马逊公司的做法："如果你是会议召集人，请准备一个 word 文档说明会议目的。"

8. "要想在风险投资行业有所长进，你得经历十多年的学习过程。"

没有人生来就拥有成功投资人所需要具备的全部技能。你需要用几年的工作实践才能学到这些技能。我们所有人都会在看问题时带有偏见，会使用无效的探索方法，这导致我们因情感和心理因素而犯错。这一事实使得实践中技能的应用面临困难。学习投资的方法就是去投资。如果你的投资过程本身没问题，投资的失败会让你吃一堑长一智。如果你不用心或不愿意做出改变，那可能永远都不会有什么长进。

9. "对一切都保持学习的心态，而不是无所不知的心态。"

这句话是查理·芒格富有哲理的名言"做学习机器"的翻版。对投资和生活采取"无所不知"的傲慢姿态会让你吃大亏。如果你从未有过决策失误，这足以证明你学得还不够多，离理想境界差很远。如果你没有以每年最少一次的频率（查理·芒格的标准）毁掉珍贵的想法，很可能你的学习过程就是中断的。

10. "在 Benchmark，我们喜欢这样的说法：良好的判断源于经验，而经验源于糟糕的判断。所以，我们经常失误，但在我们做对的那一刻，会感觉非常棒！"

这里，芒格的投资方法再次具有适用性：关注自己及他人的失误，学习并适时改变，犯新的错误。所有这些都会帮你应对这样的现实：我们的生活和投资环境要求我们必须在充满风险、不确定性和无知的环境中做决策。那些最善于应对不确定性的人都是能适应变化的人。如果你认为自己可以不用再学习新东西了，已经"无所不知"了，说明你很危险。

11. "我们的经验是，你可以选择产品导向的创业者，并投资他们。这样的公司所实现的销量要比销售导向的公司多得多。"

如果狗爱吃狗粮（意思是说产品在市场上受到用户青睐），并且会告诉其他狗此狗粮有多美味，这时公司就会在市场上顺利扩张。产品导向的公司还有一个优势：更多的创造力和乐趣。如果创始人受产品和服务驱动，而非销售驱动，公司就会致力于创建更好的产品和服务。当今时代，人们可以轻易获得各种信息，知道哪些产品和服务更好，哪些不太好。更好的产品和服务意味着公司能更好地扩大规模。因为有关产品和服务质量的信息人们会口口相传，用户群体会自然有机地形成。

12. "我们期望的效果是，产品模式和商业模式进行良性互动。我们寻求的就是这样的效果。当我以某方式使用产品时，你会有共鸣吗？这样做是否开启了商机？谷歌就是这种情况的最佳范例，当然，它的产品模式就是它的商业模式。"

风险投资行业的巨大成功都与反馈相关。如果不能创造至少一次由正向反馈带来的非线性现象，公司就无法扩大规模，也就无法获得大满贯财务回报。初创公司最渴望的效果是，能出现几种类型的互相强化的正向反馈环路。创造并维持有效的反馈环路会产生强大的力量，但很少见。Facebook 就是这样一个例子。如果能创造出对的正向反馈环路网络，那可称作神奇。产品模式、商业模式及公司增长这三者实现协同效应，则更加神奇。芬顿不止一次展示他的神奇。在风险投资行业多次取得成功，这确实非常难得。

13. 吉姆·戈兹

红杉资本

　　吉姆·戈兹（Jim Goetz），红杉资本的风险投资人。加入红杉资本前，吉姆·戈兹曾是 Accel 公司的普通合伙人。作为风险投资人，他投资了许多成功的公司，包括 Nimble Storage、Palo Alto Networks、Ruckus Wireless 及 WhatsApp。他说，他非常感兴趣的是未形成任何市场的新兴投资类别。就目前的投资情况而言，戈兹说他"对移动和后 PC 时代的转型以及企业 IT 堆栈的破坏最感兴趣"。1983—1988 年，戈兹就读于辛辛那提大学电子与计算机工程专业，获理学学士学位；1988—1990 年，他就读于斯坦福大学电子工程与计算机系统专业，获理学硕士学位。

　　1. "我在寻找充满激情并且有使命感的无名之辈。"

　　风险投资最具吸引力的一个方面是，一个人即使没有 X 或

Y文凭，他仍然可以获得成功。一些最著名的公司创始人并没有获得大学毕业证书。并不是说文凭无关紧要或没用，尤其是在职业生涯早期，但历史证明，文凭并非绝对必要。如果你之前曾在市场上获得过巨大的经济回报，这就是最好的证书，对于正在考虑你的创业项目的投资人来说，这才是最重要的。人们越来越希望在潜在团队成员身上看到在现实世界中工作成就的证据，也就是基于能力的证书。

唯利型创业者主要受金钱驱使，使命型创业者受事业驱使。使命型创业者不仅更可能在艰难困苦中坚持不懈，而且更可能努力保持公司的独立性。这些特征往往会使公司产生大满贯的财务回报。怀有巨大商业野心的暂时失败者比我们想象的更少见。

2. "我们支持的许多创业者都在攻克自己的个人痛点。"

对攻克用户痛点充满激情，是理想的使命型创业者应具备的品质。个人痛点也清楚地意味着，创始人对所涉及的问题有深刻的理解。如果不是以独特且吸引人的方式解决用户确实存在的实际问题，公司不会成功。史蒂夫·布兰克也发表过相同观点，他说：

> 最优秀的创业者是这样一些人：他们对解决某问题满怀激情，因为他们自己曾遇到此问题或看到他人受此问题困扰，他们热爱那些用户，享受解决那个问题的过程，或已然是那方面的专家。他们是真正的创业者。创业者骨子里就是艺术家，伟大的艺术家会创造完全独特的东西。世

界级的创业者理解激情驱动下的动力。

从这个意义上说，创业是一种使命而不是一份工作。史蒂夫·乔布斯曾说过：

> 我相信，创业成功与否，约有一半取决于他们是否有纯粹的韧劲。除非你拥有极大的激情，否则是活不下来的，你一定会放弃。所以，你必须得有一个自己为之激情澎湃的想法、问题，或者是要纠正的错误，否则你将没有坚持到底的韧劲。

3. "我们要的是清晰和聚焦。"

> 跨入我们公司大门的 15 位创业者中，只有一位能在 5 分钟内清楚表述其产品的最初市场定位。

戈兹建议创业者花足够多的时间来构思一个简明且有吸引力的故事。创业者能否在五分钟内完成融资演讲？能否只用两分钟？能否用两三句话思路清晰、重点突出地将创业想法表达出来？

如果你身处像风险投资这样选择性很强的行业，投入大量资源创建电子表格就是浪费时间，因为在很多情况下，一些假设还只是些猜测。将不确定的商机进行量化的最佳方法实际上是讲故事。克里斯·萨卡（Chris Sacca）这样说："精彩的故事总是完胜漂亮的电子表格。在展示融资演讲幻灯片之前，将故事大声讲给任何愿意倾听的人，一遍又一遍地讲。"故事讲的次数越多，你就会讲得越好。讲故事时看提示，效果会大打折扣。让故事从心底流出，你会得到超出想象的效果。许多创业者都有值得投资的很好的想法，但他们不能足够完美地表述，无法获得资金支持，也无法吸引人才组成团队。在这种情况下，创业者也许需要找个善于讲故事的联合创始人。但是，更好的途径是学会讲故事。有些人或许认为，戴尔·卡内基和国际演讲会的训练很老套，但对于许多没学会如何讲故事的人来说，那样的培训还是有效的。

4. "最能引起我们兴趣的是新的投资类别。"

在新的产品类别中，竞争比较少。初创公司需要喘息空间，这一商业特征被人们低估了。最成功的初创公司往往是新产品类别的开创者。它们通常会打造出创新科技，开发出新市场。这个做起来不易，但是，一旦做成，就非常有价值。

5. "想法远大，但要从微小处开始。"

要投入大量激情和精力去解决特定用户的特定痛点。要专注，专注，再专注。

我们的看法是，如果你一直致力于解决某个有意义的问题，那么即使在开始这个问题只是少部分人才有的问题，随着时间的推移，你也有机会扩大目标用户群体。

对初创公司来说，聚焦并不容易。市场会出现很多诸如记者等人喜欢谈论的令人炫目的新商机，这可能会令初创公司分心。重要的是，关注商业中真实发生的事情，避免受干扰。

实现产品-市场匹配前，创建最小性能集合并不是目标，而是低成本、快速、有效地对价值假设展开学习的策略。目标是了解情况,然后根据反馈对产品进行调整(不要试图去预测),然后让完整的成品横空出世。最有效的流程是基于反馈环路的,反馈环路应基于科学的方法:构建、评估、学习。初创公司提供的最小可行产品应该足够完整,能交付并获取价值,但不是产品愿景的完整实施。最小可行产品是一种试验,其目的是让初创公司有效了解到,产品包含哪些价值就足以让用户愿意付钱购买。

提出此观点时,戈兹讲述了苹果、思科及其他公司创建时的故事。在各个案例中,创始人都是先为用户的特定痛点寻找解决方案,再往前走,努力实现更大的抱负。如果公司通过极度的专注在解决某个用户问题方面形成了很好的声誉,那么公司下一步就能更容易地交叉销售和追加销售更多的产品或服务,产品或服务的拓展自然会形成。

6. "你有什么不易被复制的优势?"

要能打入市场并占据主导地位。

戈兹讲述的这一点是公司战略中最难的部分。所有公司都应该思考一些战略问题,其中关键的几个包括:(1)在竞争中公司如何实现差异化?(2)公司可以形成哪些能与竞争对手抗衡的可持续竞争优势?(3)面对竞争,这种差异化是否可持续?这些战略问题的关注点与迈克尔·波特教授所说的"运营效益"截然不同。如果没有护城河,产品供应者之间的竞争会不可避免地导致供给增加、价格下降,致使行业长期利润低于资金成本。当巴菲特说"商业是微观经济学"时,他正是这个意思。

产品供应过多不利于商家盈利，就这么简单。如果创业者不正视现有竞争对手，其可信度就会降低。向投资人和潜在员工介绍情况时说公司没有竞争对手，这是不明智的做法。

7."商业模式可成为对付市场在位者的武器。"

　　　多亏马克·贝尼奥夫（Marc Benioff），订阅和基于云的商业模式现在是所有人均可使用的武器。

实施创新并将创新转化为价值，是商业模式的本质。初创公司商业模式的目标应该是，构建能提供独特、可持续的用户价值的可扩展的业务。戈兹的意思是说，推动公司获得成功的创新常常是商业模式的创新。他用软件即服务（SaaS）的商业模式为例进行解释。SaaS商业模式的一个关键因素是，用户能从中极大地受益。只为即时需求付费是巨大的用户福利。当然，此商业模式也对服务提供商构成新挑战。SaaS商业模式中，资本和运营费用转嫁给了服务提供商，用户只在有服务需求时才付费。但这些挑战也会阻挡SaaS提供商的竞争对手进入此行业。奈飞公司的例子说明，公司商业模式可用作在消费场景中对付市场在位者的武器。

8."我们希望创始人对痛点和体验有深度的、实质性的激情。"

　　　我们对你在该领域的专业知识很感兴趣。

当你明白自己在做什么的时候，你能取得的成就会大到令人惊奇。为新问题创建解决方案时保持佛教禅宗所说的"初心"，这非常有益，但这并不是说，对本领域的无知是一种理想状态。对不懂的东西保持谦逊之心难能可贵，拥有某领域的专长同样弥足珍贵。戈兹说，WhatsApp 创始人的专长来自"他们在雅虎工作时的生活和经历的挫折（两位创始人均在雅虎工作过），看到雅虎将关注点转向广告而远离用户时，他们看到了问题所在"。

9. "我们谈论说要实现十倍生产力。这就需要汇聚一群精英工程师，并充分调动他们的积极性。当工程师团队真正兴奋起来时，才会实现十倍生产力。"

在被赋能并且具有挑战性的工作环境中，工程师会感到充满工作动力，这种情形会转化成极高水准的生产力。WhatsApp（由戈兹投资）就是一个由少数工程师/员工构成的被授权团队做出惊人业绩的著名例子。风险投资的先驱富兰克林·约翰逊（Franklin Johnson）曾说过，要成为成功的风险投资人，必须要有承诺，有承诺意味着肯定会有情感的投入，这意味着对于初创公司来说投资人会一直"在那儿"。约翰逊还曾说过："我们为所投资的公司牵肠挂肚，因为任何一位称职的投资人都会有情感的付出。你无法置身事外，因为创业者都是渴望获得成功的有丰富情感的人。"

10. "数字有意义吗?"

如果公司筹集的资金超过实际所需数目，公司文化中就会出现没有原则的现象，你会看到一些可能不利于公司长期持续发展的行为。

任何行业都有各种关键绩效指标，其中少数指标特别重要。

由于商业模式不同，度量指标也并不总是一样。但指标的设定应该确保公司能够朝正确的方向发展。团队中每个人都应该了解会驱动公司成功的指标。要设定整个公司一致理解的单一度量方式，这样做特别有价值。

公司中一个非常重要的数字是可用资金数目。许多事情可以被原谅，唯独资金短缺不能原谅。资金是公司的氧气，只要有资金可用，许多会计问题最终都能解决。只要能创造价值，即便是出了名的抠门经理也不会反对花钱。人们常常低估的事情是，以低成本方式获取用户的重要性。以低成本方式获得用户是如此美好——它使公司能轻松地创造利润。相反，以太高成本获得用户则是无解的问题。以高成本获得用户、服务用户，可能会成为扼杀公司的冷血杀手。此外，较高的毛利率会使初创公司的日子轻松得多。如果毛利率可达 $80\% \sim 90\%$，公司的日子就好过很多。除毛利率外，还有就是销售和营销费用、研发费用、日常管理费用，如果这些费用总额过高，它们也会毁掉公司。

11. "网络效应一旦开始起作用，其效果会超出所有人的预期。我们竭力说服创业者保持独立。"

随着世界越来越数字化，正向反馈越来越成为决定公司财务绩效好坏的因素。合适的网络效应一旦形成，数字商业环境下的收益会呈非线性增长。如果网络效应消失，收益的下跌也会是非线性的。换句话说，网络效应是双刃剑：成功来得急，去得也快。网络红利的消失甚至更加壮观，因为在这些情况下，往往非常清晰可得的东西会变得什么也不是。在网络效应创造收益的过程中，早期成功往往不被发现，人们会颇感意外，因为这种现象是突然"浮现"的。某现象突然出现，而且呈爆发趋势，这令人备感诧异。

12. "我不会努力去宣传我所投资的公司接下来要优先推进的大事项，因为我不设定航向。那是创业者该做的事。"

如果创始人需要的只是资金，那他太幸运了，也可能是一种错觉。戈兹的意思是说，董事会的主要职责应当是为创始人和管理层提供建议，而非试图亲自去经营公司。像戈兹这样的人见识过许多不同的董事会，他们知道好的董事会有多么重要，董事会能极大地帮助初创公司提升成功的概率。无论是风险投资人还是创业者，保持谦逊、终身学习都能带来丰厚回报，正如沃伦·巴菲特所说，"风险源于你不知道自己在做什么"。风险投资的先驱比尔·德雷珀（Bill Draper）认为："风险投资不只关乎钱，实际上更多的是与正在'举重'的创业者一同打造公司。"此话隐含之意是，好的风险投资人会帮助负重的创业者减轻重压。至于为所投资的公司提供多少支持，不同的风险投资人以及不同的风险投资公司有不同的模式。风险投资人能提供的支持有很多：从（1）通过平台模式提供端到端的广泛支持（如公关、营销、财务、招聘、销售、分销）直到（2）浅层次的支持，即除董事会职责外，投资人只介入少数事项，如招聘、用户增长。风险投资人不可能在所有领域都是专家，他们应该从创业者那里学习，用创业者的愿景来替换自己的。

14. 保罗·格雷厄姆

Y Combinator 孵化器

保罗·格雷厄姆，创业孵化器 Y Combinator（YC）的联合创始人。YC 是世界上最著名、最成功的创业孵化器。它提供种子基金、咨询，以及一年两次与创业者网络交流的机会。《福布斯》杂志在格雷厄姆的个人简介中这样描述 YC："培育初创公司的巨头，既是孵化器，也是教练，还是为创业者联系投资人的牵线人。"YC 的投资额为 12 万美元，获得公司 7% 的股权。格雷厄姆还是一位计算机科学家，因为在 Lisp 编程语言方面的成就而闻名。格雷厄姆撰写过三本书以及许多文章，他写作的话题广泛，他的文章包括《为什么书呆子不受欢迎》《创业就是增长》。他曾与他人合伙创办 Viaweb（后来于 1998 年被雅虎收购，成为雅虎商城）。他兴趣广泛，还学过绘画，在佛罗伦萨的美术学院和罗德岛设计学院学习过。

1. "YC 就是小型农场俱乐部，我们为风险投资人输送优秀创业者。"

格雷厄姆及其联合创始人为 YC 在创业生态系统中找到了独特的位置，这使得 YC 不断发展壮大。YC 合伙人与其他投资人一道，为从 YC 毕业的创业团队提供成长资金。这种共生关系取得了巨大的市场成功。《纽约客》这样描述格雷厄姆及其联合创始人所做的事情："今年，有 13 000 家起步软件公司向 YC 提出了加入申请，有 240 家的申请获准通过，申请获批比例比斯坦福大学的录取率还要低，不到斯坦福大学录取率的 1/2。" 1 300 个创业团队从 YC 毕业后，如今 YC 可以骄傲地说，它的力量以及独特性可与一个岛国相媲美了。

2. "关于投资初创公司这个行业，需要了解的最重要的两点之一是，所有回报实际上都集中来自少数几个大赢家。之前，我对此只有知识层面的理解，直到亲身经历之后，我才真正领悟到这一点。我们投资的所有公司的总价值大约是 100 亿美元（此数字会有小幅摆动），其中 Dropbox 和爱彼迎两家公司就占了 3/4。"

> 投资人在做出投资时，都希望自己投资的初创公司能成长为巨型公司。可能性也许很小，但一定不是零。对于那些到一定程度就到了其天花板的公司，投资人不感兴趣。

格雷厄姆这段话最有趣的地方是：他承认自己知道风险投资的幂律分布，但当真的经历了，亲身感受到这一点时，他仍感到十分吃惊。就大部分人类历史来说，人们的生活经验绝大部分是线性的。人们对原因和结果之间呈现简单的比例关系的情况习以为常。根据过往经验，人们会认为：做了 X，Y 就会发生。人们对这种线性思维感觉舒服，因为是熟悉的。著名发明家雷·库兹韦尔（Ray Kurzweil）相信："我们对未来的直觉是线性的，因为在大部分人类历史中，世界就是这样运行的。比如，被食肉动物捕食时，被捕食动物的奔跑速度并没有指数级地加快。"除人体内感染的病毒或细菌的繁殖速度外，日常生活中很少有什么呈现非线性特征。

现代科学的兴起，加上商业领域发展出的现代分销渠道及其他流程，所有这些使得越来越多的非线性变化出现。经济学家保罗·罗默（Paul Romer）解释了一种普遍现象："在预料事物会如何增加方面，人类非常擅长。但对于包含反复的倍增效应的复合增长，人类没能理解为何增长会如此之快。这导致我们常常忽略以平均增长速率发生的微小变化的重要性。"如果某事物呈现出明显的非线性特征，就会出现看起来近乎神奇的现象。特别是，当非线性变化的结果是负面的时，像损失规避这样的倾向就会出现，人们往往会做出强烈的情感反应。在这种情况下，哪怕在平时比较理性的人也会思维不再清晰。

大多数创业者并不寻求风险资本，他们创业的资金来源包括自己的积蓄、公司内部产生的资金流、银行贷款、寻求财务回报的投资者的股权资本（和风险投资不同，这样的投资者的财务回报不呈现偏态分布）。在美国，每年仅新开餐馆的总数就是寻求风险投资的初创公司数量的 10 倍。虽然非风险资本支持的新创业公司失败率总体较低，但它们中很少有公司会获得由风险投资人捕获的凸性带来的巨大经济回报。

3. "如果要创业，你可能得有相当新颖的想法，能做出可以打入大规模市场的产品。新颖的想法如此有价值，以至于所有显而易见的新想法都已经被尝试过了。一般来说，创业成功的原因是创始人有足够与众不同的想法——很少有人想到的点子在他们看来显而易见。"

采用传统方式，人们不可能发现竞争对手未发现和开发并且能带来大满贯财务回报的商业机会。通过求新求异，初创公司有时可以发现隐藏的凸性。换句话说，凸性常常隐藏在充满不确定性和无知的地方。在稳定、确定的行业中经营的初创公司，如果把注押在这样的公司上，将很难发现错误定价的凸性。有独特兴趣的人常会发现别人发现不了的价值。

4. "最好的想法常常初看起来都很糟糕。最初，谷歌的创业想法也被人们认为是一个糟糕的商业想法。当时市场上已有其他几个搜索引擎了，有些还是由上市公司运营的，谁还需要另一个搜索引擎呢？Facebook 这个点子怎么样？当我第一次听说 Facebook 时，它的目标用户是没什么钱的大学生。大学生会用它做什么？浪费时间看彼此的概况？那时的 Facebook 看起来像最愚蠢的公司。现在，我感到庆幸，因为当时他们没来找我，没有给我拒绝投资 Facebook 的机会。"

只要知道如何找到凸性，凸性其实无处不在。有时候，它就在你眼前，关键是换一种方式看世界。你不会一直都是对的，成为一名成功的投资人或创业者也并不需要你永远都对。因为只有极少数的投资会获得大满贯财务结果，所以对投资人来说，只进行一次反向投资不足以获得成功，因此投资人有自己的投资组合。但是，创业者却没有同样的多样化机会，他们一生会有少数几次押注，但次数很有限。创业需要更多的勇气。

5．"当时，我们认为爱彼迎这个想法不怎么样。之所以投资爱彼迎，是因为我们喜欢它的创始人，他们如此坚定并且富有想象力。将关注点放在创始人身上，使我们避免了一个愚蠢的错误。"

好的风险投资人总是关注创业团队是否优秀，因为优秀的创业团队会给投资人带来更多的可能性。优秀的创业团队不仅会更好地适应变化，而且他们知道何时改变。优秀的人才会吸引其他优秀的人才，并且还会吸引到资金、合作伙伴、渠道、用户，这是互相强化的。成功适应变化的能力是优秀创业者的成功之道，它会增加投资的凸性。换句话说，优秀的创业团队会给公司带来更多有价值的可能性，在需要根据环境做出变化时，这一点十分重要。在这些方面达成适当的平衡很关键，因为保持创始人的动力和坚持非常重要。有时，创始人过于坚持，会把公司推到悬崖边上，而其他时候坚持却是公司成功的关键。

6．"要让我对一种产品或服务感到惊艳，它必须满足我不知道自己已有的某种预期。通过焦点小组访谈无法做到这一点，只有伟大的设计师才行。"

最伟大的创始人是专家，也是艺术家。他们是有魔力的人，创造出人们在没亲眼目睹之前根本想象不出的产品。史蒂夫·布兰克这样解释说："因为自己遇到或看到他人遇到某个问题，创业者充满激情地致力于解决该问题。他们热爱用户，热爱解决该问题，或曾经是该领域的专家。他们是真正的创业者。"布兰克相信："创业者的内心深处其实是艺术家，伟大的艺术家创作出来的东西总是人们完全没想到的。世界级的创业者理解什么是在激情驱动下做事情。"

7. "我从不说：'这些家伙会做得很好。'我只说：'到目前为止，这些家伙干得很出色。'因为到一定阶段，在不经意的地方会突发状况，不仅是创始人争端，还会有各种类型的突发状况。初创公司充满不确定性。"

初创公司及其面向的市场都是复杂系统，可能会出现正向或负向的非线性变化。在初创公司的生命周期中，"直到生命终结才算完"。有些成功的初创公司可能会走向失败，而一些失败的也可能会转败为胜。数字网络和软件已从根本上改变了这个世界。通过网络化数字系统连接起来的商业和用户带来了放大的网络效应，这意味着，业务的速度以及竞争和创新的水平都高于以往任何时候。增强公司适应环境变化的能力从未如此重要。实际上，商业世界的每一个细分市场都不断被挑战者开拓，创业者不断进行新尝试，所以，与以往相比，现在人们更难做到持续盈利，尤其当利润来自传统的信息不对称时（卖方比顾客掌握了更多的信息）。除非公司拥有基于类似网络效应的护城河，否则公司就无法躲避竞争对手的不断攻击。

即使公司足够幸运，拥有基于网络效应的护城河，它的生命仍可能会很凶险、残酷、短暂。换句话说，因为网络效应很脆弱，而且是双刃剑，所以护城河遭摧毁的速度可能和初创建的速度一样快，或者更快。

8．"创建一家成功的初创公司需要做到三点：与优秀的人一起创业，打造用户需要的产品，尽可能减少开支。"

我们已讨论过优秀创业团队的重要性，也讨论过公司需要打造比竞争对手的产品更受用户欢迎的产品。格雷厄姆的话解释的一个新要点是：尽可能少花钱来获得用户，这至关重要。比尔·盖茨曾说过："算上销售开支，算上成本费用，将这部分控制在最低限度。"花好几个月甚至几年的时间，主要依靠焦点小组访谈进行调研，精心打磨，然后推出拳头产品或服务，再加上如果这家公司没有充足的资源，这家公司的结果会是努力在错误中生存下去，因为在此过程中反馈来得太晚了。史蒂夫·布兰克这样解释：

> 为什么如此多的创始人不情愿花哪怕 500 或 1 000 小时的时间提前做调研，以确保之后他们构建的产品会有大量的市场需求、受到热情追捧？没有热情的用户，即使是最饱含激情的创业者，充其量也只是在瞎折腾。

9．"一些初创公司在拒绝收购请求后会发展得更好，其原因未必是收购方的报价低估了初创公司的价值。更可能的原因是，有胆量拒绝高价收购请求的创始人，往往会取得非凡的成功。这种精神正是投资人希望在初创公司中看到的。"

那些将创业更多地视作一种使命而非赚钱方式的创始人会全身心投入，这样的创始人更可能做出大满贯的财务业绩。使命型创始人中有一些会因为过于雄心勃勃而失败，但总体来说，这对整个社会有积极意义，因为他们创造的成就令人赞叹。唯利型创业者取得成功的概率更小，即便成功了，他们的成果对社会的意义也没那么大。

10. "市场经济令人兴奋的地方是，愚蠢代表着机会。"

要赚取高于市场水平的财务回报，就必须找到被错误定价的资产。格雷厄姆的意思是说，当人们"愚蠢"时，资产常常会被错误定价。当市场参与者过于乐观或过于悲观时，这种情况便会出现。在两种状态（贪婪和恐惧）之间的摆动就是"市场先生"现象。他人恐惧时保持贪婪，他人贪婪时保持恐惧，你就会获利，因为，如果投资人足够有原则，不以情绪化的方式行事，就可以在便宜时买进，以获得溢价的方式卖出。巴菲特相信：

> 真正的投资者欢迎市场波动，本·格雷厄姆（Ben Graham）在《聪明的投资者》（*The Intelligent Investor*）一书第八章解释了原因。在那本关于投资的经典著作中，格雷厄姆首次提出了"市场先生"这一概念：这位先生很尽职，每天都会出现，只要你愿意，他要么从你那儿买进，要么卖出给你。这位先生越狂躁，投资者面临的机会就越大。情况确实如此，因为市场大幅波动意味着实体企业的

资产每隔一段时间就会被不理性地定低价。

11. "让少数人感到真正开心，要好于让多数人稍稍开心。"

对于初创公司来说，聚焦和找到核心产品价值同样重要。在创造具备产品-市场匹配的最小可行产品时，最好从解决用户真正关心的问题开始，而不要着眼于那些用户不太在意的模糊、宽泛的问题。使用户真正满意的解决方案，相比用户态度为"还好"的解决方案，更容易拓展业务。

12. "如果淋浴时没在思考这件事情，你就不太可能真正地把这件事做好。"

这里，格雷厄姆的意思是说，你对工作充满热情，每时每刻都在想这件事（淋浴时也是如此）。如果在淋浴时都在思考公司的事，说明你对自己所做的事非常专注。史蒂夫·布兰克表示赞同：

> 公司创始人与作曲家有些像：他们看到他人看不见的东西。为了从零开始，把梦想的东西做出来，他们找来世界一流的表演者进行合作。创建很少人能看到的愿景，并招聘团队来实现它的"现实扭曲力场"，是公司创始人的核心任务。这是一种与科学、工程、管理截然不同的才能。初创公司员工是听到创始人愿景召唤的富有才华的表演者。加入仍在寻找商业模式的初创公司时，他们也看到了公司未来发展的前景，与创始人一道，把愿景变为现实。

15. 柯尔斯顿·格林

Forerunner 创投

柯尔斯顿·格林（Kirsten Green），总部位于旧金山的 Forerunner 创投公司的创始人。格林领衔从一些重要投资者那里筹集了 2.5 亿美元资金，已投资超过 40 家处于早期阶段的公司。Forerunner 投资或曾经投资的公司包括 Birchbox、Bonobos、Dollar Shave Club、Glossier、Hotel Tonight、Jet.com、Warby Parker 及 Zola。目前，她在 Forerunner 投资的几家公司的董事会服务，这些公司包括 Glossier、INTURN、Outdoor Voices、Ritual、Rockets of Awesome。在创立 Forerunner 前，格林在美银证券（以前的蒙哥马利证券）做股票分析师和投资人，其研究和投资的领域涵盖公开交易的零售和消费类股票。格林毕业于加州大学洛杉矶分校，获得商务经济学士学位。她还是注册会计师和特许金融分析师。

1. "我一直都在寻找针对真实需求的项目，这样的项目产品利润率高，有真实的收入，业务可扩张。"

在评估投资项目时，格林会寻找某些特征，经典的三要点是：产品、市场和团队。核心产品价值是指，解决真正问题或满足真正需求的方案，其价值足以让人们想要掏钱购买。这似乎是投资人要寻找的显而易见的特性。但也有不少时候，投资人投资了一些在拥有有价值的产品之前就试图扩张规模的公司。用户初次认可核心产品价值的时候就是当他们接触到产品后所谓的"顿悟时刻"。

格林还说，她寻求的是高利润率产品。公司种类多种多样，不同商业行为所创造的毛利率也大不相同。软件公司和制药公司的毛利率通常很高，而像 Costco 这样的公司毛利率很低。有些公司是通过多销来改变毛利率相对较低的情况，有些则不是。有些公司的运营成本高，在损益表中接近毛利率，有些则不是。如果公司毛利率确实低，那么运营费用就要节省着用。格林的意思是说，如果公司毛利率高，那日子就很好过。跟生活中许多事情一样，高利润率也可能是把双刃剑，因为市场上有高利润率的在位者更容易受到颠覆性新兴公司的攻击。杰夫·贝索斯有句名言："你的利润率就是我的机会。"换句话说，贝索斯将市场竞争者追求的利润率以及其他财务比率看成亚马逊的商机：当竞争者对利润率等财务比率紧抓不放时，贝索斯则专注于绝对美元自由现金流，并轻松地实现那些财务比率。如果公司没有护城河，它的利润率就会面临危险。格林最终寻求的是所投资项目的收益、可扩展性。她想要的不仅仅是一个创业想法，这个创业想法还应该能快速成长为大型市场。

2. "所有创业团队都应思考如何以高效、低成本的方式进行市场营销，因为单靠花钱搞营销的方式对于构建长期可持续的业务极富挑战性。"

所有业务都会有用户获取成本。不了解自己的用户获取成本的公司就像是双眼被蒙上的扑克玩家。用户获取成本是用户终身价值中一个非常重要的部分，因为费用在前期投入，也就是说这个钱是在与用户建立关系的第一个月流出的。有些流出的资金可能一段时间内收不回来，形成痛苦的负现金流。如果公司可以通过用户之间直接互动产生口碑效应这样的有机方式来获取用户，用户获取成本就会下降。通过有机方式，而不是购买付费广告的方式获取用户，还可以长久地留住用户，用户购买的频率会更高，而且从免费使用到付费购买的转化率也会更高。

3. "如果你打造出卓越的服务或产品，人们就会使用它、谈论它，其他人也会被吸引来。"

一个给用户带来超多快乐体验继而产生良好口碑的产品，是有巨大价值的产品。道理很简单（如果用户喜爱这个产品，他们就会推荐给朋友），但做起来却不易。反过来，如果有人跟你谈起某产品时说他不喜欢，你就会不再用它。安迪·拉切列夫等风险投资人和创业者，以 Netflix 公司为例指出，这些公司专注于令用户满意，而非击败竞争对手，这样，Netflix 的做法就有别于安迪·格鲁夫的名言"执着于击败竞争对手而非专注于愉悦用户"。拉切列夫引用里德·哈斯廷斯的话说："执着于击败竞争对手是最不重要的事，因为它会令你分心，使你不能专注于首要工作：让用户满意。"格林的关注点是，投资那些销售用户真正喜爱的产品的公司。

4. "是创业者给了你做这项工作的机会。"

如果没做这一行，我可能会去读心理学，成为一名心理医生。我愿意听朋友倾诉他们的问题。

风险投资人的财务绩效取决于他们与创业者合作的声誉。为了强化与创业者的关系，许多风险投资人承担了创始人创业导师的角色。迈克尔·布隆伯格（Michael Bloomberg）曾说过："人一生中会遇到几个这样的人，他们会对你看待世界的方式产生巨大影响，告诉你什么才是最重要的。"他这句话描述了导师的主要作用。导师的定义很宽泛，并不局限于有些人想到的正式关系，任何对你世界观产生重大影响的人都可以是你的导师。风险投资人艾琳·李（Aileen Lee）不仅努力成为创始人的导师，她还努力成为"公司生命周期中的重要部分"。李说："我喜欢成为初创公司信赖的保障人员，给予它们所寻求的指导。"

5. "'电子商务'一词有点过时了，我认为它是一种购物方式。如今已出现一个庞大的新消费群体，他们的行为方式与以前的消费群体迥然不同。"

如今用户拥有很多选择，也有大量可参考的信息，在这样的背景下，他们不再需要被迫接受低劣产品。技术的发展、用户拥有的充足的信息，这些也使市场越发呈现赢者通吃的局面。如果首席执行官看不到市场的变化，公司可能很快就会死掉。杰夫·贝索斯对这种新商业环境有深刻的理解：

> 权力的天平正在从公司转向用户。个体被赋权。公司的正确应对方法是：将公司的绝大部分力量、精力、财力投入到打造卓越的产品或服务中去，将少部分投入到销售和市场营销中。只要打造出了好的产品或服务，用户就会口口相传。在传统商业环境中，你将30％的时间用来打造产品或服务，将70％的时间用来销售和营销。在新商业环境中，这两个比例是反过来的。

现在几乎所有消费者都是先逛店后网购（展厅现象：消费者可以在实体店比较不同供货商的价格和质量后，在网上购买）。互联网带来的轻松可得的工具和各类现代硬件设备，使得这种方式大行其道。曾几何时，公司利用广泛的信息不对称，从出售商品和服务中赚取高额利润，这样的日子在迅速逝去，已一去不复返了。展厅现象导致毛利率下降，使商家越来越重视用户保留，采用的模式包括订阅模式或会员制。这种新方式背后的道理很简单：定期给用户带来愉悦，将用户当成俱乐部会员来对待，并通过各种度量指标来跟踪他们的参与度，这样商家就减少了用户流失风险。亚马逊和Netflix都采用了会员制思路。另一个不太明显的例子是Costco超市。Costco收取的会员费占它利润来源的很大一部分。Costco超市中有大概14％的商品标有"最低价格"，有便宜的热狗，有免费样品，所有这些都只是为了愉悦用户，让他们续会员费。

6. "在人们遭遇信息轰炸的今天，恰恰是品牌营销的黄金时代。"

好消息是，因为有互联网，我们现在可以接触大量信息。坏消息是，因为有互联网，我们接触的信息有时太多了。人们需要做出选择，这时品牌效应就会很有用。

霍华德·舒尔茨从星巴克起步期就懂得，没有什么比强大的顾客口碑更能创造品牌价值和股东价值了。是的，星巴克最终在大众媒体投放了品牌广告，但这是后来的事。另一个例子是里奇·巴顿的吉洛，直到拥有了5 000万独立用户后，吉洛才花钱向大众市场投放品牌广告。

7. "仅就产品本身展开竞争越来越行不通，让顾客愿意花钱购买产品才有胜算，所以竞争转向了为顾客提供完美的体验。"

现在，最佳实践和技术的传播速度如此之快，这使得产品更多只是一种商品。许多公司发现市场竞争变为价格战，而基于价格的竞争可能是毁灭性的。格林知道，避免价格战的一个重要方法就是为用户提供更好的体验，因为与产品相比，用户体验更难复制。这就要求公司创造一系列的"顿悟时刻"，在这个过程中，用户与核心产品价值重新建立连接。

8. "如今，顾客接触到的信息比以往任何时候都多得多，有如此多的因素影响他们在生活、事业、消费等方面的决策。现在是这样一个时代，只要有好的价值主张，你就可以和那些推出很久却没有打动消费者的产品一样具有吸引力或者更加有吸引力。"

格林在投资中取得成功的一个原因是，她拥有适用于零售和品牌创建的独特能力和经验。对其他投资者而言，零售业就是个坟场，但对于她来说，这是个开心猎场。一些非常著名的对冲基金投资人曾投资零售行业的公司，如杰西潘尼（J. C. Penney）和西尔斯百货（Sears）等，都遭遇了惨败。零售业很难做。例如，沃伦·巴菲特说过，他的许多投资失误都发生在零售业，因为零售业不在他的能力范围之内。当对冲基金在消费市场败给颠覆性竞争对手时，这种颠覆性的竞争通常都来自格林投资的公司。

9. "Birchbox 和 Warby Parker 是我一直寻找的，会令顾客获得'顿悟时刻'的顶级公司。他们给顾客提供的购买路径如此与众不同。"

一个巨变的时代会给挑战市场在位者的颠覆性公司创造巨大的机会。估值的波动、风险和不确定性使投资者有机会获得高于市场平均值的回报。在当今竞争极度激烈的商业世界，留住用户比花钱获得用户收益更大。人们越来越专注于用户保留，这解释了为什么许多公司转而用"终身价值"来评估用户。每一笔交易都要重新获得用户，这种盈利模式不是理想的方式，因为用户获取的成本太高，而用户转向其他商家的成本又如此低。所以，公司会专注于为用户提供始终如一的价值，保证用户的黏性，保证让用户满意。

　　服务开发流程图必须越来越像一个飞轮，这个流程是一个反馈环路，失败是它的必要组成部分，其模式是"构建、评估、学习、重复"。这是一种科学方法，此方法还运用遥测技术实现系统化，并以前所未有的方式及时、准确地评估试验结果，还运用云计算技术，极大降低了试验成本。

　　10. "我保持定力的方法是，有自己的看法并力挺某事物。"

　　　　我们认为，我们在理解用户、理解什么能引发用户的共鸣方面是有优势的。

　　　　观察亚马逊和 eBay 公司成长为大型公司的方式，观察人们拥抱科技的方式，我感到，零售业的游戏规则必然会出现巨大变化。所有这些将改变零售的意义，改变品牌推广的方式，改变与用户连接的方式。这是我很早时候就追逐的思想火花。

　　如果风险投资人能找到他们擅长的投资领域，往往会更成功。这种方式可以使个人投资者或风险投资公司将其工作、时间和才能专注于少数几个投资领域，从而能集中兵力。像 Maveron 及其他一些风险投资公司只专注于消费品领域。其他一些风险投资人主要投资或只投资初创公司。另有一些风险投资公司投资领域比较广泛，它们通过抓住每一个机会而获利。

　　11. "想想收购方、公开市场的情形、对公司估值的方法，这是理解整个商业生态系统的基本方法。"

　　格林曾经在投资银行做零售业分析师，她还做过注册会计师和特许金融分析师。这些经历使她具备了宽泛的商业背景，对她目前从事的风险投资工作很有益。霍华德·马克斯等投资人认为，几乎所有事物都有一定的周期性。显然，风险投资也不例外。像格林这样经历过商业周期必然变动的人知道，有时人们对增长的估计高于市场的盈利性，有时则不会。有时，只要有好生意，融资相对容易；而有时，即使是很棒的生意，也筹不到一分钱。霍华德·马克斯喜欢说：你无法预测未来，但可以为未来做好准备。如果手上有足够资金，足以让公司撑过相当一段无法扩融的时期，这就会使公司准备好应对无法预测的商业周期中出现的不利情形。正如格林所说："理解商业生态系统至关重要。"

12. "我想，我正确预测到了 Bonobos 公司的几次危险处境。"

在公司的生命周期中都会有一段最黯淡，却常常是最重要的时期。在公司成立后和有投资退出时，中间的这段时间，许多公司特别艰难，苦苦挣扎着活下去，斯科特·贝尔斯基称此时期为"混乱的中期"。本·霍洛维茨将此时期的状态称为"挣扎"。许多公司在最终取得成功前，都经历过到失败边缘的情况。风险投资人常常需要做出决策，决定帮助哪些公司，断定哪些公司没什么希望。艾琳·李指出：

> 大多数成功的初创公司都是花了很多时间、付出了很多努力才最终破茧而出。虽然股权绑定期一般为四年，但那些最具价值的初创公司至少在八年后才会套现，并且大部分创始人和首席执行官都会继续留在公司。长期看独角

兽公司也会融来很多钱——并不仅局限在 A 轮。因此，在多轮融资后，创业团队有能力分享有吸引力的愿景，而且无论经济形势是好是坏，他们都能拓展业务并招聘新人。

使命型创业者存活下来的概率比唯利型创业者要高得多，因为唯利型创业者会发现，一切都太费劲、太难了，他们常常会因此而放弃。

16. 比尔·格利

Benchmark 资本

比尔·格利在 Benchmark 资本做合伙人已十年有余。加入 Benchmark 前，格利曾是 HWVP 风险投资公司的合伙人。进入风险投资行业前，他是华尔街顶级的研究分析师，做了四年。目前，他投资及担任董事会成员的公司有：Grubhub、Nextdoor、OpenTable、优步、Ubiquiti Networks、吉洛。20 世纪 90 年代中期，比尔·盖茨转给我一篇精彩的博客文章，是比尔·格利写的《脱颖而出》（"Above the Crowd"），我当即便接收了（那时候还是通过传真）。之后不久，我同格利成了朋友。随后，我与比尔·格利开始通过手机和互联网进行交流。格利的想法深刻，具有相当成熟的投资理念。他和投资合伙人喜欢与创业者并肩作战、共同创业。格利一直致力于寻找具有竞争优势的公司。谈到风投行业时，他说："没那么多规则。在风投业玩的一项游戏是，你要知道在合适的时间打破规则。因此，我们会不断挑战自我。变革正在发生，也许现在正是应该打破规则的时候了。"

1. "我研究过的那些伟大的投资人都觉得，研究宏观经济太愚蠢了，纯属浪费时间。"

系统的简单性、评估一项投资能否带来超出基准水平的财务回报的能力，这二者之间存在非线性的关系。研究个体公司能产生有价值的洞察，并且个体公司是我们可以理解的最简单的系统。查理·芒格这样说："要分析行业，不要分析市场，不要分析宏观经济，不要分析证券市场。"芒格曾说过，微观经济"是我们要做的"，而宏观经济是我们控制不了的、需要接受的。

2. "长久以来，风险投资行业反映了纳斯达克市场状况。风投是周期性行业。"

霍华德·马克斯有句格言："多数事物都是有周期性的。"当然，也包括风投行业。同其他行业一样，"市场先生"的两极性也会在短期内影响风投业。当"市场先生"沮丧、悲观时，投资人如果足够勤奋，又有钱可投，便可以发现投资机会，这样的机会在"市场先生"愉悦时是没有的。"长期的贪婪"通常意味着，无视他人的悲观情绪，勇敢进行投资。没有什么事物会一直美好或一直糟糕，然而，人们常常做推断，就好像某现象会无限期地持续下去一样。赫伯特·斯坦（Herbert Stein）曾做出这样的著名论断："如果某事不能永远持续，那它终将停止。"均值回归假设是理性投资人始终如一的朋友。投资或创业的最好时机往往是经济环境萧条时。

3. "风投包含大量运气的成分。"

相比技能，运气更易描述。在诸如轮盘赌的游戏中，运气决定赌局的结果。在轮盘赌中，我们知道所有潜在的未来情形和概率分布。在赌场玩轮盘赌时，由于赌场会进行掌控，所以没有职业玩家。迈克尔·莫布森写道，运气包含三个核心要素：(1) 在个体或组织层面产生作用；(2) 可以是正面的或负面的；(3) 期待"出现另一种不同的结果"是可以的。有时，你会听到人们说类似这样的话："越努力，运气就越好。"莫布森用寥寥几句说明此说法不合逻辑："人们无法提升运气，因为为任何提升运气所做的事都可合理地视为技能。"一般来说，那些承认运气在生活中起作用的人比其他人要谦逊得多，也更不会因狂妄自大而犯错。

4. "如果你不擅长推销，那么风投行业就不适合你。"

有人会想，从事风投业无非就是坐在会议室里思考投资策略。此想法是错的，或者说，思考投资策略最多只占投资人所做事情的 5%。风投是服务性行业，最优秀的投资人会为其投资的公司四处奔波，并努力开拓自己的人脉。最优秀的投资人总是在推销，而且很早就开始推销。

5. "风投甚至不是一项本垒打业务，而是大满贯业务。如果创业想法不是能产生 1 亿美元收益的点子，你也许得不到投资。"

风险投资基金的规模，以及收获超市场水平的财务回报的需求，决定了风险投资公司的合伙人对特定公司的投资数额。例如，一笔 5 亿美元的投资必须获得至少 15 亿美元的回报。风险投资公司的另一制约因素是，其投资人一次只能支持数量有限的公司。这意味着，如果公司不能创造如格利提到的至少 1 亿美元的收益，对大部分投资人来说它就不具备吸引力。简单来说就是，投资收益不够大，不足以以投资人期待的方式影响风险投资公司的业绩。这种情况下，创业者最好从银行这样的金融机构获得贷款，或者也可以利用公司内部产生的资金自我成长，还可以从亲友处获得投资支持。适当时候，如果大型风险投资公司认为公司潜在收益低而不感兴趣，小型风投公司也许是所需资金的来源。

6. "良好的判断源于经验，而经验源于错误的判断。"

沃伦·巴菲特曾说过，如果鱼要学习如何在陆地上生活，那它最好在陆地上行走一天。所有人都会犯错，个人错误会成为最好的学习体验。如果听过格利的演讲，你会发现，他总会花时间感谢一路帮过自己的人，并指出自己在职业生涯中拥有的好运。在 Quora 上一次名为"无所不答"（"Ask Me Anything"）的采访中，格利对人们提出的问题做了回答。有人问："你最想给年轻时候的自己提什么建议？"格利回答说：

（1）读更多的书。

（2）（更加）感谢一路走来帮过我的人。

（3）在（谷歌创始人）拉里和谢尔盖向我请求 110 美元的投资前资金时说："好的，我对此感到非常兴奋。"

7. "我们总是说：'更多初创公司是因消化不良而死的，而非饿死的。'"

格利的意思是，资金耗尽，通常是由于公司不再专注，将资源分散到其他毫无必要的方面，因而偏离了通向成功的重要路径。资金过多往往是无法专注的根源。成熟之前的扩张、错误而徒劳的追求，这些错误都是失败的信号。有时，如果公司试图全面出击，它最终会一事无成。

8. "因为大公司的产品好，消费者才购买其产品。大公司并没有将数千万美元花在营销上。"

杰夫·贝索斯很可能同样如此简单地说过。格利同贝索斯的观点一样（这不足为奇，格利曾是华尔街一名年轻的分析师，他分析的公司中就包括亚马逊）。太多时候，一份终生价值财务分析报告，最终成为过多的非有机营销花费的辩解书。对所有公司而言，它们的一项基本任务是，以低成本方式获取用户。格利说："有机用户一般拥有较高的净现值、较高的转化率、较高的稳定性。与通过营销手段获得的用户相比，有机用户满意度更高。"

9. "高价格/高收益公司拥有防御竞争对手进入的宽阔护城河或强大壁垒。"

如果竞争对手可以以某种方式无限制地供应产品，该产品的价格就会下降，直至降到资本的成本水平。有时，只有在广泛尝试后，人们才会摸索出商业模式。明智的做法是，哪怕商业模式还未完全形成，也需要考虑如何产生网络效应。格利还说过："拥有强有力的网络效应的公司屈指可数。幸运的是，如果真有这样的公司，它们常常有可能成为价格/收益在十倍以上的俱乐部。"考虑到无法避免的市场竞争，单靠收益并不足以维持一家公司的长期生存，投资带来的持续回报才是公司长期生存的前提。换句话说，"如果发现了价值假设和增长假设的解决方案，就因为没有护城河，公司还是衰败了，那公司还靠什么盈利呢？"最坏的情况是，没有护城河的公司根本无法盈利。最好的情况是，盈利只能坚持一时半会儿，随着时间推移，这些公司会逐渐被淘汰。尽管形成护城河的因素是定性的，但护城河是否存在的检验却是定量的。如果在3～5年，公司的投资回报实质上没有大大超过资本的机会成本，那它就没有护城河。出色的管理或更好的执行力可以形成护城河吗？对此问题，沃伦·巴菲特著名的妙语是："如果让拥有良好声誉的出色管理团队接管经济状况糟糕的公司，公司的经济状况会依然如故。"

10. "对年轻公司而言，现金流折现法是难以驾驭的估值工具，并非因为它理论框架糟糕，而是因为我们缺少有效投入。投入垃圾，产出也会是垃圾。"

有些人不认真思考公司商业模式所基于的假设，有时被称为"报表病"的毛病就是这类人的特点。对所投资的业务的凸性进行估值并不容易，认为可以用财务报表完成这种估值的人都是在纸上谈兵。对初创公司进行估值一直很难。投资人霍华德·马克斯曾经对查理·芒格说过："通过投资赚钱并不容易，任何认为此事容易的人都是愚蠢的。"

11. "如果具有颠覆性的竞争对手可以'免费'提供与你的公司相似的产品或服务，而且它还能盈利并维持运转，那你可能有麻烦了。"

数字产品的经济特质异乎寻常，因为它往往涉及多边市场（平台）；而且在这样的市场中，一旦产品创建出来，其边际成本几乎为零。对于提供数字产品并且边际成本为零或者很低的公司来说，免费增值是很自然的商业模式。通过在免费产品上花费相对有限的资金，用户获取成本会大幅下降。由于软件的边际成本近乎为零（创建更多副本无需额外资金），所以，如果没有进入壁垒，软件价格自然会降至零。当然，虽然一些免费服务存在实际的存货和出货成本，但情况依然如此。要解决平台经济中固有的"鸡和蛋"的问题，通常需要市场的某方提供免费的蛋或免费的鸡，这也是任意特定产品价格可能会降至零的另一个原因。在数字化世界，很容易发生的事情是：一觉醒来，你发现自己曾出售的东西如今已"免费"供应。

12. "你做出了正确的判断并不会收获超级投资业绩——如果大家普遍做出了正确预测的话。"

为了反向投资而反向投资是自杀行为。但在某些情形下，如果不反向投资，你就无法获得超越市场的业绩。进行真正的反向投资就意味着，有时你会不舒服。霍华德·马克斯这样说："要取得超凡的投资结果，你需要对价值有超凡的洞察力。因此，必须了解他人不了解的东西，必须具备异乎寻常的看待事物的视角，必须进行更好的投资分析，最好三者兼备。"尽管是常识，但奇怪的是，许多人都没有意识到这一事实：投资时，你不可能既随大流又击败大流，尤其是在必须支付费用和成本后。诺贝尔奖获得者威廉·夏普（William Sharpe）在一篇题为《积极管理的算法》（"The Arithmetic of Active Management"）的著名文章中，使用数学方法论证了上述现象。约翰·博格尔（John Bogle）重申了此文的结论："在市场的许多领域，有一人赢，就有一人输……"当然，投资者们整体获得市场回报才是关键。在经济发展过程中，做长线投资很有益；随着生活的继续，这些投资人会获得比其他人更多的财务回报。

17. 里德·霍夫曼
格雷洛克风投公司

里德·霍夫曼（Reid Hoffman），创业者、格雷洛克风投公司（Greylock Partners）合伙人。《纽约客》杂志描述了他的早期职业生涯：

> 他的第一份工作是在苹果公司存续时间很短的名叫eWorld 的在线服务项目中工作。后来，他在富士通旗下的名叫 WorldsAway 的虚拟聊天社区干过，此社区中的用户使用虚构图片代表他们自己来进行互动。1997 年，霍夫曼成立了自己的公司——SocialNet，创建了一种可以让人们通过网站彼此连接和交流的方式。人们交流的目的各种各样，但主要目的是用假名进行约会。

将 SocialNet 卖出之后，霍夫曼于 1999 年加入支付服务提供商 PayPal。在领英（LinkedIn）出售给微软之前，霍夫曼是领英的联合创始人兼执行总裁。现今他是爱彼迎、Edmodo、微软、Mozilla、Shopkick 及 Wrapp 的董事会成员。他还著有《至关重要的关系》（*The Start-Up of You*）和《联盟》（*The Alliance*）两本书。对于自动化给经济和社会带来的冲击、技能差距、教育模式及职业模式的转变、社会经济分层这些问题，他都热情关注。这种热情令他的商业观点和投资理念特别有趣。为获得竞争优势，数据和网络变得越来越重要，对此话题，很少有人比霍夫曼了解得更多、更有发言权。

1. "最好的投资会得到比所有其他项目的总和还多的投资回报。你寻求的是高水位线，而非平均水平。人们来找你，不是冲一垒打来的。"

在一篇关于风险投资经济学的绝佳文章中，安迪·拉切列夫指出：

> 风险投资的经验法则一直是，寻找有可能在 5 年内带来 10 倍投资收益的交易……如果基金的 20％ 用于投资 5 年内可产生 10 倍收益的交易，其余部分都不产生收益，那么该基金的年回报率约为 15％。

由于过分关注少数取得巨大成功的初创公司，一些人不知道，许多创业项目其实并不需要风险投资。关于这一点，比尔·格利说过："如果你希望公司发展到 50～100 人的规模，只有当你发现了下一个 Google AdWords（一种付费网络推广方式），你才需要外部资金，但这并不意味着风险投资适用于所有人。"没有使用风险投资的公司会产生很有吸引力的经济回报，而且，如果选择了正确的资金支持，其失败的可能性会大大降低，这不足为奇，因为，在相似的时段内，你不可能只获得相当于投资金额的2～5倍的回报，同时又具有和有风投支持的公司一样的失败率。

2. "对于初创公司或早期创业项目而言，能获得巨大成功的早期项目只存在于那些进行反向投资且判断正确的项目中。相比董事会存在意见分歧的项目，所有人都认可的项目整体成功率通常较低。如果最终结果证明反向投资者是对的，那么，真正能带来巨大回报的反向投资思维到底在哪里？如果对某投资想法人们看法一致，这表明该项目很可能并非完全是突破性项目。如果投资想法并非真正的反向，就会有一堆竞争者跟你想的一样，你就不能获得极大成功。"

反向是超出市场水平的关键。如果追随大流，就不可能打败大流。一般而言，构成多数的大流常常是对的，所以不容易做到的是：在多数人不对时，你能预测到。为了反向而反向，这种投资策略会导致输的结局。此外，必须投资于凸性项目。作为反向投资者，你不希望这样的结果：和承担的风险相比，获得的回报相对来说只是一点点。具有凸性的最佳投资项目往往在别人没关注到的地方。迈克尔·莫布森用一个简单的例子解释了这种倾向：

> 为了反向投资而反向投资，这不是好主意。换句话说，如果影院失火，要往门外跑，对吗？不要往门里跑……做成功的反向投资不是说要跟他人对着干，而是要充分利用

期望差距。如果该主张是正确的，那么接下来显而易见的问题便是：期望差距是如何产生的？或者说得更简单点，市场的不充分是如何产生的？为什么会有市场的不充分？

3. "一项好的创业战略应该是反向并且正确的。这至少确保在重要的初始阶段，没人在后面追着你。最终，当你做的事情进展良好时，人们便开始追随你。"

处于早期阶段的公司要尽力避开竞争，这很重要，因为竞争给公司带来的影响是方方面面的，你不可能将竞争的影响局限在某一方面。竞争会影响所有方面：用户、招聘、财务、业务开发。当出现诸多竞争者时，日子就艰难得多了，而且你已经很艰难了。没有自己优势的公司在艰难的竞争中就会陷入消耗战。受到一罐金钱的诱惑，人们可能会参与一场无情的竞争。就像电影《饥饿游戏》（*The Hunger Games*）中描述的那样，人们纷纷冲向丰饶角（Cornupia），而不是跑开进入森林。

拥有阻止竞争者进入的壁垒（护城河）很有必要。霍夫曼的意思是说，初创公司在走向成熟之前要避免竞争，这利于创建自己的护城河。也就是说，开始运营时，初创公司就要避免市场上的"狗咬狗"竞争。从此意义上说，反向投资者可以双重受益：投资者可以获得超越市场水平的回报，而且公司可以在竞争较少的环境中成长。

4. "人们常常会低估为了获得成功需要具备的优势。确实，公司必须拥有多重竞争优势。如果只是技术略好点或执行力稍强点，你可能会有麻烦。些微的改善几乎没什么决定性作用。"

> 除非你的产品比其他的好上百倍，否则普通消费者一般是市场上有什么就用什么。如果其他竞争者在分销方面有很强的优势，他们就会具备病毒式传播的能力，也会有极具优势的索引和搜索引擎优化。这时，你的产品是否比竞争对手的好十倍已经不重要了，因为消费者根本就接触不到它。

通过投入资金，凭借自己的经验及销售、营销和分销渠道去对抗深耕多年、地位稳固的竞争对手，这绝非易事。因此，要成为赢家，就需要拥有重要的优势。如果新推出的产品或服务只比之前的略好一点，那么，是很难说服用户转向新的产品或服务的。换句话说，如果你的产品或服务的价值溢价相较竞争对手的上升了，那么你的用户获取成本就会下降。在考虑某种产品或服务是否具有核心产品价值时，安迪·约翰斯（Andy Johns）建议问自己两个关键问题：你的产品为用户所解决的问题是他们的痛点吗？或者说，这个问题对他们来说非常重要吗？此问题背后存在大规模的市场吗？另外，他补充说："一些公司为用户打造某种新的、有意义的体验，而不是解决现有的痛点问题。这些公司包括 Facebook、Twitter、Snapchat、Instagram 等。"

5. "在想要创办一家公司时，你应该提前 1～4 年或许 5 年就开始着手准备。这意味着，当技术与你预见的那个世界融合时，你已准备好放手一搏。你必须对一系列事情做出准确的判断，比如竞争对手下一步的行动。"

伟大的冰球运动员韦恩·格雷茨基（Wayne Gretzky）有句名言："我滑动的方向不是冰球所在的方向，而是冰球即将移去的方向。"找到"冰球即将移去的方向"的一种方法是：利用人们对指数现象的无知——这是你获利的机会。比尔·盖茨曾说过："事物的发展如此之快，如何在头脑中构建起一种模式？相对于价格，电脑的运算能力每 18 个月就会翻一番。大多数人都不曾遇见过这样的情形，即每两年某事物的功能就翻一番。"当大多数人都无法理解某现象时，这便为投资者提供了错误定价的项目机会。

做真正的反向投资者意味着，有时会感到不适。有些人很善于处理这种不适，有些人却不行。彼得·林奇（Peter Lynch）说过："要赚钱，你就必须找到其他任何人不知道的项目，或者去做那些其他人由于僵化的思维而不愿意做的事情。"霍华德·马克斯说："成功的投资就是，寻找那些因他人失误而被错误定价的资产。"换句话说，如果一位投资人对某项资产的估值判断错误，这就给另一位投资人提供了超越市场水平的机会。对于寻找这样的机会，充满好奇而又勤奋的人最擅长。优秀的投资者东奔西忙，他们拥有庞大的小道消息网络，并且他们喜欢读书、读文章，他们总是在学习新东西。他们知道，知道得越多，就越觉得自己掌握的知识还不够。如果随着时间的推移，你并没有一天比一天更谦逊，说明你可能存在某方面的认识缺陷。

"市场先生"的不理性为投资者创造了机会。市场往往是理性的，但并非总是如此。最佳回报常常垂青这样的投资者：面对出价很有吸引力的资产，他们会保持耐心，同时会努力争取。塞斯·克拉曼（Seth Klarman）说："成功的投资就是精心计算和反向思维的结合。"

6."硅谷现在应被称为软件谷。"

通过网络交付的软件驱动着风险投资行业的经济回报，因为，相对而言，硬件已无处不在。人们可按需购买硬件。并且很多情况下，硬件已安装好，最明显的例子就是智能手机。硅谷的发展推动了指数现象，但在此浪潮中冲浪的公司主要是软件驱动型公司。确实有成功的、重要的硬件初创公司，如3D打印公司等，但很多时候，如果对经济回报实现大满贯的公司进行考察，你会发现，是软件或基于软件的云服务驱动着这类公司的创新和新用户价值。当然，也有许多非常重要的软件工程师从事有些人所谓的硬件行业。

7."好的产品固然重要，但更重要的是完善的产品分销渠道。我认识的许多创业者都认为，产品最重要，拥有好的产品成功的可能性总会更高。但许多人忽视了一点，即没有完善的分销渠道，产品就会死掉。如何才能让产品到达数以百万计、数以亿计的用户手中？"

完善的产品分销渠道并非可有可无。用户不会奇迹般地出现在公司门口，手捧一沓沓百元大钞，准备购买公司售卖的任何产品。创业者必须学会创建出色的产品分销渠道，或者找懂得此门道的人帮助自己。

8. "在技术领域，如果你没有一直关注着怎样才能赶上下一波趋势，那么很可能未来的某个趋势就会绊倒你。2000 年，雅虎处于互联网技术的前沿，那时的雅虎拥有完美的战略，但它没能适时发展，没能抓住社交这一轮趋势及其他趋势，因此发展不太顺利。仅仅过了十多年，雅虎就错失了一些重要的技术发展曲线，处于全然不同的地位。"

一些重要现象可能会毫无征兆地从复杂适应系统中出现，所以，你可能会发现，自己因数年前的失误而深陷麻烦。如今回顾公司死掉的原因，答案似乎显而易见，然而这就是复杂适应系统的本质。追想起来可以理解的东西，在当时却不可预测。"错失发展曲线"会使公司发展一落千丈，反之亦然，如果能抓住下一条发展曲线，它就会以一种非线性方式推动公司的发展。

9. "如果在产品进行市场发布时你并未感到焦虑不安，那说明产品推出得已经晚了。"

要实现产品和市场的匹配，需要收集最早的反馈意见。如何将尽可能多的社群智慧引入反馈过程中？在硅谷，人们会引入新的顾问、员工和用户的意见。要弄清楚的是："我创业的这条路径是对的吗？"多数人以融资为起点，从而筹集到一定量的资金。然而，投资过程中最有趣的事却是，从人脉网络那儿获得一些关键问题的答案，这些问题如："这是一个好的计划吗？""关于我这个项目，大家一般是怎么看的？""他们投资有什么风险？"

有创业想法时，要咨询一下你的人际网络，问问他们是怎么想的，不要让他们只说好话。如果大多数人马上就明白你是想做什么，并称你是个天才，这很可能不是什么好事，也许这意味着你的想法太过寻常，可能行不通。你要寻求的是真正深思熟虑的反馈。

要向由可信赖、有智慧的人构成的强大的、多样化的人脉网络寻求反馈。如果没有这些人的反馈，你的创意不会变得更好，也不会吸引到人才。而创意要成功，人才必不可少。如果你不这样做，竞争对手会做。当今经济中的赢家是那些最能适时调整的公司。没有好的反馈来源，你就无法做出有效的改变。

10. "如此多的创业者想着要保护自己宝贵的想法，为此而担心，但真正重要的是：采取行动，取得发展势头，并集聚所有必要的资源去实现想法。"

我们正从信息时代走向网络时代。在此过程中，如何才能提高由意外发现得到积极结果的概率？仍然要靠运气，但你可以做的是提高做出正确决策的概率。当遇到挑战，需要寻找解决方案时，可以寻求人际网络的帮助。

在商界，只有想法，没有执行，不会走得太远。每个人都会有一些商业想法，看到有人将这个想法付诸实践并获得成功时，他们会想："是我先想到的。"在市场中成功需要有所行动，仅仅只是想出新点子是不行的。斯科特·贝尔斯基同意霍夫曼的看法：

若不能实现，想法本身毫无价值。产生新想法容易，实践起来难。无论是日常问题还是大胆的新概念，你都必须将愿景变为现实，从而使想法产生价值……所有伟大的发明都源于一长串的小火花，一开始的想法往往不那么好，但由于协作，它点燃了另一个想法，或者初次的想法以出乎意料的方式被重新阐释。协作会将一些思想小火花集聚到一起，从而产生突破性创新。使超级连接成为可能的互联网已成为一个大型加速器，它加速了思想"小火花"的碰撞，促进创业想法的提炼。

11. "创业者常常得到两个对立面的建议：坚韧和灵活。要拥有愿景并多年坚持对它的追求，哪怕人们一直说你疯了。同时要灵活：分析数据、进行迭代，并基于所获信息做出改变。实际上没有什么算法。创业项目为什么可能会成功？你对此有一个投资论点，以及一些外部调研结果，这些通常以一系列陈述和假设的形式来表达；如果投资论点正确，你的这些陈述和假设就像逻辑证据，帮助你得到想要的结果。此外，陈述和假设支持投资论点的程度，影响你的信心水平。创业者面临的挑战是：坚韧和灵活，两者都需要，但要知道在不同情况下更需要哪一个。你必须知道，如何坚韧不拔，同时又灵活应变。"

这是一个例子，说明了斯科特·贝尔斯基在本书推荐序中描述到的矛盾。怎样将灵活和坚韧很好地融合？良好的判断力无可替代，它源于过去做出的错误判断，从经验中学习。相比其他人，有些人更善于从错误中学习，而且他们的错误大多是新的错误，而不会重复犯同样的错误。学会从错误中吸取教训，你会活得更好。做一个学习机器大有裨益。无所不学，而非假装无所不知，这才是聪明之举。

12. "并不是说所有人都要创业，真实的情况是：关于如何工作、如何追求自己的事业，职业阶梯不再是一种强大的模式。由于全球化和技术发展对行业的颠覆，那种靠好成绩考上好大学，再找到好工作的职业生涯模式已经被打破多年了。如何考虑生活、事业和工作，人们的思维模式不一样了。创业者思考产品-市场匹配、产品差异化、创造性风险的方式，也适用于个人思考自己生活的方式。"

就提高专业能力、实现目标而言，人际网络可以帮助你拓展自己的能力。和自己的朋友们在一起，获取他们的反馈。不要害怕冒险。

人们的职业观念变了。过去是垂直的职业阶梯，而现在是立体方格的攀登架。职业成功不再是沿着阶梯简单地上升。人们有时要从侧面爬；有时要往下滑；有时要摆荡一下身体，从一组杆跳到另一组杆。再形象点，有时你需要跳下攀登架，在操场其他地方打造自己的架子。此外，如果要用操场这个比喻来描述现代世界，操场和攀登架都不是一成不变的，它们总在变化，新的结构会出现，旧的结构在不断变化，有时会倒塌，而且操场会使周遭的结构移动。

需要强调的另一件大事是，人际网络很重要。要多结识聪明人，跟他们交谈；要关注外面都发生了什么。有些人会看到其他人看不到的事。如果试图自己分析一切，你可能会错失很多。和人们聊聊新趋势。从理论上来说，初创公司应均匀分布于各个国家和各个地区。而事实不是这样，硅谷是一切的核心，为什么？因为人际网络。在硅谷，人们互相交流。

各类人际网络变得越来越重要。然而，许多现代人际网络和人们脑子中过去的那种人际网络不同。在过去的人际网络中，人们相信"你知道什么不重要，你认识谁才重要"这句名言。传统的人际网络重在"影响力"。尽管此类人际网络现在依然存在，但如今重要的人际网络变得更为多样化。现在许多系统都可以生成信息和反馈，这使得系统变得敏捷、灵通。举例来说，为何一些投资人在风投业获得了如此大的经济回报？简而言之，他们有最好的、最广泛的人际网络，高品质的人际网络会自我孕育出更高品质的人际网络。这是一种马太效应：好的人际网络会变得更好，因为成功自身会孕育更多成功。

18. 本·霍洛维茨

安德森·霍洛维茨基金

本·霍洛维茨，安德森·霍洛维茨基金的联合创始人兼普通合伙人。创建安德森·霍洛维茨基金前，本·霍洛维茨曾是Opsware（前身是 Loudcloud）的联合创始人兼首席执行官。2007 年，惠普以 16 亿美元的价格收购了 Opsware，本·霍洛维茨被任命为惠普副总裁及软件业务技术优化部门总经理。早些时候，他曾担任美国在线（America Online）副总裁及电子商务平台部门总经理，监管公司重要部门 Shop@AOL 服务的开发。此前，霍洛维茨曾在网景公司负责几个产品部门的运营，还担任过该公司广受好评的目录和安全（Directory and Security）产品线的副总裁。1995 年 7 月加入网景之前，他在莲花公司担任过负责产品营销的多个高级职位。他著有《创业维艰》一书，书中，他坦诚描述了创建和运营一家公司的艰难。霍洛维茨生在伦敦，长在加利福尼亚州伯克利。他拥有哥伦比亚大学计算机科学的学士学位、加州大学洛杉矶分校计算机科学的硕士学位。

1. "你读到的一些管理学书籍上说'运营一家公司，这些方面比较棘手'。但其实那些方面并不是难事。"

> 我多年的老板吉姆·巴克斯代尔说过，多数管理顾问从未经营过一家热狗摊。

> 打仗时，首席指挥官忙于跟敌人作战，根本无暇阅读那些从未经营过水果摊的顾问撰写的管理书籍。

> 管理书籍只在我上任首席执行官后的很短一段时间内有用，这些书的内容都是指导我们如何不搞砸公司。然而，用不了多久，你工作中面临的状况就超出了书中所给的建议。你会说："好了，我已经把公司搞砸了，现在该怎么办？"多数管理书籍都是管理顾问写的，这些顾问在取得一些成就后研究那些获得成功的公司，所以他们只听说过成功的故事。

写管理书籍的人往往会遵循迈克尔·莫布森描述过的标准做法：

> 教授企业管理的最常见方法是：找些成功企业的案例，找出它们的习惯做法，并建议管理者进行效仿。这种标准做法比较直观，并包含有说服力的描述，而且此类书已卖出数百万册。现实却是，如果案例取样只有赢家，那么，将企业的成功归因于特定的战略就可能是错的。在由行为

导致的结果中，如果运气起一定的作用——这在商业中是常事——你就不想通过研究成功案例来发现好的战略，而会去研究战略，看它是否总能带来成功。

和莫布森一样，霍洛维茨也认为应基于现实做决策。霍洛维茨曾写过他称为"挣扎"的情形："基本上就是当你的世界崩塌时你的感受。"运营一家公司不同于主持一场精心策划的花园聚会。多年前，一位朋友告诉我："一旦企业规划阶段结束，公司开始运营，就会出状况。"事情会在毫无征兆的时间、地点出岔子。这时，如果公司拥有出色的管理者，愿意并有能力灵活应变，做出明智决策，这对公司大有裨益。

2. "人们发现，管理有如下特点：动态性、情境化、个人化、情感化。因此，很难写一本关于管理的准则或指导手册。"

不存在能解决所有问题的一堂课。

没有人天生就知道怎样做首席执行官，这是后天习得的技能；并且很遗憾，只有当了首席执行官，才能学到怎样做首席执行官。

可以使你做好准备经营一家公司的唯一办法，就是实际去经营公司。

当首席执行官处于霍洛维茨所说的"挣扎"状态时，他们没有任何准则可遵循。担任首席执行官和投资一样，这样的经历无法模拟。在这两种情况下，你都要边做边学，如同所有前人一样。虽说成为成功的首席执行官所需的技能只能在实践中才能学到，但这并不意味着，不能通过观察其他首席执行官或管理者学到。例如，在网景公司工作时，霍洛维茨有机会观察吉姆·巴克斯代尔。许多人认为，巴克斯代尔是有史以来最优秀的首席执行官之一。霍洛维茨的导师还有比尔·坎贝尔和肯·科尔曼（Ken Coleman）。

3. "事实上，公司就是公司，从未有人在一个事事完美的环境中工作，假装一切完美无缺是没用的。"

> 我在不知不觉之中就被牵涉到冲突里。在商业中，你不想和其他公司发生冲突，但还是卷入了不少冲突中。我从马克·安德森那里得到一条最佳管理建议——他引自列宁的话，也是列宁引自卡尔·马克思的话："让矛盾激化。"马克思当时谈的是劳方和资方。这与今天人们在经营一家公司时谈论的话题不同，但冲突就是真相所在。因此，当组织内发生矛盾时，不要去缓和矛盾；让矛盾激化，让双方的意见都白热化，然后再解决冲突。好的首席执行官深谙此道。如果领导是一位努力缓和冲突的和事佬，那么手下的人就会很痛苦。

在霍洛维茨引用的这些话中，关键字眼是"冲突就是真相所在"。跟生活中的所有事物一样，没有一家公司是完美无缺的。创业者正确判断需要进行哪些变革，以提升公司业绩的能力，基于其识别并解决冲突的能力。隐性冲突会导致问题恶化和蔓延。霍洛维茨认为："不要试图缓和冲突，而是应该让冲突浮出水面，解决它。如果不这么做，就有麻烦了。如果你让冲突浮出了水面并且解决了它，你将成为非常出色的管理者。"

4. "公司在发展中失去了方向，你找员工谈话，他们会说：'我们没有战略，我们不知道要去哪里。'这个战略就是故事，两者没什么不同。战略就是你讲的故事，解释'为什么'的问题。如果故事讲得不够吸引人，谁会追随你？故事是人们早上起床投入工作的动力。"

> 故事必须从根本上解释公司存在的原因。为什么这个世界需要你的公司？为什么要做现在正在做的事情？为什么它很重要？

> 你可能已经有了优秀的产品，但极具吸引力的故事会让公司动起来。如果没有好故事，就很难激发出人们的动力，让他们跟着你干。为产品而努力，为产品投资。

> 有些人错误地认为，讲故事只是在营销。不！故事就是战略，如果故事讲得好，公司的战略也会更好。

> 讲故事是一项最被低估的技能。

创始人和首席执行官必须拥有自己的企业故事，他们有责任让故事紧跟时代、有吸引力。人们喜欢听好故事，这一事实让首席执行官和创始人的任务变简单了。人们常常在理解或记住一些理念、说明时觉得很难，而故事有利于让他们保持专注，有利于激发他们的动力。谈到讲故事的重要性时，霍洛维茨提出了关于战略的一个观点：公司所做的不同于竞争对手的那些事情是公司发展的驱动力。故事必须传达出这样的信息：为什么公司所做的事情具有独特的价值，以及为什么这种独特价值将带来持续竞争优势（护城河）。也就是，公司存在的理由是什么。

故事要有吸引力，这很重要。例如，我曾和一位拥有一家葡萄酒酿造厂的风险投资人交谈过。谈到葡萄酒行业时，我们一致认为，对这个行业来说，一个好的故事是关键，葡萄酒应该是这个故事的中心，葡萄酒庄园、葡萄、酿酒师等都可以成为故事的组成部分。很多人似乎更愿意倾听关于葡萄酒的故事，超过了对葡萄酒的兴趣。

5. "要独立思考，这是伟大创业者的显著特征。"

> 创新的困难在于，真正创新的想法起初往往看起来是坏主意。

> 从其定义来看，创新几乎是疯狂之举：许多人视真正创新的想法为愚蠢的点子，因为，如果是好主意，早就应该有人那么做了。因此，可以肯定，创新者在一开始自然是遭到的反对多，追随者少。

给世界带来新价值的创始人，他们的想法通常与众不同。这种新价值来源于：他们相信或认可其他人未看到的某件事是真的。不可避免地，这样的创始人在打破至少一个由其他人提出的重要假设。

伟大的创始人和首席执行官取得超出市场水平的业绩不是靠随大流。创始人和首席执行官不仅需要不时展现其反向思维，而且这种思维必须是正确的判断，唯有两者兼备的次数足够多，他们才能有超出市场水平的回报。如同霍洛维茨指出的，成为成功的反向投资者的最佳方法是：独立思考。成为反向投资者意味着，你要准备好承受孤独，因为有时你的一些想法无人理解。想法与众不同，会使你远离大流的温暖。

6. "有些人说，首席执行官应该是'公司最好的销售人员'，或者是'产品设计师'，或者集两者于一身。不，首席执行官就是首席执行官。他们必须极其快速地做出高质量决策。如果他们不做决策，公司就完了。要快速决策，就需要同每个人交谈，需要与公司财务人员、工程师一道弄清楚公司方方面面的运行情况。因为，等到麻烦来临，就没时间那样做了，就没时间决策了。"

及时做出明智决策的能力是一名优秀的首席执行官的标志。通过用心准备，他们做决策时看起来似乎比实际情况容易些。打个比方，在棒球运动中，当投手将球投过来时，最佳防守者就站在正确的位置候着。球投过来之前，他们就已就位。与此类似，机会来时，卓越的决策者能迅速做出决策，因为他们已做好了必要的准备，这种准备让他们能及时地做出有价值的决策。

7. "有时，组织并不需要解决方案，它只需要明晰就够了。"

通常，任何决策，哪怕是错误的决策，也好过没有决策。

不做决策也是一种决策，就如同没有快速果断地做决策也是一种决策一样。有这样一则关于心理医生的笑话。心理医生问病人是否有做决策方面的困难。病人回答说："医生，好吧，有，也没有。"太多情况下，面对决策请求，人们的回答与此类似。常见的问题是：有时，我们被要求在一些选项中做出选择，这时我们就会忽略掉了其他可能的选项——包括那些最简单、最明智的选项。

8. "所有技术初创公司必须做的首要大事是：开发一款某方面性能比目前流行产品至少好 10 倍的产品。好 2 至 3 倍还不够，不足以让用户快速或大规模地转向新产品。"

> 如果没有一款能赢得市场的产品，公司管理得再好也无济于事。

一家成功的公司需要具备的一个基本要素是：低成本地获取用户。如果为获取新用户，在销售和营销上花费过多，很快（或慢慢地）你会失败。山姆·阿尔特曼这样简单地解释："对于花钱购买用户的行为，要小心。"更好的方法是：用更好的产品或服务有机地吸引用户。仅靠口碑不能使公司业务获得增长，但它应该是用户获取过程的重要部分。当产品为用户提供了好的解决方案，带来了霍洛维茨所描述的增加值，真正地让用户满意了，产品的口碑自然就传播开了。

9. "开发合适的产品是创新者的责任，不是用户的责任。用户只知道自己想要什么样的产品，而这都基于他们使用现有产品的体验。创新者可以考虑一切可能性，这些可能性往往与用户所了解的事实背道而驰。创新者需要将知识、技能和勇气三者集合起来。"

史蒂夫·乔布斯说过这样的名言："很难通过开焦点小组会议的形式设计出来一款产品。很多时候，人们并不知道自己想要什么，直到你把产品展示给他们看。"要想让一款产品比竞争对手提供的产品好十几倍，该产品就必须与用户以前见识过的大不相同。对于获得风险投资的初创公司来说，一款"跟风"的产品，不能让它以十分积极的方式获得财务上的成功。

10. "对初创公司而言，只有两个优先事项：赢得市场，避免资金短缺。精益运行不是终点。"

唯一不能犯的错就是出现资金短缺。

在企业经营中唯一不可饶恕的罪过是：出现资金短缺。赚钱是想法，资金是现实。公司应该明智地花每一分钱吗？当然。但是，别出现资金短缺。要避免股权稀释吗？当然。但是，别出现资金短缺。拥有大量资金，公司就可以用钱而非靠文化来解决问题吗？可以。但是，别出现资金短缺。公司拥有较少资本，会更利于公司做出伟大的创新吗？是的。但是，别出现资金短缺。

11. "如果将一群羊和一群旅鼠杂交，会生出什么？一群风险投资人。"①

私人筹集资金最重要的法则是：寻找一个人的市场。你只需要一位投资人说"是"，因此，最好不去理会其他三十位说"不"的人。

---

① 这里是比喻风险投资人盲从，其盲从程度介于盲从而行动迟缓的羊与盲从而奋不顾身的旅鼠之间。——译者注

最优秀的创始人和投资人会独立思考，就如同最优秀的首席执行官会独立思考一样。在过去几十年持续关注风险投资行业的人都知道，风险投资是周期性行业。风险投资行业的周期性与经济中其他领域的周期性出现的原因相同：人们不是各自独立地做决策。信息瀑布有时会导致市场在两极间摆动，那些独立思考、不理会市场摆动的投资人会获得更好的经济回报，他们会在其他人没有注意到的地方发现便宜的机会，凸性机会尤其如此。

12. "每次做出艰难、正确的决定后，你都会变得更勇敢一点；每次做出简单、错误的决定时，你都会变得更怯懦一点。如果你是首席执行官，两种选择也会影响公司的风格。"

要求公司领导者勇敢无畏，这个想法似乎有些奇怪。事实上，在商场上带领公司拼杀，没有什么决策是容易的。公司的成败将极大地影响人们的生活。例如，员工及其他利益相关者是否支付得起他们的账单、能否送孩子上大学、能否安逸地退休，所有这些都可能受公司领导者某项决策的影响。霍洛维茨的意思是，正如其他反馈环路影响当今的商业世界一样，有些反馈环路会影响企业管理者，使他们或勇敢或怯懦。勇气会带来更多勇气。

19. 维诺德·科斯拉

科斯拉风险投资公司

维诺德·科斯拉（Vinod Khosla），创业者、投资人及技术专家。他毕业于位于新德里的印度理工学院，获得电气工程学士学位。毕业后，他去往美国，在美国卡内基·梅隆大学获得生物医学工程硕士学位，并获得了斯坦福大学商学院工商管理硕士学位。科斯拉与他人共同创立了 Daisy Systems 公司，该系统（Daisy Systems）是为电子工程师开发的第一个重要的计算机辅助设计系统。1982 年，科斯拉与他人共同创立了 Sun 公司并担任总裁，凯鹏华盈风投公司的约翰·杜尔也为 Sun 公司投了资。1986 年，科斯拉作为普通合伙人加入凯鹏华盈风投公司，在这里他投资了 Cerent、Excite、Juniper Networks 和 Nexgen。2004 年，他组建了科斯拉风险投资公司（Khosla Ventures），专注于营利性企业及具有社会影响的项目的投资。

1. "我经得起失败，但是如果我成功，那就必须是实实在在的成功。"

> 大多数科技初创公司会失败。成功者的确有，但是十之有七会失败。我见过太多的创业者，他们把风险降到他们极有可能成功的限度，那么即使他们成功了，也没什么了不起的。

人们总是习惯于面对因果之间呈现简单的比例关系的情况。当生活是线性的，我们通常能够以一定的准确性预测未来。我们做 X，然后发生了 Y。这种线性变化令人放心，因为人们往往不喜欢风险和不确定性。人们尤其不喜欢会带来损失的事情（损失规避）。但是，无论喜不喜欢，当前经济的变化是非线性的。当非线性的改变发生时，系统的总体行为可能比通过将输入加总所预测的要复杂得多。正是这种非线性的变化使得有足够的凸性投资机会出现，即有可能为创始人和投资者带来巨大的经济回报。世界未来的状态是未知的，这一事实使投资选择变得尤其复杂，甚至投资结果的概率都无法计算。理查德·泽克豪泽（Richard Zeckhauser）将这种现象称作无知领域。图 19-1 所示的矩阵描述了会影响风险投资的一组有意义的关系，这个矩阵是基于我对纳西姆·塔勒布观点的解读总结出的。

	二元结果	复杂结果
细尾概率分布	抛硬币	赛马结果——统计信息是有帮助的
厚尾概率分布	一本书是否能成为畅销书——统计信息是有帮助的	风险投资——统计信息可能会有误导性，甚至是危险的

图 19-1 影响风险投资的一组有意义的关系

风险投资的成功是由第四象限的行动所驱动的，成功的投资者明白他们的目标不是准确预测结果，因为那是不可能的；他们的任务是进行试验，反复试错，从而能够在一个包含 30～40 个投资机会的组合中找到成功机会，这是一个有凸性的投资组合。哪些投资会有回报，只有事成之后才能明了，因为成功要在几年之后才会出现。

2. "我们的任务是打造优秀的公司，而不是'交易'或'资本'方面的事情。"

> 我认为自己做的不仅仅是投资。个体股票投资者所从事的只是交易，他们把钱投进去，然后获得回报。于我而言，则是非常不同的：我从事的是另一个完全不同的领域——打造优秀的公司。从 2004 年起，我就没有再关注内部收益率了。我要么相信公司的未来，要么不信。如果我相信，那么我的目标是参与公司的成长，帮助它做得更大、获得成功，这和单纯的投资是不一样的。

我最欣赏的投资者都喜欢花时间和精力打造真正成功的公司。他们总是对投资和回报有深刻的理解，但对他们来说，投资只是手段，是为了促成他们真正热爱的事情。风险投资具有讽刺意味的特征之一是，在金钱上取得成功的最好方法就是少关注金钱，多关注创业。如果不关注创业本身，那么失败的业务会让你的投资没有任何回报，你即便再关注财务又有什么意义呢？伟大的投资者专注于打造公司和关系，而不是"交易"。

打造真正的公司意味着通过真正的创新构建新的价值。科斯拉的意思是，在不确定和无知的领域，潜在结果无法预测，并且由于输入不能被量化，使用会计报表来预测是没有任何意义的。投资者必须有能力、有人脉找到好的机会，并给创业者提供合适的人脉、经验，这些比投资回报更重要。创业者、投资者、员工和用户都会被这样的成功所吸引，并且成功会带来更多的成功。

3. "如果你正在做着其他人都在做的事，那么你所做的事没什么意义，我们不会为此投资。"

> 做领先的事情，才会吸引风险投资。如果某个公司的技术其他六家公司也有，我不会投资这样的公司。投资者要做的是将初创公司的技术优势转化为商业优势。与其说是投资，不如说是下国际象棋，关乎战略，重点在于你能给公司提供多少帮助。所以，投资是非常有趣的一件事。

你无法通过采用大部分人都知道的理念来超越市场（市场反映了大家的共识）。从定义上说，打败市场意味着有不同的观点，并且这个观点是正确的。科斯拉令人印象深刻的过往经历表明，在像风险投资这样的行业中，聪明的反向思维具有很高的价值。

4. "我们寻求不公平的优势：专利和被保护的领先技术、商业模式创新、独特的伙伴关系和一流的团队。"

> 科斯拉这里所说的就是沃伦·巴菲特所指的护城

河和迈克尔·波特所说的可持续竞争优势。没有护城河，竞争就不可避免地把价格降到没有经济利润的地步（投资回报将无法超过资本的机会成本）。

"某个地方有人正在生产一种产品，它会使你的产品过时。"这也许是乔治·多威特（George Doriat）最常被引用的话。约瑟夫·熊彼特（Joseph Schumpeter）所指的创造性破坏在商业界是常规过程。熊彼特说："产业突变过程——请允许我用这个生物术语——不断从内部改变经济结构，旧结构被破坏，新结构得以建立。"矛盾的是，为了生产力和生活水平的提高，经济的某些方面必须被摧毁。经济的运转需要出现问题，新的生产力和财富才能被创造。每个公司都在用自己的方式，不断地与这种现象抗争。沃伦·巴菲特曾经写道："商业就是一个人想要把这座城堡拿走。现在你需要的是一个具有持久竞争优势的城堡——一个有护城河围着的城堡。"任何行业的护城河都处于竞争者的攻势中，即使你看不见进攻。查理·芒格指出，一个公司的未来不比现在更糟——护城河不断被进攻，它就是一家杰出的公司。

5. "在投资时，我们更多地看人，而不是具体的计划，因为计划会变。"

快速失败是做计划的好方法。往往失败使得失败变小，使成功变大。在小的失败中，你能够不断学到什么是可行的、什么是不可行的。尝试很多的试验，但是不要把赌注押在一个上面：不断尝试，让失败变小。在关系到公司成功的 10 件事中，可能有 3～4 件事你可以控制，竞争者控制另外 3～4 件，剩下的就是运气。我从没见过十全十美的（商业计划）。

你雇用什么样的人，就构建什么样的公司。能适时做出调整的创业者比习惯于遵循严格计划的创业者更有可能取得巨大成功。没有一个计划能在真实的市场中与竞争者和用户第一次接触后仍然能够继续保持原样。投资优秀团队会产生多种选择，因为优秀的团队适应力强。真实世界是动态的，不可预测。有些人认为自己能够准确预测未来，创造出一份详细的五年计划。这样的人肯定不了解商业运作，也没有认真观察过生活。电子表格会和你的假设一样好，当你将垃圾输入电子表格时，输出的也会是垃圾。

6. "每个创业者都会遇到艰难时刻——我没见过任何一个没经历过艰难时期的创业者。创业可能会令人十分沮丧。如果你对你的产品有信心，那就坚持下去。"

在真实世界中运营的真实的公司永远不会是完美运营的。虽然伟大的创始人、首席执行官和投资者都有着成功的强烈愿望，但许多成功都是差几毫米就变成失败，许多失败也是距离成功仅仅几毫米。斯科特·贝尔斯基把人们在车库准备起步做事的美好时刻与公司上市或并购的辉煌时刻之间的阶段称为混乱的中期。正是在这一阶段，日复一日，大部分的工作得以完成，创业者通过解决难题来证明自己的才能。微软早期的高管和投资者曾说："创业者经历的奋斗、逆境、试错以及在夜晚的焦虑，让他们变得更出色、更强大。"

7. "一开始就寻求收购，对创业者而言是再坏不过的建议。对于创业者来说，这只是短期的战术决策，而不是打造公司的长远梦想，在我看来，这种想法通常会降低成功的可能性。"

这种情况我见得太多了。如果对你来说金钱很重要，那么风险投资或创业可能不适合你，你不可能做出正确的决定，你也不太可能快乐。对创业来说，梦想很重要。在创业之初金钱上的巨大回报并不是一件好事。作为一家大型风投公司支持的初创公司的创始人需要的不是理性的行为，相反，做一名创始人需要的是激情。

8. "我们更喜欢技术风险而非市场风险。"

风险有很多种。一种是市场风险，还有一种是技术风险。科斯拉的意思是，技术风险比市场风险更容易弥补，尤其当你是一个熟练的技术人员时。因为有这样的背景和培训，科斯拉给初创公司带来了独特的技术技能，这影响了他对技术风险的态度。此外还有金融、监管和人的风险，公司必须能应对这些风险，才能创造一个成功的公司。

9. "你如何与自己竞争？"

每个公司都应该思考什么会威胁到自己，因为竞争对手都会这么做。我推荐的心理练习从本质上来说是压力测试，问自己："假设我们就是竞争对手，我们会怎么做？"

在大一点的公司里，可能会使用"红队"方法来完成这一过程，就是成立一个独立的小组来挑战组织，以提升组织效益。

初创公司的创始人没有大公司那样的资源，但他们仍然有能力
与他们的团队或顾问一起思考竞争策略。

10. "我通常不太接受大多数高利润率的机会。为什么？因
为这是一个商业战略的权衡：利润率越低，增长就越快。"

这也是杰夫·贝佐斯的立场。竞争对手的高利润率就是你
增长的机会。例如，在利润率低的情况下，绝对自由现金流可
能会更好，因为你可以销售更多的产品和服务，并增加库存周
转。在这方面，亚马逊和 Costco 做得最好。在科技行业，通常
只有一家占主导地位的公司，因此市场份额在很大程度上是举
足轻重的。

11. "大多数创业者失败在他们不知道自己有不知道的
事情。"

问题出现，是因为有很多不确定因素，有时你对
自己没把握。我发现，知道得越少的人，就越觉得有
把握。

最好的投资者和创业者都是"学习机器"，因为他们知道：
学无止境；他们也知道，每个人将不可避免地遇到不可知的未
知（就是泽克豪泽所说的无知）。有些事情你无法预先知道，但
在事后你能看清楚。

12. "创业者需要学习的最重要的一件事，就是从什么人那
儿去寻求哪方面的建议。"

创业者能够得到如此多的帮助，但他们却觉得他
们需要钱。你担心会破产，同时又心怀远大梦想，这

种精神分裂般的左右为难是必要的。成熟的创业者知道这一点；不太成熟的创业者甚至不知道向谁寻求建议，他们会向同一个人询问市场营销和技术问题。不同的问题要问不同的人，无论是成功的人，还是尚未成功的人。

"能力圈"的概念不仅适用于你的技能，也适用于你要讨教的人。沃伦·巴菲特常说，风险来自不知道自己在做什么。明智的做法是：找一些知道自己在做什么的人，向他们寻求建议。你既可以从成功中也可以从失败中学到东西。就这么简单。

20. 乔希·科普曼

首轮资本公司

乔希·科普曼（Josh Kopelman），首轮资本公司（First Round）的合伙人——这是一家种子阶段的风险公司。在成为一名风险投资者之前，他是一名创业者，先后创办了三家公司。当他还在宾夕法尼亚大学沃顿商学院读书时，他创办了自己的第一家公司 Infonautics。1996 年，该公司在纳斯达克上市。1999 年 7 月，科普曼成立了网站 Half.com，人们可以在这个网站上买卖二手书、音乐和 DVD。2000 年 7 月，该公司被 eBay 收购。然后，科普曼创立了反垃圾邮件公司 TurnTide——后来被赛门铁克收购。在初创公司的世界里，科普曼的三次成功记录是很少见的。顾名思义，首轮资本公司专注于帮助种子阶段的初创公司。科普曼的与众不同之处主要是：他来自费城，而不是硅谷。他也是领英和优步等公司的早期投资者。

1. "我们是种子阶段的投资者——喜欢在'首轮'投资——所以我们更愿意与创业者早点见面，而不是晚些时候。（要注意的是，创业者应该已经有一个他们追求的理念，并且愿意全身心投入。）"

首轮资本公司采用了所谓的"平台投资方式"。相较于传统的做法，他们为投资组合中的公司提供更多的资源和运营支持。科普曼表示，当投资者试图增加平台价值时，与尚未做出过有问题商业决策的人合作更容易。换言之，用正确的方法培育人比改变已经建立的模式更容易。愤世嫉俗者可能会说，这是因为投第一美元的投资者的估值更低。非愤世嫉俗者会回答说，当公司有一个良好的开端时，成功的可能性就会上升，因为良好的开端有助于规避风险和不确定性。什么是愤世嫉俗之人？愤世嫉俗之人，在他们闻到花香时就开始找棺材。

科普曼所说的最后一点是：我很惊讶我经常遇到一些人，他们认为兼职工作也能获得专业的投资者的支持。最好的投资者希望他们支持的创业者都能全身心地投入到所做的事情中去。从这一点考虑，使命型创业者更容易成功，因为他们痴迷于业务和用户的问题，并且一直着手解决。唯利型创业者更倾向于回避他们的承诺。

2. "典型的创始人会花时间去选一个创意，创办一家公司（寻找适合市场的产品），使公司发展壮大（增长）。大多数创业者花在创意选择上的时间不到5%。而我相信，创业是成功还是失败，50%以上取决于这一选择。观察1：许多创始人匆忙做出选择。如果你在接下来的 5～10 年里都要做某一件事，那么你必须审慎地选择你的创意。观察 2：根据我的经验，连续创业者更有可能因为自信满满和容易获得资金而匆忙做出选择。"

科普曼给出了一个清晰的排列：选择、开始、发展。每个阶段各有不同的挑战。许多投资者认为，最好的想法似乎是半疯狂的，因为这种"疯狂"程度增加了一种可能性，那就是：有足够的未被发现的凸性来产生大满贯式的经济收益。然而，从财务角度来看，支持完全疯狂的想法是不明智的。有些看起来疯狂的东西实际上是不理智的。就像金凤花姑娘①选择的最后一张床一样，从投资者想要的凸性而言，"半疯狂"通常是"最适合的"。

3. "创办公司是孤独的。每天你醒来，都会有更多的未解决问题和更多的决定要做。找一个志趣相投的团队，因为大家在一起，比你独自一个人能更有效地回答这些问题。"

> 有一个知己，一起解决疑问并共同决定投资者和
> 用户的建议中哪 90% 应该忽略，这是非常有益的。

没有什么能比得上与你信任的人对话、在交流中一起把事情想明白更令人愉快。这个过程就像你写下自己的想法，通过这样的方式，你可以发现还没有想到的东西，并产生新的想法。在你周围有值得信赖的、明智的同事尤其可贵，因为成功没有公式。如果成功有秘诀，每个人都会变得富有。

4. "很多消费品品牌这么说——'我们要把它变成病毒'。

---

① 金凤花姑娘（Goldilocks）喜欢不冷不热的粥、不软不硬的椅子，所以美国人常用金凤花姑娘来形容"刚刚好"。——译者注

达到病毒状态并非易事，如果有病毒按钮，人们将不愿意在广告上花一分钱。病毒营销很难，而且病毒营销必须融入产品中去。最好的病毒传播式的 APP 都是围绕病毒机制建立起来的。团队也一样，建立团队不易。"

卖任何东西都不容易。获得订单并从销售中产生现金，能成功做到这一点的人最应该被奖励。销售人员能够获得较高的薪酬是有理由的。销售不仅是一种真正的技能，而且是稀缺的技能。具有低成本销售能力的公司通常已经创建一个流程，使用户能够自我认识到产品的价值，并传达给其他人。让人们把产品的价值传播给他们的朋友的最好方法是制造真正有价值的产品，这种产品自然而然地让人们忍不住告诉更多的人。也就是说，增长最快、利润最丰厚的公司在没有广告的情况下，以"有机"的方式收获了许多用户。优秀的产品、良好的口碑、用户发自内心力邀他人使用产品，这样的公司，其销售量一定能增长。相比之下，那些必须付出巨大的广告预算才能销售出去产品的公司正在失去优势。

5. "每个商业计划都是错误的，创业者按下'保存键'或'打印键'的那一刻，计划已然过时。变化一直都在发生。"

我一直说，我更愿意投资一位能够适应变化的创业者，而不是一位相信自己有能力预测未来的创业者。但是，适应变化是很困难的。如何才能既保持灵活性，同时仍然坚持以目标为导向的文化？

古语说"做计划很重要，但计划本身并不重要"，很多名人都有这方面的经验之谈。这句话有很多变体，但是中心思想总是一样的。迈克·泰森（Mike Tyson）的版本是："每个人都有一个计划，直到嘴巴挨了一拳。"杰夫·贝佐斯的版本是："任何商业计划一旦与现实接触，就已不是原来的样子。现实总会改变，现实不会与计划一样。"对公司而言，适应能力必不可少。

6."你应该瞄准18~24个月后的跑道后系列种子。筹集后续资金的最佳时机是在你不需要它的时候，而两年的跑道滑行给你在这种情况下着陆的最好机会。"

永远不要出现资金短缺，绝不要。一个企业可以从许多糟糕的情况中恢复过来，但对股东来说，缺乏资金却总是致命的，至少是非常痛苦的。出于这个原因，在资金上拥有安全边际是一个明智的理念。在你需要资金之前筹集资金也是明智的，因为在那个时候你仍然可以和投资者谈判。选择减少支出以应对无法产生新现金流的做法，并不意味着企业就要畏首畏尾、不敢大胆去做，相反，这意味着如果情况恶化，公司有选择权。在管理资金时，企业应该始终小心谨慎，但有些时候尤为重要，因为风险投资具有周期性。例如，2016年2月，首轮公司向其投资的公司发布了一份备忘录，其中谈到：

在会议期间，关于快速变化的融资环境有一段对话。公司（看涨）的一位后期投资者提醒公司创始人，公司不应再依赖于追加后续融资。这位后期投资者说："我们应该像电影《火星救援》中的 Mark Watney 一样行动。我们不可以假设我们会得到一批新土豆来拯救我们。"

7. "面对风险资本，我认为很多人都不具备创业精神。"

风险投资本身就是一项业务，而随着更多的像科普曼一样的人参与进来，新方法将会被开发出来，这是很自然的。风险投资业务的某些方面（如购买被低估的凸性资产）不太可能改变，而有些方面（如投资者与创业者的互动关系）可能改变。我们已经看到了不同的治理方式、投资阶段的重点、创业支持。还可能会有更多对风险投资的试验和修改。

8. "去结识创业者和胜任不同工作的最佳人选，寻找他们需要的能降低业务风险的市场和用户数据。寻找用于瞄准目标的'热追踪导弹'，但要不断地扫描环境，并从繁杂的信息中识别出有用的信息，并据此调整行动。"

随着一项新业务的诞生和发展，会出现很多新情况，需要弄明白许多事情。在完成这些任务时，没有成功手册，也没有公式。科普曼认为，创造性、良好的判断力和对重要性的了解都是有价值的。最好的创业者知道何时以及如何适应不断变化的世界。

减少风险是好的创业者每天都在做的事情。

9. "以比你希望的额度小一些的资金起步，并把它们当作学费。"

风险投资业务需要时间来学习。任何一个新的投资者都会犯错误，尤其是刚开始的时候。尽管这些错误会带来金钱损失，但科普曼认为，犯这些错误是一种必要的、有价值的学习方式（也就是像交学费一样）。只有犯错，才能学习成为一名好的投资者。好的判断来自经验，而经验往往来自错误的判断。如果你没有认识到自己的错误，你就没学到东西。

10. "你的业务可能不具备风险项目的回报特征，但仍然可能会有非常高的回报！或者，也许投资者对你的团队并不是那么上心（他们永远不会让你知道）！"

> 选择那些更大的创意。有些创意一旦成功，会带来巨大的影响。很有可能你不能成功，但是，一旦你获得了成功，所得回报会让你觉得值得付出。

不是所有的业务都要募集风险资金。有时，创业者依靠自己创业更好。而且，在创业的时候，没有风险资金支持是常见的，也是正常的。大多数业务都不需要也不应该募集风险资金，因为不是每项业务都有可能产生巨大的财务回报。

11. "我们拼尽全力让好运降临。"

科普曼幽默地告诉我们，忙碌、技巧和努力都能带来丰厚的回报。有些人称之为运气，但事实是，成功是努力工作的结果。如果你能勤奋而努力地工作，并运用技能来改变成功的可能性，那么这些行动所带来的改变不是运气，而是能力。

12. "公司的成果应当驱动风险投资的回报。当风投所需要的回报驱动公司的成果时，那就是有问题的。"

> 以 4 亿美元风险基金为例。要在 6 年内保持每年20%的回报率，他们需要将基金的规模增加 3 倍，或者说返还 12 亿美元。加上管理费和业绩报酬，你就必须返还 15 亿美元。假设基金公司在退出时拥有所投资

公司 20％ 的股份，他们需要创造 75 亿美元的市场价值。因此，假设一家风险投资公司在同一个基金中投资了 Skype、Myspace 和 YouTube，他们只实现了一半的目标。当真吗？10 年前，任何一笔这样的交易都可能（应该）创造一只基金。由于这个新算法，风投们最终会把注意力集中在长期投资（或者是登月计划）上，并且频繁地取消中期退出的选择权。正是由于风险投资计算法的挑战，首轮公司选择募集规模相对较小的基金，这使得我们能够继续进行平均 60 万美元的初始投资。我懂得将一个人的时间和资本与优势项目结合的重要性，并认识到，投资者对项目的持股必须有一个最低的门槛要求，这样他们才会对项目投入必要的时间和精力。对于一个投资者来说，花时间并加入只持有 2％ 股份的公司董事会有意义吗？答案可能是否定的。然而，25％ 和 20％ 的所有权之间的差别，甚至 20％ 和 10％ 之间的差别，不应该成为阻止风险投资公司投资有前景的项目的因素。

初创公司及其投资者的利益并不总是完全一致的。最好的投资者首先把公司的利益放在第一位，而如果做不到那样，他们就不会参与其中。这说起来很容易，但在实践中有时却很棘手。在这件事情及其他一些事情上，创业者最好的信息来源是其他创业者。创业者应该对他们的潜在投资者进行尽职调查，因为这种关系将持续多年。

21. 李宏玮

纪源资本

2005 年，李宏玮加入纪源资本，成为管理合伙人。她在树立纪源资本在中国的地位方面起了重要作用。她曾在新加坡航天科技集团、摩根士丹利、集富亚洲工作过，在运营和金融方面积累了丰富的经验，这些经验使得中国许多创业者选择她做董事会导师和投资者。

1. "初创公司不是一个对象，它们因为背后的人而成功。"

优秀的人才、有吸引力的市场和重大的创新是所有成功公司具备的三大要素。投资者对创业者的要求是——必须是特定的某种人。创始人必然是独一无二的，但他们往往会有某些共同特质。其中一个必需的特质是对创业的激情和信念。其他还有毅力、好奇心、精力、沟通技巧、销售技巧、专注、决心、智慧、适应变化的能力。这些特质不仅要能在创始人身上找到，而且要能在与他们一起创建和运作公司的团队中找到。无论如何，拥有一个多元化的团队很重要。

2. "创业者必须渴望学习新事物，必须有尽管有人反对也要坚持自己的判断的毅力——很可能会有很多人反对。最后，还要有坚定的信念，相信一个人或一个公司可以创造能改变世界的产品或商业模式。"

你必须相信，你能够将路上的一切障碍清除干净。

自信和谦逊可能被认为是一种奇怪的组合，但那些既自信又谦逊的创业者很可能会成功。一个创业者可以对自己所知道的事情充满信心，同时又对自己所不知道的事情保持谦逊。查理·芒格之所以如此聪明，部分原因在于他相信："知道哪些是自己不知道的比聪明更有用。真正的认知是了解一个人无知的程度。"成功的创始人往往有鲜明的观点，但不设限。如果你没有鲜明的观点，你很可能没有做足够的研究，而且很可能并没有弄清楚问题的正反两面。而如果你有鲜明的观点，并且是很坚定地持有该观点，你就不大会随着新信息和想法的出现而总是做出改变。

3. "我们正在寻找 2% 的人，他们将改变这个世界。"

要想实现一个大满贯的结果，投资者必须找到那些想用他们的产品或服务来改变世界的创业者。最好的投资者总是在寻找不同寻常的人，从风险投资业务模式设定的高标准就可以看出这一点。

4. "我是一个直觉很好的投资者。"

在风险投资中取得成功没有什么公式可循。要是可以机械地采用简单的成功公式，那么每个人都将很富有。然而，也有一些通用的原则可以增加成功的可能性。投资者需要不断地在新领域中去寻找，才能在竞争激烈的投资中发现未被发现的凸性。一旦潜在的投资机会开始不断出现在报纸和科技博客上，最好的时机往往已经过去了。新方式必须是完全标新立异的，业务必须有一个与以前的方式完全不同的关键元素，这个不同的东西总是有别于前一次的不同。

5. "这是一个充满艰辛的市场，要找到宝石，需要接受更多的挑战。但这也是一个创业的好时机，创业者的素质提高了。我喜欢这个冬天。"

通常，创业的最佳时机是在经济低迷时期。在金融市场调整中，对最好的人才的争夺不那么激烈，而市场的竞争通常也是如此。在经济低迷时期，分散公司注意力的声音也更少，这使得公司更加关注商业的基本面。在一个艰难的市场中，人们往往很少有时间去思考像转型这类分散注意力的事情，而更专注于把事情做好。

6. "对于处于后期发展阶段、将要寻求上市的公司来说，市场的波动的确会有影响。如果公司处在创业的早期阶段，那么我会说，资本市场的影响并不大，但的确会影响这些公司如何考虑资本的质量、资本的稳定性及资本背后的投资人。"

在经济低迷时期，对于处于初期阶段的创业公司来说处境相对好一些。从另一个角度讲，当处于糟糕的融资环境中时，如果公司需要大量的资金，那么这并不是一种理想的状态。对于业务正处于第一个周期的公司来说，如果投资者的资金流出现枯竭，一定会令人手足无措。换句话说，筹集新的资金变得很难或者根本不可能。准备好备用计划，以防筹集不到新资金的情况出现，这是明智之举。

7. "创始人应该充分理解公司、所在行业、风投公司及合伙人之间的匹配。"

每个创始人和初创公司都有不同的技能、资源、人才和需求。正如每个风投公司一样，每一位投资者都是独一无二的。"创业者-投资者匹配"足以成为建立一个成功公司的重要因素。创始人通过广泛的尽职调查找到合适的投资者是明智的，反之亦然。在做出选择之前，创始人应该同其他创业者分享各自与每个投资者的合作经历。选择投资者就像决定和某人结婚一样。遗憾的是，有时只有一个人愿意拥有你，但那并不是你心中的理想状态。

8. "如果产品足够好，用户就会愿意付费购买。"

与习惯了使用"免费"服务的用户相比，企业用户更愿意为服务付费。在免费增值模式的免费阶段，我们希望用户通过自我教育，以一种低成本的方式了解产品的好处，并最终成为付费的用户。免费增值模式的核心在于，降低用户获取成本。如果你的竞争对手正在使用这种"土地和扩张"的方法，而你没有采用这种方法，那么你的价格往往会跌下来。

9. "实现收入不再仅仅依靠广告。中国的年轻一代为游戏付费，甚至为不需要的东西付费。他们为虚拟物品付费，然后感觉自己看起来就像一个国王。他们开着虚拟的宝马车去听一场线上音乐会。他们考虑的是：是否会排队、堵在路上、买一张 300 元的票，然后被困在礼堂里？是否可以在网上花 100 元做同样的事，看上去像个国王一样？所以，时代已经发生了变化。因此，如果你有用户，任何公司都应该尝试通过各种方式获得收入。现在我们这样说我们的首席执行官——当他们说'这就是西方的行事方式'时，我们说：'看看东方是否做得更好吧！'"

在中国的二、三线城市，由于缺乏成熟的线下销售渠道，许多服务和产品在线下买不到，产品和服务缺乏多样性和便利性。因此，对于用户来说，电子商务具有非常自然的基于交易的价值。由于阿里巴巴和腾讯进一步努力将用户手机与支付服务提供商联系在一起，支付的便利性已经大大促进了电子商务的发展和随时随地运用移动设备进行交易。

中国不仅是一个巨大的市场，也是全球供应链的关键组成部分。作为大多数公司的市场和供应基地，中国不可忽视。因此，对于一个公司来说，要考虑的问题不是是否与中国打交道，而是如何与中国打交道。我在韩国首尔工作了四年，甚至写了一本关于在那里如何做生意的书。从我在韩国的经历，以及后来在澳大利亚的经历中，我认识到，尽管我生活在那里，但我对这些国家仍然知之甚少，我仍有很多东西要学。在与一个你非本地人的国家和文化打交道时，明智的做法是尽可能多地了解你所不知道的东西。为了更好地处理文化差异带来的问题，最好是有一种关系心态，而不是交易心态。

10. "我们今天听到的最常见的问题之一是：'我怎样才能把我的模式带到另一方？'美国的公司高层总是来找我们说：'我一想在美国做某件事情，就想着是不是应该先在中国做这件事情，这样更好？'如果你是一名创业者，你就不要再只是想着'我的家乡'了。有些人是基于这样的想法：'如果我不以全球为背景来做这件事，有人就会来模仿我。'我在中国，有人会在美国复制我；我在美国，有人会在中国复制我。"

很久以前，人们一度认为创新源自西方，然后又搬到了中国。如今是双向的。这是一件非常好的事情，因为世界从更多的创新中得益。

11. "如果没有中国你也能做好，而且你又害怕在那儿设立公司，那就别去了。但如果你从事制造业，90％的供应链都在中国，那么，如果不去，你将会失败。"

也许你能在越南找到剩下的10％，但价格不会是相同的（不管怎样，你都会遇到同样的问题）。如果你的公司需要你在中国，那么我的建议就是思考如何更好地了解中国。就这么简单。没有完美答案。

李宏玮的意思是，与中国打交道并非易事，成功需要勇于担当。她还说："对于制造商而言，中国不仅是一个巨大的市场，而且是全球供应链的重要组成部分。对任何公司来说，中国都是一个巨大的机遇，而且在某些行业，这是不可忽视的。

没有什么可以替代从了解中国当前商业环境的人那里获得有价值的帮助。中国的商业环境会迅速而显著地改变。我在亚洲生活和工作了 5 年，但是如果没有充分了解中国目前情况的人的帮助，我无法在中国工作和生活。"

12. "我离开了新加坡航天科技集团提供的铁饭碗，朋友们都说我疯了。但我一定要冒这个险。想要得到你想要的，就必须自己去争取。"

从康奈尔大学毕业后，李宏玮开始在新加坡当一名航空工程师。她本可以一直做那份工作，这样她的经济状况会很稳定。但相反，她做了她必须做的事情来实现自己的目标。对于那些相当看重安全的人来说，初创公司并不是一个好地方。事实上，大多数初创公司都失败了。白手起家创立公司，艰辛是不可避免的。

埃隆·马斯克以生动的方式描述了这个过程："我的一个朋友说，创业就像一边咀嚼玻璃、一边凝视深渊。过了一段时间，你就不再盯着看了，但是嚼玻璃却没有尽头。"如果你不是使命型创业者，那么你在风险世界中可能就忍受不了许多的拒绝和困难。投资者从经验中知道，按别人的想法或梦想做事的人比那些试图实现自己梦想的人更缺少坚持下去的动力。许多初创公司在最终实现成功之前都是离失败咫尺之遥。熬过所有的嚼玻璃的阶段，是一项最适合使命型创业者的工作。

22. 道格·莱昂内

红杉资本

道格·莱昂内（Doug Leone），红杉资本的管理合伙人。自 1993 年以来，他一直是红杉资本的合伙人。在 1988 年加入红杉资本之前，他曾在 Sun 公司、惠普公司及 Prime 公司工作，做销售和销售管理方面的工作。他投资的公司包括 Guardent、ServiceNow、Aruba、Meraki、Rackspace、Netezza、Arbor/Hyperion、RingCentral 和 MedExpress。他获得了麻省理工学院管理学硕士学位、哥伦比亚大学工业工程硕士学位，以及康奈尔大学机械工程学士学位。他目前负责红杉资本对 Rackspace 公司和 Vina Technology 公司的投资。

1. "我们希望从第一天起就能成为创业者的伙伴······很多很多年后我们明白，一个人的 DNA 在最初的 60～90 天内就被设定了。"

　　莱昂内在这里引用了遗传学的概念。一家公司的 DNA 是什么？在我看来，它包括文化、价值观及一系列最佳实践。最佳实践不能简化为公式，因为每个公司都是不同的，但我们可以学习其他公司的最佳实践。在我生活中一个神奇的阶段，我学到了我所了解的最优公司文化和最佳实践。那时，我参加了一系列会议，跟着克雷格·麦考见到了各行业的大佬，人们来拜访他。在这段时间里，包括 Dish Network 公司的查理·埃尔根（Charlie Ergen）、波音公司的艾伦·穆拉利（Alan Mulally）和 Palm 公司的杰夫·霍金斯（Jeff Hawkins）在内的一群高管们进入了我的生活，我在他们参加的会议上学到的东西令人震惊。我努力像海绵一样吸收知识和最佳实践，并把他们 DNA 中最好的部分转化为我 DNA 的一部分。

　　2. "做风险，'大'是'出色'的死对头。你需要非常小而精的团队，与运行一个工程部门一样。"

　　莱昂内认为，小团队做出的决策更好（也就是说：人多手杂反而坏事）。莱昂内希望找到明白强大团队和团队精神重要性的创始人。比如，他寻找使用"我们"而不是"我"这个词的创始人。他建议创业者"尽量少募集资金来帮你完成你想展示的东西——可以只募集 1/4 或 1/2，这样你就有了一点缓冲——然后再筹集一些钱。尽量少募集——而不是需要多少募多少——因为这是你将出售的最昂贵的股票"。他也说过："慷慨地对待你早期雇用的工程师。这些工程师是你应该投资的，因为如果前两三名工程师你请错了，你就完了。"

3. "我们很乐意帮助初创公司招聘前三、四、五名工程师，但我们坚信，招聘是初创公司应该学习和掌握的核心竞争力。"

团队组成及成员之间的默契决定了公司能否成功。既然出色的人以非线性的方式吸引着其他出色的人，那么用招聘的方式获得一个强有力的早期团队是至关重要的。莱昂内认为，如果一家公司在获得投资者的帮助后，仍然无法招聘到自己的员工，那么它就有麻烦了；相反，初创公司如果在吸引优秀员工方面更胜一筹，那就步入正轨了。当一家公司开始思考"那家公司是如何招聘到像她或他这样有才干的人"时，这是该初创公司将会成功的一个很好的标志。

4. "有三种类型的初创公司：（1）太年轻，很难判断狗是否会吃狗粮；（2）有明显的市场前景；（3）不幸地被困在销售这个环节上或者产品很难销售出去。诀窍是，要远离第三类公司。如果你是一位领域专家，并且你对产品或市场有信息层面的见解，那么你只能去第一类公司。最好的情况是，最终做到去第二类公司。"

在这番话中，莱昂内向销售人员就决定是否加入初创公司时的相关考虑因素提供了建议。对于一个没有领域相关知识的销售人员来说，最好的情况是发现产品与市场匹配，并且有销售前景（类型2）。换句话说，狗在吃狗粮，而且想要吃更多。莱昂内还指出，如果一家公司还没有建立产品与市场的契合（也就是很难判断狗是否会吃狗粮），那么对于一个普通的销售人员来说，把机会留给那些拥有领域知识、特殊技能和能力的人是最好的（类型1）。当被提供类型3的工作机会时，销售人员应该拒绝。

5. "小公司实际上有两个优势：不引人注目和速度。对于小公司来说，最好的办法就是远离鸡尾酒会。"

初创公司在开发产品或服务时需要获得反馈。说到这一点，初创公司需要花很多时间来宣传其产品，直到时机成熟。初创公司需要通过展现核心产品价值来证明价值假设，在这个过程中有很多事情要做，那么参加像鸡尾酒会这样的非必要活动就是不珍惜时间。

6. "不要把创建一家公司的成本和打造一家公司的成本混为一谈。"

创建一种产品或服务，并实现产品或服务与市场的匹配，这只是迈向成功的几小步。只有当一家公司实现了销售，并且它的营销和分销渠道都在逐步发展到更大的范围时，它才开始成功。实现产品与市场的匹配和公司发展扩张，这二者之间存在巨大的距离。

许多诱人的商业机会不需要也不应该涉及风险投资。本·霍洛维茨写道：

> 建立现代公司并非低风险或低成本的，例如，Facebook面临着大量的竞争和市场风险，而且它筹集了数亿美元来建立其业务。但是，Facebook最初的产品成本不到100万美元，它也并不需要聘请负责生产或建造工厂的负责人。

7. "招聘一位想要证明自己的人。"

> 我们想要的是出身低微、非常想要成功的人。

莱昂内超级喜欢聘用渴望成功的人。最好的投资者更喜欢使命型创业者，而不是唯利型创业者。而那些想要证明自己的人往往是使命型创业者。我确实遇到过一些人，他们在创业之前几乎一无所有，这让他们奋发图强。另外，我在自己的生活中发现，许多有舒适的金融背景的人也有很强的追求成功的动力。比尔·盖茨和克雷格·麦考就是两个很好的例子。

8. "要无比自私地对待你的股权。"

那些不谨慎对待股权稀释的创业者往往会学到一个关于以太便宜的价格出售股权的惨痛教训。创始人需要股票来补偿关键人物，让他们有动力"全部留下"。比尔·格利曾表示，他看到一些公司进行了一轮或两轮天使轮融资，并最终放弃了公司一半的股权。风险投资行业有一句老话：有三种现象会破坏即便是最完美的投资——第一是稀释，第二是稀释，第三还是稀释。

风险投资公司安德森·霍洛维茨基金在给创始人的建议中指出，投资中会涉及许多种权衡。

> 考虑估值的最简单方法是它提供的相对于稀释的权衡：随着估值上升，稀释也会减少。对于创业者和其他现有投资者来说，这显然是件好事。然而，对于一些初创公司来说，存在另一个难题：他们可能面临一种额外的权衡，即估值与"结构"的权衡。这让我们想起了一句古老的格言：

"你定价格，我定条件。"

9. "天使带来了什么不同的知识？不要只是和那些花钱大手大脚的人在一起做天使投资。"

如果在既增加了资金又带来了其他贡献的天使投资人，和只提供资金的天使投资人之间做出选择，那么创始人应该选择前者。如果你有一个优秀的团队，并且有具有显著凸性的有吸引力的产品，那么筹集资金并不是问题。然而，创业者们越来越意识到，他们需要的不仅仅是投资者的钱。基于这个原因，你会看到越来越多的投资者通过博客和社交媒体向创始人表达这一点，即他们对公司的贡献有比金钱更多的东西。

什么时候适合从天使投资人那里筹集资金呢？本·霍洛维茨写道：如果你只是一个开发产品的小团队，希望试试看市场是否需要这种产品（言外之意是，如果不行，你就会转而再尝试别的东西），那么你不需要董事会和很多钱，天使投资可能是最好的选择。

10. "有一些风险创业公司从来没有产生过正向的回报，甚至对于成功募集上来的资金十年间都没有产生过收益。这让我很惊讶。人们谈论前1/4成功的公司——其实并不是前1/4，而只是前1/10，甚至是更小的子集。"

许多养老基金和大学基金对其投资有大约8%的财务回报预期。与捐赠基金或养老基金相关的人都不喜欢听到要求他们所在的组织削减开支或增加贡献的消息。为了实现预期的财务回报，基金经理可能会说服自己，即他们可以通过风险投资资产类别获得高回报，尽管这意味着投资于处于业绩最低四分位数的公司。这样的决定可能会导致更多的资金进入风险投资资产类别，而如果经济状况良好的话，是不会出现这样的情况的。

11. "请记住，我们从事的是风险投资业务。它被称为风险资本，因为没有什么是确定的。但如果你看看我们的投资组合，你就知道它并不包括 Twitter，也不包括 Pinterest。在过去的四十年、五十年中，我们犯过很多错。但我也要告诉你，我们有很多很多正确的决定。"

风险投资是一种你肯定会犯错误的工作，因为风险投资与凸性紧密相关，而凸性本身就是关于错误定价的。就像贝比·鲁斯一样，最伟大的投资者大量出击，有时会获得大规模的大满贯。值得强调的是，莱昂内谈论的是不确定性而不是风险。不确定性实际上是投资者的朋友，因为有不确定性才会有错误定价的机会。如果没有错误定价的资产（比如其他人的错误），你就不能有超出市场水平的表现；而只有存在不确定性时，资产才会被错误定价，从而有获得高溢价的机会。

12. "如果你在克利夫兰，那我们帮不了你。"

地理位置仍然很重要，这就是为什么有些城市可以从集聚效应中受益。如果风投公司离初创公司太远，那么除了钱以外，投资者很难提供更多的东西。如果除了钱以外并没有其他的东西，那么莱昂内认为，公司的成功概率比不上那些投资者除了提供资金支持外还有其他支持的公司。莱昂内已经帮助红杉资本在海外建立分支机构，他相信海外城市的红杉投资者能够帮助这些城市的初创公司。唐·瓦伦丁（红杉资本创始人）赞同莱昂内的看法：

> 30 年来，我们一直没有说服自己在波士顿设立分公司。要长期保持良好的表现是一件非常困难的事情，需要很多深思熟虑的综合决策。我们在硅谷的投资中犯了足够多的错误，以至于我们不能保证可以在 3 000 英里以外的地方成功，更别说在 8 000 英里以外的地方。

如果一个城市距离投资者所在的地方只有几小时的路程，我认为这条规则并不适用。例如，许多来自旧金山的投资者在西雅图投资成功，反之亦然，这并不意味着其他城市不能有自己的本地风险投资来源并取得成功。有些人在试图做这样的事，这是否能在更大范围内取得成功引出了一系列不同的、复杂的问题，这些问题足以再写一本书。

23. 丹·列维坦

Maveron 风投公司

1998 年，丹·列维坦（Dan Levitan）与星巴克首席执行官霍华德·舒尔茨共同创立了 Maveron 风投公司。列维坦大力提倡风险投资业务专业化，并强调寻找正确的人生导师的重要性。列维坦成功投资了许多公司，包括 Capella 教育公司、Quellos 集团、Potbelly、Zulily。列维坦毕业于杜克大学和哈佛商学院。毕业后，他在投资银行工作了 15 年，主要负责消费业务。在其银行业生涯中，列维坦帮助了 100 多家公司上市。作为施罗德集团的董事总经理，他领导了该公司的消费品业务，并成立了西海岸投资银行分部。列维坦 1991 年遇见了舒尔茨，当时星巴克开始计划其首次公开募股。

1. "要有合适的团队。我认为，初创公司的关键第一是人，第二是人，第三还是人。"

我们可以找到出色的行业或业务，但由于我们投资时还处于早期阶段，所以我们看重顽强的勇气、决心、资源和能力，只有具备这些东西，公司才可能发展得好。

投资者越早投资于一项业务，不确定性越高，也就越意味着投资是购买被错误定价的凸性。真正具有颠覆性的初创公司的未来是如此不确定，以至于能够迅速应对意料之外的变化的创始人和团队成员具有巨大的价值，这种能力被称为多选性。成功的投资者也知道，团队默契是至关重要的。当你与你了解和信任的人一起工作时，会产生高效率。你对团队的人了解得越多，就越有可能创造一个完全信任的环境。成功的投资者和创业者都非常专注于寻找优秀人才。他们花在招聘上的时间比大多数人想象的要多得多，因为他们知道一个强大的团队对于成功起着决定性的作用。

2."我们寻找杰出的创业者，他们有潜力创造出大公司。18 年过去了，我支持过 100 多名创业者。我认识到：既能战胜创业的挑战，又能创建一家改变人们生活的大公司的，一定是不同寻常的人。"

并非这个创始人成功了，其他人就很难再取得成功，所以对于创始人来说，一切并非零和博弈。但是，伟大的创业者和伟大的创意实在很少，所以对于风险投资者来说有点像零和博弈。

风险投资人弗雷德·威尔逊曾经写过一篇颇有名气的博客文章，讨论了限制风险投资模式可复制性的因素，也就是限制能带来经济增长、生产力发展及就业的创新公司数量的因素。列维坦和其他许多人认为，限制创业的主要瓶颈是出色的创始人数量有限。

怎样才能成为一个伟大的创始人？列维坦的 Maveron 公司列了一份清单：

（1）工作速度超快。

（2）具有高超的沟通技巧，表现在与团队、投资人和合作伙伴的沟通中。

（3）自知，并能不断完善、提升自己。

（4）在"了解"和"注重细节"之间掌握很好的平衡。

（5）是一位全明星的猎头，把团队建设放在第一位。

（6）注重为投资人创造价值。

（7）既可以销售产品，也可以推销愿景，全方位了解用户。

（8）具有从过去的经验和关系中获得的细分类别优势。

（9）是一个以数据为基础的决策者。

（10）拥有富于感染力的热情和不屈不挠的毅力。

很难找到一个具有该清单中全部属性的人，但还是能找到的。当投资人看到这些特征时，他们几乎总会急切地投资这样的人创建的公司。

3. "首席执行官是如何招聘员工的？如果是创业两年之内的公司（种子轮之后），并且公司认为招聘很重要，但还没有招聘到足够优秀的人，首席执行官就应该好好想一想了。最好的大公司似乎总是能招到他们原本根本不可能招到的人。"

Maveron 公司所列的创始人最理想的品质之一是"他是全明星猎头"。优秀的创业者懂得如何推销，而销售技巧的一个重要表现机会就是招聘。如果创始人不能向员工推销公司的愿景和前景，也就很难向潜在用户销售。创业初期的员工招聘尤为重要。关于聘用合适人选的重要性，列维坦引用了 Maveron 公司的联合创始人霍华德·舒尔茨的话："如果你打算建造一座100 层的摩天大楼，要确保每个细节都是完美的。"舒尔茨的意思是，早期招聘非常重要，因为早期招聘的人员是未来发展壮大的公司文化的基础。

4. "我们总是谈论你如何由内而外建立一个品牌，而不是从外到内。品牌不是包装。品牌建立在创始人的价值观基础上，然后传播给为公司工作的人，这种心理契约再传播给用户。"

用对人，公司好的东西自然会传达给用户。

当谈到建立品牌时，列维坦认为这个过程始于人。创始人看重的是什么？员工如何将那些价值传递给用户？舒尔茨的另一句话很好地说明了一切："你必须坚守一些重要的事情。你做人的核心目的和理由是什么？这些应该是你的边界。在此边界之内，你为用户带来价值和意义。"

5. "早期资金是不可替代的，它表明一种态度：要确保你车上的人是你愿意与之同行的人。"

早期投资尤其跟人有关。

此时此刻，如果你还没有弄清楚为什么列维坦认为人在任何方面都比其他变量更重要，那么你显然没有专心。创始人必须是出色的人，团队必须由出色的人组成，品牌始于出色的人，投资人也必须是出色的人。一个出色的人的品质包括：值得信赖、忠诚、乐于助人、友好、谦逊、善良、开朗、节俭、热情和勇敢。对任何事而言，都是如此。但在投资人身上，有一些特定的品质很重要，如使命感，以及对创造有价值的产品和解决用户问题的热情。列维坦的意思是，从投资人那里收到的钱可能附着一个很高的价签，所以选择投资人很重要。有的钱非常昂贵，有的钱则可以增值，了解其中的区别很重要。当你选择与出色的人一起工作时，生活就会更加美好。

6. "我在30多岁和40多岁时，大多数时间都用在了培养导师上。随着年龄的增长，把这个过程反过来很有趣，找到想要被指导的人很有意思。"

比尔·坎贝尔是我的导师之一。他总是强调"产品，产品，产品"。霍华德·舒尔茨却说，你首先要聘用的是人力资源部的人。

列维坦说他有四位最重要的导师：霍华德·舒尔茨、比尔·坎贝尔、杜克大学的麦克"K教练"、乔尔·彼得森（Joel Peterson）。这些导师各不相同，会给列维坦带来不同的技能和特质。正如列维坦指出的，他们在某些观点上意见不一致。这没关系，事实上也是可取的。在你的人生成长过程中，你可以说："我真的很喜欢某人做某事的方式。"但是，你不必接受此人做的每一件事，你仍然可以从与他的关系中获益。拥有一些导师，就像在超市购买食材一样。当然，能做到像某人一样去做某事，说起来容易做起来难，但至少你知道你想成为什么样。聆听列维坦谈他的导师是一件非常有感染力的事情。举个例子，麦克"K 教练"教给列维坦以用户为中心成功的核心经验是：不断问自己"你热爱你的团队吗？"

7. "在风险投资中赚钱的方法有很多，让你变得平庸的方法更多。我们相信，世界需要的不是多一个商业化的风险投资公司。我们的理论是，科技公司的经营特征将以一种前所未有的方式融入消费品公司中。技术将驱动面向消费者的品牌。"

> 我们决定把关注点放在消费品市场，并且只投资于终端用户消费品牌。效果比以前更好，因为我们得到了更多这种类型的初创公司；我们发现了大量面临相似问题的公司，这对创业者有帮助；我们的有限合伙人正获得更稳定的回报。

列维坦认为，随着竞争的加剧，风险投资公司将日益专业化。Maveron 风投公司决定"只专注于消费市场"的做法，就是在践行这一观点。当你专心做某件事时，你往往会变得更擅长这个方面。当你做得更好的时候，人们就会来找你，这让你好上加好。如果你不断强化在某领域的专业技能，良性反馈会带来很强大的效应，并进一步反映在财务回报上。

8. "我们涉足创业，但我们在这方面很差。要做好真的很难。我们问自己，每个初创公司也都应该问问自己：'你哪里做得比别人好？而这种优势对你有什么利？你怎样才能做好？'"

在实施"能力圈"方法时，价值型投资者会提到列维坦这里所说的话。IBM 创始人汤姆斯·沃森是应用能力圈的好例子，他曾说："我不是天才，但我在某些方面很灵通，我就一直做跟这些方面有关的事。"通过发现并专注于你作为投资者真正擅长的方面，你就可以形成自己的投资优势。每个投资者都有自己的长处和短处，你越早认识到自己的长处，就会越快取得成功。

9."我认为，有许多诱惑让你想做大，尤其是当媒体问'你的基金有多大'时。其实，基金里面有什么才是更重要的。我们多年来所学到的是，成功的公式之一是：基金小一点，只要其中一两个重要的胜利能够真正产生积极的影响就可以了。成功的投资人所面临的挑战是：保持小规模，并将基金的筹集保持在最初取得成功时的界限内。"

当管理的资产额达到一定规模后，规模可能对业绩产生不利影响。有时，管理 5 亿美元并不比管理 5 000 万美元需要付出更多的努力。但是，一旦达到一定的规模，你就不可能在一个生意中投入更多的钱，所以你必须找到新的业务，并且你需要有足够的时间来投入新的业务中去。优秀的创业者数量有限，他们都在以合适的生意抢占巨大的市场。一些风险投资公司做得太过了，给一些会拖累收益的创始人投资。就像金凤花姑娘原则一样，你要寻找的是在基金规模和给每个公司的投资额之间恰到好处的那一个点。

10."资本并不是创业成功路上的障碍。有足够多的钱，在等待着拥有真正好产品的优秀的创业者进入正确的市场。"

为一个新业务筹集资金并不容易，但如果你有一支优秀的团队，他们能用创新的方法解决某个真正的问题，那么筹集资金不是你的最大问题。列维坦主要关注的是消费品创业者，但他的观点适用于当前许多经济领域。如果创业想法合理，并且有很好的市场和很好的团队，那么就不会缺资金。

11. "在我们投资的最成功的项目中，确实有一些是违背传统的。"

> 在过去的 16 年里，我们的确投资过一些易于理解、符合常理的项目，项目也很成功。但大多数时候投资的项目并不是易于理解、符合常理的。

列维坦和他的公司选择了专业化，而随之而来的是"不同凡响"的机会。对一些人来说，做一个反向投资者可能会令其感觉不安。太多人宁愿在按部就班中遭遇失败，也不愿不按常理出牌去获得成功。伟大的投资人总是能很舒服地享受与众不同。

12. "我们每年会收到 1 000 多份融资申请，会做 4～7 个核心投资和 15～25 个种子投资。如果初创公司没有以某种方式被我们知道，我们就很难真正地关注到它。"

如果我们把 10 万美元投入种子期，我们就想获得做 A 轮投资的权利。

列维坦认为，Maveron 公司的职责就是及早做好选择，然后尽自己最大的努力成为最好的合作伙伴。他把风险投资看作一项服务业务，而一旦 Maveron 公司加入初创公司的团队中，它会让初创公司业绩出色。

每年整理 1 000 多份融资申请绝非易事，这一过程不可避免地意味着你必须传递大量的"否定"信息，只有少量的"肯定"信息。对于任何一个投资人来说，深思熟虑后给出"否定"信息是最困难的工作之一。在审核初创公司的融资申请之前，可以请它们提供推荐人，这样做可以实现三个目标：

（1）起到过滤的作用，从而使决策更轻松。

（2）减少需要听的创业者融资演讲数量。

（3）考验创业者。（如果创业者无法找到推荐人，说明他们资源不够丰富，可能没有很好的推销技巧。）

在这个阶段，投资人最怕的就是遗漏掉一些优秀的项目。每个投资人都经历过与巨大成功失之交臂的情况，这其实也是作为投资人必要的经历。只要你能获得属于自己的成功，遗漏的过失其实可以忽略不计。

24. 杰西卡·利文斯顿

Y Combinator 孵化器

杰西卡·利文斯顿（Jessica Livingston）于 2005 年 3 月与人合伙创办了世界上最大、最成功的创业孵化器——Y Combinator 孵化器（YC）。她是这家创业孵化器的合伙人，也是公司运营的驱动力。她丈夫保罗·格雷厄姆也是合伙创始人，格雷厄姆说过："我们作为一个组织所做的一切都是首先由她经手的——投资、公关、合作、招聘等方方面面的事情。"利文斯顿写过一本书，名为《创业者：全世界最成功的技术公司初创的故事》（*Founders at Work*），这本书是根据对创业者的访谈写成的。利文斯顿曾经说过，写这本书激发了她帮助早期初创公司的想法，并最终使她想要创办 YC。在合伙创办 YC 之前，利文斯顿是 Adams Harkness Financial Group 的营销副总裁。

1. "我当然认为 YC 从很多方面来看都是初创公司。我们的最初经历与其他初创公司的起步非常类似。我们发现了某个问题或痛点，并认为我们可以做一些很酷的事情来解决它。"

我们在 2004 年开始谈论融资领域的衰败……最终真的发生了。

风险投资业务经历了发展和创新，并且还将继续发展和创新。利文斯顿说，YC 的发展就是很好的例子，反映了初创公司走向成功必须经历的。对于一个公司来说，可持续成功的关键在于解决真正的用户问题的实实在在的方法。利文斯顿和 YC 其他合伙创始人发现了创业成功的关键三点：（1）核心产品价值；（2）将核心产品价值成功交付给用户的方式；（3）利用网络效应和累积优势给竞争对手设置显著障碍。像安德森·霍洛维茨基金、基线创投、Benchmark 资本和红杉资本等公司在如何经营风险投资业务方面有相似之处，但也存在显著差异。

2. "起初，我们面向程序员，是想教他们运营一家初创公司时商业方面的东西。"

利文斯顿所描述的是崇高的使命。

当有创意的工程师无法成功地将创意推向市场时，巨大的价值就被锁住并在社会上流失。在我的职业生涯中，我大部分时间都在与工程师打交道，而这些工程师不懂商业知识，有时会面临挑战。我见过形形色色的工程师——从对商业几乎一无所知、仍然没有学习欲望的工程师，到堪称商业专家的工程师。

我所见过的最有商业头脑的是比尔·盖茨，他为我培育工程师商业头脑的目标提供了一个好榜样。从在阿尔布开克创办第一家公司起，盖茨就一直负责微软公司商业方面的事情。多年来，他一直是首席财务官和首席执行官，与用户签订合同是他的职责。盖茨之所以能够做出明智的决定，得益于他的成长环境，他的父亲是一位律师，母亲是许多商业机构和非营利组织的董事会成员，具有良好的商业头脑。一个人具有像比尔·盖茨这样的编程技能，同时对法律、商业和合同非常了解，真是得天独厚。他在餐桌上从家人那里学会了这些东西。由于在餐桌上和家里其他地方发生的许多对话，比尔·盖茨学到了授权许可和直接销售的区别，并运用在早期的 IBM 谈判中，这些谈判改变了商业历史。盖茨拥有丰富的商业、经济和科学知识，使他能够认识到正向反馈的价值和基于软件的新兴产业的兴起。结果就是，一个拥有恰当的技能和知识组合的年轻人将 IBM 发展到鼎盛时期——清洁工都知道 IBM。工程师在 YC 这样的地方可以学到像盖茨一样的综合商业、法律和技术的敏锐特质。

3. "我们想要做的是创建一个融资的品牌、一种标准化的融资方式。YC 想成为初创公司的'头档'。"

> 我们不期望我们投资的钱是初创公司能募集的唯一资金，只是为了让它们启动起来，我们想要启动尽可能多的初创公司。

利文斯顿描述了 YC 公司的决策，该决策展示了专注于创造有价值的公司的力量。YC 的创始人决定专注于初创公司早期面临的独特问题。由于这种专注和专业化，其他后期风险投资公司将 YC 视为合作伙伴，从而形成了自我强化的良性反馈循环。

4."我们的宣言是：做真正有用的产品。如果你创造的东西没有人使用，你的公司就死定了。如果人们不喜欢你的产品，你做的其他任何事情都没用。"

在这个过程中，引领创始人的是他们对用户的同理心。他们一直谨记：做真正有用的产品。

利文斯顿的观点很清晰，却经常被人遗忘。如果用户对产品的核心价值没有表示出惊喜，公司业务就不会成功。以新颖的、竞争者难以复制的方式创造价值，是很难得的。这个理念也适用于 YC 本身。

5."当我们意识到：'开一家软件公司成本其实非常低，所需要的只是一台电脑，以及一些服务器使用费。'我们就想：'为什么风险投资不开小一点的支票呢？'最后，我们决定：'让我们做点什么，让我们创建一个投资公司，做标准化的融资品牌。我们将有一个申请程序，这将是一个新事物。'但那时候，我们一直以为我们会和其他投资者一样，做异步投资。然后，我们说：'我俩都完全不懂天使投资。我们立刻投资几家初创公司吧，从中可以迅速地学会天使投资。'"

创建一个系统，该系统通过同步流程帮助初创公司运行。这是一项有价值的业务，是符合逻辑的，能提升初创公司的工作效率。这让我想起了我在学校度过的许多年，特别是在读本科和研究生时。毫无疑问，我从我的同学那里学到的东西比我从教授那里学到的还要多。在我致力于打造孵化器的过程中，我看到了同样的事情：除了从程序本身学习之外，创始人还互教互学。微型风险投资正在激增，到现在为止，仅在美国已经超过 350 个。这意味着越来越多的人得到了投资，得到投资的人从各个角度讲都更加多样化。今天的创始人能够在他们的公司中保留更大的所有权。有些创始人必须在种子期出让 60% 的股权，那么在这种情况下，当公司遇到艰难局面时，创始人就没有那么大的动力坚持下去。

6. "YC 一开始也被拒绝过。现在有很多团队都在做和我们一样的投资，但是在我们刚开始做的时候，并没有人做，就连我们自己的律师当时也试图说服我们不要做。"

> 今天那些成功的初创公司创始人，在早期也经常被拒绝，牢记这一点非常重要。创始人经常听到这样的话："这个想法很愚蠢，你不要把力气花在这上面，没有投资者会给你投资。"我的意思是，有数不清的类似例子。有人试图筹集资金，但被投资者拒绝，因为投资者认为这不是什么好点子，或者认为这个人不够强大。这很重要，因为创业起步很难。如果你是第一次创业，你会被以很多不同的方式拒绝，真的很难。

利文斯顿认为，不一致、反向的观点是有力和重要的。霍华德·马克斯也认为，要想获得比市场平均水平更高的回报，你必须采取一种与大部分认知不一样的观点，这种观点必须在许多方面是正确的，是可以用数学证明的。如果你的想法不比其他人更疯狂，那么很有可能竞争者已经开始着手去实现这个想法了。

7. "坚持不懈很重要，因为在创业过程中，没有任何事情是按照计划进行的。创始人每天都有一种不确定感、孤立感，有时还感到没有任何进展。此外，初创公司本质上是在做新事情，当你做新事情时，人们往往会拒绝你。"

一般来说，你最好的武器是决心。尽管我们通常用一个词来表达它，但实际上是两个词：韧性和驱动力。你需要韧性的原因之一是你会被拒绝很多次。你遇到的每一个人都会对你正在做的事情产生怀疑。

比起唯利型创业者，使命型创业者更有可能成功地完成创业这一过程。史蒂夫·乔布斯在 1995 年曾说："我相信，成功的创业者与失败的创业者之间的区别，有一半是纯粹的毅力。"比尔·盖茨也说过类似的话："坚持不懈是我们取得巨大成功的原因。"用力挥棒力求打出一个全垒打和初创公司获得大满贯的结果少之又少这个现实之间，存在着一种内在的紧张。这种紧张意味着创业并非完全理性的行为。那些在早期做好准备并用力挥棒力求打出全垒打的人，是有着极大驱动力的人，他们心中有使命感。对他们来说，创业并非试探性的，他们也不太可能在早期就把公司卖掉。使命型创业者是造就者，而不是销售员。

8. "媒体经常美化成功的创始人，使他们的道路看起来比实际顺畅。"

只要下定决心，再加上一点运气。

生活中的运气比人们想象的要多。你有时会听到人们说他们努力工作以求好运。现实是，运气没办法增加，因为你为提高成功的可能性而努力做的任何事情都是关乎技能的。

9. "创业是一个不断尝试和不断犯错的过程。我的《创业者：全世界最成功的技术公司初创的故事》一书中的许多创业者，我在 YC 也见到这样的人，他们开始时说：'我们要做这件事。'他们试着去做，所以他们会想：'哦，用户实际上对我们网站的这个方面更感兴趣。'他们就开始着手做那件事，也就是说有很多的尝试和失败。我认为，这些成功的初创公司在媒体上被美化了。媒体将这些创业者描述成：'他有个好点子。我们知道这将会很伟大，非常棒。'事情往往不是这样的。实际上，通常是试验一件事，行不通，然后转到正确的事情上。"

> 人们认为，初创公司来源于某种辉煌的初始想法，就像植物从种子开始生长起来。但我采访的几乎所有创始人都改变了他们最初的想法。

在风险投资中，错误是至关重要的，因为它们是获取信息的方式，而且这些错误能促成收益。没有错误和失败，商业体系将无法运行，因为它是一个进化系统。同样，任何一家成功的初创公司以及任何大企业，都不可能没犯过错，因为无论是初创公司还是成熟的大企业，都是与其他进化系统不断互动的、不断发展的系统。就像在自然界中一样，生存下来的初创公司都是那些能在生态系统中为自己找到成功立足之地并适应环境变化的公司。找到这个立足之地最好的方法是用科学方法对价值和增长假设进行测试。YC 成功的部分原因，是很好地以可扩展的方式将这个发现过程制度化。通过同时针对同一类初创公司进行试验，为它们找到在环境中的立足之地，并提供培训和其他资源，初创公司的成功率会提高，尤其是那些从未经历过这一过程的创业者。

10. "事后看来，创新似乎是不可避免的，但在当时却是一场恶战。"

迈克尔·莫布森指出："专业人士越来越多地被迫面对与复杂系统相关的决策，而这些决策本身就是非线性的。复杂的自适应系统有效地掩盖了因果关系。你无法做出预测，只能做最宽泛、最含糊的预测。"事后，人们往往认为他们当时知道接下来会发生什么，但这通常是一种错觉。维基百科这样描述了后见之明偏差：有时被称为"我一直都知道"效应，后见之明偏差倾向于认为过去的事件在发生时是可以预测的。大多数人在看到新产品的时候都会对自己说："嘿，我早就想到过这个主意。"好吧，那你早干嘛去了呢？

11. "人们喜欢抽象的创新观念，当你提出任何具体的创新时，他们往往会拒绝，因为这与他们已经知道的东西不符合。"

利文斯顿描述的是"拿锤子的人综合征"影响多么大（对拿锤子的人来说，每样东西看起来都像钉子）。

我所见过的最有趣的例子，来自美国电话电报公司对早期的移动电话中的"移动"的认识。那时候，手机绝对是一种创新，但美国电话电报公司的人都不知道这种创新会有多大，于是公司聘请了顾问来寻找答案。在其著名的拙劣研究中，麦肯锡大大低估了市场对移动电话服务的需求，认为如果有固定电话，没有人会使用移动电话。移动电话这一创新无法与麦肯锡和美国电话电报公司所知的拟合。甚至在 1995 年美国电话电报公司收购麦考移动电话公司时，美国电话电报公司还认为是为了拯救长途电话业务。我记得，麦考移动电话公司的创始人克雷格·麦考提及此事时大声笑了出来，有点难过地说："我不得不把麦考公司的全部业务卖给美国电话电报公司，因为我无法和一个不了解我们核心产品价值甚至不了解自己行业的公司合作。"那时候，美国电话电报公司用从其传统业务中赚的钱，偿还为了打造该行业所欠下的债务，因此美国电话电报公司决定该交易必须完成。美国电话电报公司以错误的原因收购了麦考公司，但这却是一个正确的决定。有时候，做得好不如运气好。

12. "大多数投资者都有从众心理。只有别人投资，他们才想投资。这就像第 22 条军规一样——你找不到工作，因为你没有足够的工作经验。"

最优秀、最有经验的创始人和最优秀的投资者都知道如何通过反向思维利用人性获利。他们知道大多数人喜欢做别人正在做的事情，因为当面对不确定性时，从信息充分的角度考虑做他人做过的总是没错的。投资者的机会是寻找因群体心理而被错误定价的资产或机会。查尔斯·麦凯在《大癫狂：群体性狂热与泡沫经济》（*Extraordinary Popular Delusions and the Madness of Crowds*）一书中写道："人们从群体视角思考问题，你会看到他们集体变疯狂；而他们恢复理智很慢，逐个地恢复理智。"

25. 玛丽·米克尔

凯鹏华盈风投公司

　　玛丽·米克尔（Mary Meeker），凯鹏华盈风投公司的合伙人。每年春天，米克尔都会发布令人印象深刻和有见地的互联网趋势报告，包括数百张幻灯片，展示米克尔认为最重要的技术发展和趋势。报告被广泛阅读和讨论。米克尔投资的公司包括 Houzz、Instacart、LegalZoom、Slack 和 Twitter。在成为一名投资者之前，米克尔曾在 1991—2010 年担任摩根士丹利的总经理、研究分析师和技术分析师，后来还曾在所罗门兄弟公司工作。米克尔是 DocuSign、Lending Club 和 Square 公司的董事会成员。米克尔还是一位多产的作家，是定义了行业的书籍《互联网报告（1996）》［*The Internet Report*（1996）］及《互联网广告报告（1997）》［*The Internet Advertising Report*（1997）］的合著者。米克尔在迪堡大学获学士学位，并获得了康奈尔大学的工商管理硕士学位。

1. "每年，通常都会有两家科技公司上市，它们会变成 10 倍股，这意味着它们的投资回报率是 10 倍。我们总是努力找到那两家公司。"

米克尔的这番话反映了风险投资业务的一个基本事实。有一些公司遵循不同的风险投资模式，但米克尔这里所描述的是主导模式。传统的风投行业都是关于贝比·鲁斯效应的，也就是说，重要的是所取得成功的大小，而不是成功的频率。举个例子，投资人弗雷德·威尔逊说过，在他的公司有 40% 的投资颗粒无归。这是传统风险投资业务一个正常而重要的部分。像 Facebook 这样的例子在全球经济中的数量有限，因为受到许多因素的制约，包括可触达的市场。即便是很少数量的有 Facebook 那样财务结果的公司，也不太可能每隔几个月甚至每隔几年就有。

2. "那些打造平台型公司并推动长期（十年或更长时间）自由现金流建设的人赢得了互联网经济这场比赛。我曾在 1990 年、1995 年、2000 年、2005 年、2010 年就提出了这样的观点，到今天情况仍然是这样。"

这段话的关键词是"平台"。平台正日益主导世界经济。虽然在米克尔提到的这段时期内平台的价值一直未变，但持有一家成功的平台公司的股票，你将获得的回报却从未如此之大。像米克尔这样的投资者所寻求的大满贯财务回报最常出现在运营软件平台的公司中。为了产生高额的回报，公司需要极大地扩张规模，而软件行业是最容易扩张规模的。像其他任何公司一样，软件公司也需要护城河；有时，通过大量的努力加上运气，这样的护城河可以通过网络效应形成。若能以恰当的方式构建平台，那么交付服务的边际成本几乎为零，因此利润率非常可观。

3. "我在《纽约时报》上读到约翰·马科夫（John Markoff）写的一篇文章，提到吉姆·克拉克（Jim Clark）去伊利诺伊大学香槟分校投资一家销售一款名为 Mosaic Communications 的网络浏览器的公司（公司由马克·安德森运营）。这是一个重要的时刻，我拿起报纸说：'就它了。'那是 1994 年。后来，摩根士丹利投了 Mosaic——实际上我在某个时候也有这个商业计划。Mosaic 公司的承诺是'改变出版行业的工作方式'。"

在这里，米克尔指出了商业史上的一个重大转折点。有能力发现一个如此大的变化实在很可贵。像这样的变化绝大多数时候会给用户带来极大的便利，这是许多人会疏忽的。这样的变化将产生利润暴涨的假设往往是错误的，或者至少想象的利润比理性的真实利润会多得多。

米克尔所描述的这件事情发生的时候，我在为克雷格·麦考工作，他是吉姆·克拉克的好朋友。吉姆·巴克斯代尔当时正在经营麦考移动电话公司，1995 年离开麦考公司，成为网景公司的首席执行官。我们自然对网景公司的状况很好奇。麦考派我和一个同事从西雅图去拜访网景公司。网景公司的产品给我们留下了深刻的印象。米克尔是对的，当时，似乎有一件不寻常的事情即将发生。在 1995 年那次访问之后的每一年，初创公司的成立仪式规模都变得更大了，而且几乎所有的支出都变得越来越奢侈。资本正以前所未有的方式涌入科技行业。从某种意义上说，我们都是温水中的青蛙，而水越来越热。经济学家赫伯特·斯坦曾说过一句著名的话：无法永远持续下去的东西终将会终结。

4. "在估值和时机方面弄错了是一回事，商业模式错了是另一回事。"

在评估潜在投资时，可能会犯一系列错误，包括估值和时机。如果投资者没有注意到那个商业模式的漏洞，那么这个错误通常是致命的。有时候，公司可以在资金耗尽之前纠正这个错误，但这不是一件容易的事情。像米克尔这样的投资者会仔细研究将要投资的公司的单位经济效益，以确认它的商业模式是否可行。这种分析的关键是假设，因为如果用了错误的假设，大多数商业模式都可以得到很好的财务结果，所以首先要做的是检查假设。

5. "一般来说，一个好的经验法则是，如果进攻者想要击败在位者，进攻者的产品通常需要比在位者的好 50%，也要便宜 50%。进攻者需要维持这种竞争优势 1～2 年，才能够获得决定性的市场份额。"

人类的行为有很大的惯性，消费者并不总是理性地做决定，比如使用什么产品。在大众市场，当被要求转到新产品时，人们通常会想要安全边际。新产品和现有产品之间的价值差异越大，以推销和营销的方式将用户转移到新产品所需的成本就越低。这种要求提升了挑战者需要以合理的成本为用户带来的价值。新产品与现有产品的价值差异越大，用户获取成本就越低，而将新业务推向关键规模所用的资金就越少。

6. "科技股不稳定。"

J. P. 摩根曾经对股票市场做过大致同样的描述："股票市场会波动。"科技股的波动尤其剧烈。应对波动的最好方法，是和它成为朋友。如果股票价格不波动，就不会有那么多的交易了。要记住，风险并不等同于波动性，这是非常重要的。为什么科技股的波动性更大？当商业的变革大部分是由科技的进步带来时，科技股价格就会变得更加不稳定。如果这项技术在你的能力圈之内，那么该方向就是很好的投资机会。

7. "没有人想去抓一把正在下落的刀。"

"下落的刀"被用来描述一种情形，即资产的价格在短期内大幅下跌，而且会继续下跌多少还非常不确定。刀下落时，动量和情感都被卷入其中，所以错误估计触底时间的风险是很严重的。对人类行为做出准确预测是很难的一件事，尤其是在不考虑交易成本的情况下。如果有人能在刀触底时敲钟，那就太棒了，但这种情况永远不会发生。刀继续下落的时间越长，你就越有偿还能力。但是，如果你将注意力集中在与内在价值等相关的估值上，结果会比试图左右市场变化的时间好得多。降低接一把掉落的刀的风险，方法之一是在购买资产时拥有一定的安全边际。这个道理很简单：有了安全边际，你可能会犯错误，或者运气不好，但仍然会做得很好。在购买资产的时候，拥有安全边际，就像你以每小时 70 英里的速度驾车行驶时，要和前面一辆车保持安全驾驶距离一样。

8. "我们这个时代最了不起的投资之一是纽约的房地产，在 20 世纪 70 年代和 80 年代，当许多人损失惨重时，投资者购买了获得最高回报的东西。从中得到的教训是：你若购买那些不随大流的东西，你会赚到最多的钱。"

从数学上讲，这是可以证明的：要超越市场平均水平，你必须以一种正确的方式进行反向投资。在别人不敢的时候购买，就可能产生很好的交易，但也可能产生巨大的损失。你必须购买那些超出市场共识的资产，你必须足够正确，才能超越市场平均水平。这种做法在风险投资和价值投资中都是正确的，在所有投资中都是如此。

9. "当没有人对科技感兴趣时，你买入科技股。当每个人都对科技感兴趣时（或者出席技术会议的人数达到历史新高时，或者当你的祖母也想要购买一项热门技术的 IPO 时），就该卖掉科技股。"

这是对"市场先生"比喻的另一种描述。当别人害怕时，你要贪婪；当别人贪婪时，你要胆小。米克尔特别提及在估值过高的情况下，随大流加入热门行业这样的愚蠢行为。当你在机场，擦鞋服务员或者出租车司机告诉你应该买什么股票或者什么"热门"行业最适合风险投资时，就表明该市场已经过热了。

10. "不要爱上科技公司，牢记你是在投资。"

这句话是价值投资的基本原则。股票不是用来交易的一张纸，而是真实公司的一部分利益的载体，所以必须从根本上理解以恰当估价。应该根据可靠的数据和分析冷静评估公司的价值，并且只有在你的能力圈之内才能进行评估。许多人被一个有趣的事件影响而陷入群体性癫狂，这是很危险的。

11. "当我成为这个产品的用户时，我已经做了最好的个人投资。"

著名投资人彼得·林奇竭力避免人们错误地理解他的观点，最著名的是他的这番话："我从来没有说过，'如果你去购物中心，看到星巴克，说它是好咖啡，你就应该买它的股票'。"他实际上说的是："人们似乎更愿意投资他们完全不熟悉的东西。"米克尔的意思是，这种观念也适用于风险投资：对于初创公司正在致力于开发的、旨在解决某个真正存在的问题的解决方案，恰好急需这一方案的人将能进行更好的投资。实际上，使用可改进的产品，这个过程本身就是一种非常重要的调研方式。林奇也曾说过：

> 未进行调研就投资，就像打扑克时从来不看牌一样。不进行调研，你就不可能真正理解一家公司及其在行业中的地位。做调研的目的是发现股票价格在市场上的潜在空间。

例如，一位在工作中使用数据库的投资者，更有可能为一家试图改进数据库的初创公司做出更好的决定。这是自己的能力圈之内的思考。不知道自己在做什么才会有风险。

12. "我喜欢数据，我认为把数据做好是非常重要的，我也认为应该质疑数据。"

米克尔的平台上提供了大量报告，数据量惊人。其中一些数据来自做自我服务陈述的公司（如谈论自己的书），还有一些则不是。米克尔认为，你需要仔细思考所有的数据，这样就不会被误导得出错误的结论。例如，相关性与因果关系容易被混淆。在思考数据时，最好避免像醉汉那样使用灯柱而不是采用宽广的照明方式。

26. 迈克尔·莫里茨

红杉资本

迈克尔·莫里茨（Michael Moritz），红杉资本的董事长。在从事风险投资之前，他是一名记者，曾任《时代》（*Time*）杂志旧金山分公司的总编。1984年，莫里茨为史蒂夫·乔布斯写了一部有影响力的传记，同时，他也是《破产：克莱斯勒的故事》（*Broke：The Chrysler Story*）一书的合著者之一。美国老牌生活杂志《名利场》（*Vanity Fair*）这样评价莫里茨："莫里茨是唯一一位可能成为亿万富翁的记者。"莫里茨的投资包括苹果、思科、Flex、谷歌、Kayak、PayPal、雅虎、YouTube、Zappos。在《福布斯》杂志的一次采访中，莫里茨曾经说过：

> 每次我们投资一家小公司，都是在与可能性做斗争。我们总是被比我们大得多的公司击败，这些公司威胁着创始人和我们，要让我们灭亡。能证明那些人都错了，这感

觉太棒了。没有比这更令人振奋的了。

多样化选择是莫里茨的投资风格，他投资的公司涵盖了各种不同类型的业务。莫里茨出生在英国，因其商业成就和慈善捐助而被授予爵士头衔。他获得牛津大学基督教堂学院历史学学士和硕士学位，以及宾夕法尼亚大学沃顿商学院工商管理硕士学位。

1. "在我们一开始帮助创始人把公司组建起来时，它看起来并不是世界上最好的点子。我认为是营销和公关部门改写了历史，告诉你它一直是世界上最棒的点子。他们没有说的是，一开始就有很大的不确定性，而且缺乏清晰度。"

> 我们喜欢那些在别人看来不该支持的人，这一直是我们做生意的主旨。

最优秀的投资者明白，风险投资业务的成功在于购买错误定价的凸性。那些"看上去不像世界上最棒的点子"实际上更可能存在凸性，因为不确定性是明智的投资者的朋友。换句话说，是不确定性导致了错误定价的凸性的存在。如果没有一些能让初创公司的雄心壮志看起来有点疯狂的因素，项目潜在的回报不太可能是使投资者的基金获得成功所需的大满贯类型。

2. "每一次开出支票的时候，你都会期待、祈祷投资获得成功。"

为了收获凸性，投资者必须相信：每一次出手都有可能产生一个大满贯——尽管有统计数据显示，大约30%的初创公司完全失败，投入其中的资本颗粒无收；有更多的初创公司可能会生存下来，但结果却很糟糕。许多成功的初创公司在腾飞之前几乎都要崩溃了。当然，没成功的就是崩溃了。但在一开始，投资者肯定相信所有的初创公司都具有成功的潜力。然而，随着时间的推移，投资者必须决定哪些初创公司应该得到更多的关注和资金。这些选择既不简单也不容易。决定不再支持一家初创公司是做投资者最痛苦的事情之一。你所认识的那些人会在很大程度上受到这些决定的影响。

3. "虽然风险投资公司会因为太与众不同而招致危险，但打破常规往往是值得的。红杉资本的创始人唐·瓦伦丁告诉我，要相信自己的直觉，这能让你避免陷入传统思维、试图取悦他人。"

为了超越一个市场，从数学的角度来说，你必须从根本上有别于那个市场。这似乎是常识，但你会惊讶地发现从众行为太多，因为许多人宁愿因循规蹈矩而失败，也不愿打破常规获得成功。

4. "如果你已经接近成功了，那么再次走近它就容易多了。"

Benchmark 资本的投资人布鲁斯·唐勒维（Bruce Dunlevie）曾对我说："模式识别是风险投资的一项基本技能。"虽然初创公司获得成功的要素不能精确地复制，但它们往往有一定的规律。在评估公司时，成熟的投资者经常会看到一些让他们想起以前经历过的模式的因素，可能是团队的风格、默契或组成，也可能是商业计划的本质。不同的创业项目，有些东西会有根本的不同，但是某些方面可能会令人似曾相识。虽然模式会相似，但团队正在创业的项目会在很大程度上打破规则。被识别出的模式部分是将带来新价值的某种形式的突破性创新。投资人在模式识别方面变得更加熟练的最好方法之一，就是成为初创公司的创始人或早期员工。

5. "全身心投入一家人人都在赌它输的小公司最令人振奋。"

伟大的投资者喜欢创造公司的过程，更重要的是创造用户价值。风险投资是一项服务业务，让别人成功是投资者工作的动力，在别人的成功中寻找到同样的快乐至关重要。

6. "最好的公司是创始人建立并留在公司很长时间的公司。"

最成功的创业者都有打造企业的激情。这种激情与不过于关注迅速获得财务利润高度相关。投资者可以通过让创始人产生一些合理的流动性来降低他们的风险，并努力增加他们的信心，来说服创始人坚持下去。

7. "风险投资合伙公司明智、谨慎地投入少量的资金，其业绩几乎总是胜过那些试图'用大量资金来赚钱'（这个说法令人生厌）的风险投资合伙公司。"

在特定的时点，扩大基金的规模对业绩并无好处。当人们持有的资金量超过了他们所需要的或将其想法付诸实施所需要的时，人们就会变得不理性，进而犯错。更糟糕的是，风险投资公司往往到最后都会投资过多的公司，导致不聚焦。顶级的风险投资公司每年会收到成千上万的投资请求，但它们每年只投资 8～10 家新公司（取决于公司）。有些风险投资公司每年可能会投资 20 家新公司，这是不正常的。

8. "一份五年计划的价值还比不上打印它的墨盒。"

当今世界的变化无法预测，伟大的团队总是能够对这样快速变化的环境做出回应。这就是为什么投资者会花那么多钱在初创公司团队建设上。强大的团队让初创公司本身具有凸性。环境变化下的"驾驭"能力比做出中期和长期规划的能力更有价值。

9. "培育一家有价值的公司需要很长时间。在许多情况下，最好的风险①回报不会发生在公司的私有阶段，而是发生在公司上市的时候。销售的增长需要很长时间，实现真正的价值也需要很长时间。"

人们在长时间持有股权的过程中会感到彷徨。对我们来说，投资长达 10 年或更长时间并不罕见。红杉资本的合伙人持股 15～20 年当然也不罕见。

大多数未成功人士低估了耐心在风险投资中的重要性。打造一家伟大的公司需要时间。遗憾的是，那些公司创立不久便将公司出售，短期内便获得高额回报的故事，歪曲了许多人对创业获得成功所需要时间的看法。一夜成名可能需要很多年才能实现。

---

① 由于初创公司承担风险从事市场上之前没有的开创性业务，所以英语中也用"风险"来指创业。——译者注

10. "经济低迷时期是建立公司的好时机。暴发户和伪装者都不见了。想在这样的时候创办一家公司的人，都是有着强大信念的人。过滤掉了所有的乌合之众，有价值的沉淀下来了，人们有更多的时间去思考。投资人不再需要整天去回应各种不会有结果的融资需求。所以，从某种程度上来说，创业环境更好一些。在这种时期创业，无论是寻找办公场地，还是招聘人，又或是找到目标用户，都更加容易。奇怪的是，在经济萧条时期，用户更愿意承担风险去尝试年轻公司的产品——只要他们认为这个年轻公司的产品会帮助他们提高效率、降低成本。"

霍华德·马克斯总是说商业周期是不可避免的。然而，播种的最好时机通常是在其他人处于恐慌和沮丧的时候。反向思维会让你获得很大的回报——无论是创业，还是投资。人们经常看到最近的过去，然后用积极或消极的方式来预测未来。对于能够控制自己情绪的投资者来说，波动性是他们的好朋友。

11. "我妻子说我喜欢收藏书籍就像伊梅尔达·马科斯喜欢收藏鞋子一样（菲律宾前总统夫人伊梅尔达以生活奢侈和收藏大量鞋子而闻名）。一旦一本书进入我们家，它就会在我们的生活中得到永久的地位。这些书就像泥沙沉淀一样慢慢积累起来，因为我从来不会舍弃任何一本。"

最有效的学习方法是从自己所犯的错误中学习，因为由此获得的经验是如此直接和生动。通过观察和阅读从别人的错误中学习也是一个好主意，因为有些错误发生在自己身上是很痛苦的，但这样你可以学得更快。查理·芒格被描述为一本活动的书。他认为，当涉及人生中许多更加痛苦的错误时，最好是间接地学习。在一次股东大会上，查理·芒格引用威尔·罗杰斯（Will Rogers）的话，描述了伯克希尔公司在鞋类业务上的错误："人可以分为三类，有些人在阅读中学习，有些人通过观察学习，还有一类人必须痛定思痛才能学到东西。"

12. "在 1986 年，一只黑猩猩都可以成为一名成功的硅谷投资人。"

> 我知道，世界上有无数的人都在像我一样努力和勤奋地工作，但是，就像美国前总统吉米·卡特（Jimmy Carter）多年前说的那样，"生活是不公平的"。我只不过是多了一些运气。

运气在生活中所起的作用要比大多数人愿意承认的大得多。运气的好处就像成功人士吸引其他成功人士一样，与其他成功和有能力的人在一起也会让你更加有能力。如果你有幸在 1986 年在斯坦福附近的某个地方从事风险投资工作，你很可能就是搭上顺风车的受益者，在这一轮机会中变得更富有，也更有能力。如果你足够幸运地碰到了机会，但并不谦逊，你可能就不会关注到这一轮机会。这些人的能力更强吗？是的，因为运气会让一个人获得新的能力。运气回馈的方式，不仅是带来更多的运气，而且会带来更多的能力。

27. 查马斯·帕里哈毕提亚

社会资本风险投资公司

查马斯·帕里哈毕提亚（Chamath Palihapitiya），社会资本（Social Capital）风险投资公司的创始人，他坦率直言、见解深刻。他对世界的看法与大多数人不同，这使得他的话语非常有意思。为了获得成功，他愿意付出。他的财富靠的是白手起家，他改善社会的目标令人钦佩。帕里哈毕提亚是 Facebook 高管团队的早期成员，他在 Facebook 是负责用户增长、移动业务和国际业务的副总裁。在 2007 年加入 Facebook 之前，他曾在美国在线、Mayfield 基金、Spinner.com 和 Winamp 等公司担任高级职位。1999 年，他自滑铁卢大学毕业，获得电气工程专业学位。

1. "说到增长，大多数人认为这是一个复杂的过程，你希望看到在这个过程中人们产生那些超常规的行为。其实并非如此，增长是对产品价值和消费者行为的非常简单、精确的理解。"

核心产品价值意味着与产品、与人建立真正的联系，现在我们都委婉地称其为顿悟时刻（aha moment）。核心产品价值同样意味着，当用户与产品之间的联系建立起来时，这种力量将产生真正稳固的用途，并将显著地加速用户的应用和参与。

在经过了所有的测试、迭代——所有这些东西之后，你知道我们（Facebook）发现的唯一重要的事情是什么吗？在 10 天内添加 7 个好友，就是这样。这是我们的关键点。再复杂不过如此。

我们并不仅仅是在谈最好的增长，还包括获取、参与、持续的产品价值。我们关注理解核心价值并说服那些可能不想使用 Facebook 的人接受它。

在 Facebook，我们所做的就是我们不谈论别的。在所有的全员会议中、回答提问环节中，除了 "10 天内添加 7 个好友"，我们从不谈论别的。货币化并没有真的出现，平台出现了，但又一次是在二级和三级场景中。"10 天内添加 7 个好友" 是唯一的焦点，但是因为我们非常精准地定义了这一产品价值功能，它是每个人都会真正张开双臂拥抱的东西。

知道了真正的产品价值，你就可以设计必要的试验，以便能真正地区分原因和结果。例如，在 Facebook 上，我们能够很早就确定的一件事是：在特定时

间一个人拥有的朋友的数量和流失这个用户的可能两
者之间的关联。知道了这一点，我们就明白必须让新
用户很快获得顿悟时刻。很显然，这要求我们首先要
比较确定地知道什么是"顿悟时刻"。

没有什么能够替代将核心产品价值传递给用户，帕里哈毕
提亚说，这比大多数人想象的要困难得多。他坚持认为，衡量
与核心产品价值无关的指标，比如在 Facebook 上发给朋友的邀
请的数量，不仅会分散注意力，而且会造成伤害。帕里哈毕提
亚说，对于 Facebook 来说，主旨是让用户在 10 天内添加 7 个好
友，一旦实现了这一关键点，Facebook 的用户就获得了足够的
核心产品价值，他们不太可能会流失，更有可能向其他人推荐
这项服务，因为他们已经获得了"顿悟时刻"。如果一个公司的
创始人不知道他们的产品或服务的"顿悟时刻"是什么，他们
是不可能成功的。被有关货币化、病毒营销或其他理论分散注
意力，可能会阻碍创建与用户之间可扩展的连接。与用户的连
接是推动公司运营的巨大力量。

2. "在 Facebook 上，为了产生增长，事实上我们看了很多
数据，我们做评估、测试，做试验。尽管这掩盖了许多有细微
差别的认识，但我们确定是在一个相当高的水平上做了这些。
令我震惊的是，当我看到很多产品出来时，我难以相信人们正
试图把产品掩盖在复杂的外表下，测试的、评估的、试验的都
是垃圾。扔掉那些没用的东西吧！没有那么复杂。"

帕里哈毕提亚的意思是，如果一家公司的流程顺畅、有效，

它能确保公司测量的都是正确的对象。公司的测量必须能使它找到核心产品价值。例如，每日活跃用户的数量并不是正确的测量对象，因为测量该指标并不能抓住核心产品价值。互联网创业者贾斯汀·坎恩（Justin Kan）曾在 Twitter 上发文："初创公司大多不互相竞争，它们不会跟制造垃圾的人竞争。如果一家公司未能传递核心产品价值，没有人会在乎它，其通知或邀请会被视为垃圾邮件。"

3. "有一件事，大多数人和大多数公司几乎都没有搞对。我们都欺骗自己说做了很多不同的事情，但我们需要聚焦在某个价值上，这会限制我们的选择并迫使我们有清晰的思考。因为，如果没有聚焦，公司里的人们会对每个随机事件都有自己道听途说的观点，如果他们不断地演绎，慢慢地，他们就会看起来真的像知道自己在说什么一样。那么最终的结果是，你就会不可避免地尝试一堆不同的东西，最终一无所获。但是，如果聚焦在一件事情上，大家就会被迫成为专家或者至少了解这唯一的事情，大家也就可以聪明地谈论，最重要的是，实事求是地谈论那件事。"

在实际的公司中工作过的人都知道，每家公司都会面临这样或那样的挑战，没有什么是完美的。保持聚焦是很重要的，清晰的思考和行动会带来强大的力量。著名的首席执行官吉姆·巴克斯代尔总是说："最主要的事情是保持关注最主要的事情。"每家公司都有藏在核心价值背后的利润引擎，如果把一切无关紧要的东西去掉，这个引擎会很简单。巴克斯代尔以前的两个同事就"主要事情"原则有下面的理解：

> 当我们第一次从巴克斯代尔那里听到这句话时，我们很喜欢这个表达，当时巴克斯代尔是联邦快递的首席运营官。简单的一句话，便点出了当今高管和经理们面临的最大挑战——使人员及组织都专注于最重要的事情。每个组织都要有"主要事情"——对希望达成的事情强有力、唯一的表述。没有这个"主要事情"，实现组织效率和效能的四个要素——战略、人员、用户、流程就无法协同起来。

当今的创始人通常通过数据科学找到"主要事情"。他们审视自己的业务，并寻找帕里哈毕提亚所谈论的核心产品价值。Pinterest 就是个例子，投资人莎拉·塔维尔（Sarah Tavel）在博客上这样描述：

> 然后，增长团队会按照产品路线图工作，根据产品路线图将新用户注入注册漏斗顶部。问题是，虽然月平均用户（monthly average users，MAUs）确实增加了，但存在漏桶（leaky bucket）。增长团队不停地将新用户注入注册漏斗中，产品团队则专注于提高现有用户的参与度，没有人负责确保进入的新用户成为忠诚、活跃的用户。意识到这一点后，团队将关注点从月平均用户转移到增加周活跃pinner 数（指在那一周使用 Pinterest 发布新内容的人，即Pinterest 的核心行动）。

4."用户从来只有三种状态：从来没有听说过；已经试用过；正在使用。你所管理的是状态的变化。所以框架是：是什么引发了变化？答案应该更多地来源于偏好、选择、心理，而不是定量的东西。"

　　我想知道的是，每个消费产品都必须面对的三个最困难的问题：如何吸引人们上门？如何让他们尽快找到顿悟时刻？如何尽可能多地交付核心产品价值？所有这些都做到了，你才可以说你将怎样使现有用户吸引来更多的新用户。在我看来，我们做的最重要的事情，就是不让对话围绕"怎样使现有用户吸引来更多的新用户"这一点展开。

　　我讨厌"增长黑客"这个说法，在这个领域中有很多骗人的推销员，不要为"增长黑客"这个概念创造藏于幕后的魔法。它早在我之前就存在了，它被称为产品和营销。

　　一件更有趣的事情是，公司如何促成帕里哈毕提亚所说的三种状态的转化（从来没有听说过；已经试用过；正在使用）。Slack 的首席执行官斯图尔特·巴特菲尔德（Stewart Butter-field）说：

　　我想，没有任何传统形式上的销售团队，我们也可能会一直侥幸成功。一个人喜欢我们的产品，然后告诉其他人，于是其他人也开始使用。我们就是这样走到现在的，并且可能会一直这样走下去。这也是迄今为止最好的方法，因为当你信任的人告诉你这东西是好的时，你更可能愿意使用它。

　　5."(1) 保持谦逊；(2) 有强烈的想法，但不固执地坚持；
(3) 不断转变思想；(4) 试验并迭代。"

　　遇到高风险、不确定性和无知的情况是不可避免的，尤其
是涉及技术时。在你的能力圈内和人们接触时要保持谦逊，避
免过度自信。拥有强烈的想法很重要，这往往意味着你对自己
的想法已经有强有力的论据，但与此同时，不要过分固执，因
为那样的话，你就会成为像"确认偏见"这样的错误思维方式
的受害者。只有不断转变思想，你才能具备从凸性中获利的
能力。

　　6."成功带来成功。"

　　如果你知道如何去寻找、去哪里寻找，你会发现累积优势
在当今世界无处不在。这种成功带来成功的现象一直存在，但
并不以其影响的大小而论。一旦世界走向数字化，并日益由网
络连接，累积优势的影响就会加速。帕里哈毕提亚的生活特别
有趣，因为他参与了商业史上最引人注目的累积优势项目之一
(Facebook)，并且通过社会资本为许多其他公司提供资金，使
其受益于这种现象。即使是金州勇士队，也从累积的优势中获
益，因为篮球队越成功，就有越多的优秀球员（尤其是那些想
要赢得比赛的优秀球员）想在那里打球。另外，一个团队越成
功，收入就越高，从而确保更多的成功（循环往复）。像篮球队
一样，企业也可以从累积优势中获得利益。

　　7."如何选择风险投资：(1) 必须是一个很好的选择；
(2) 必须能够让他人有兴趣跟进；(3) 能帮助你发展；(4) 有

相同的道德观。"

　　创始人无法承受的是：在缺乏运营帮助的情况下，你会耗尽氧气。你希望的情形是，你的风险投资者可以从对其他投资者的怀疑中获益。

风险投资人的声誉对其他风险投资人和潜在雇员有显著的信号效应。当不确定性和恐惧情绪高涨时，人类倾向于形成群体并跟随领头人。伟大的风险投资人的号召力量可以带领公司度过艰难时期。如果一家公司已经从众多投资者中募集资金，并且没有领导者，或者如果该公司业务的时局变得艰难或不确定，那么可能不会有领导者站出来，激发其他现有投资者或潜在的新投资者的信心。创业者本质上是与投资该公司的风险投资人建立合作关系，所以选择好是很重要的。帕里哈毕提亚说过很多次：如果一个创始人在道德观上与其风险投资人不一致，那么就会有大问题产生。

8. "未来的商业模式是为个人服务，因为个人如今相对更聪明。附带说一下，这与教育无关，人们更聪明，因为他们可以获得更多的信息。因此，我们都更加紧密地联系在一起，我们的参与度更高，结果是，我们都变得更加愤世嫉俗。而且，我们都知道皇帝没有穿衣服。这适用于银行业，对于那些管理教育机构的人来说也是如此，医疗保健也是如此。所以，未来的模式基本上是解构所有这一切并赋予边际。这就是你建立财力雄厚的公司的方式。为个人赋能。"

向消费者提供以前被锁定在专有信息系统中的信息，意味着消费者在购买商品和服务时所处的劣势越来越少，因为他们拥有的信息不再比供应商少。质量提高了，服务水平提高了，标准定得更高，所有这一切的一个重要因素就是手机。现在几乎每个人都可以随时获取高质量的产品信息，结果就是出现展厅现象（当你在实体店时，上网看其他供应商的价格）。帕里哈毕提亚说，赋予个人权力的平台企业是有潜力为投资者创造巨大价值并改善社会福利的企业。

9. "现在是干些疯狂的大事的时候了。"

　　这实际上是一个很简单的问题，就是追随他人、复制他人模式，还是领先他人开创新事业并推广开的问题。

帕里哈毕提亚有一个强有力的观点，即无论是风险投资行业还是创始人，都没有基于他们投入的时间和资金尽全力去打出一个全垒打。简而言之，帕里哈毕提亚认为他们不够有野心。他坚信这一点，所以这成为他投资理念的一部分。他试图寻找那些将成为"社会基础层面的公司"，这类公司能开发出一些不连续的东西，当把这些东西整合在一起的时候，就可以让公司脱颖而出，最终，该公司成为唯一的主导者、唯一重要的公司。

10. "我们常指导首席执行官说，粉饰门面无论是从金钱的角度还是从文化的角度来说都需要高昂的成本，它使团队不把注意力集中在他们真正应该做好的事情上。不要把钱浪费在那些让员工偏离使命的事情上，这会让员工困惑于他们到底为什么在那里。也就是说，关注办公室是否漂亮、食物是否好吃都代表缺乏纪律的约束，这也反映公司的使命不够激励人心。"

失败没关系。但是，如果你失败是因为你没有勇气搬到奥克兰，却把30％的钱花在了KIND巧克力棒以及打造办公室墙壁的露砖效果上，那么，你真的就是个十足的傻瓜。

真正的公司创建者不在乎便宜、糟糕的办公空间，他们把这项开支保持在总支出的8％或9％以下，他们找到真正相信他们所从事的事业的人，他们决定住在奥克兰并使用Lyft的租车服务上班，因为这样算下来更省钱。他们做各种有创造力的事情——这些才是值得花钱的事情。我们有必要思考这个问题："你是怎样打造公司的？"从这个问题中，我们就能知道谁将能经受得住时间的考验。

不是为实现商业目标所花的每一分钱都不仅是浪费，而且可能导致财政赤字，从而拖垮公司。在商业中唯一不可原谅的罪过是资金链断裂。有使命感的创业者不会把钱花在像KIND巧克力棒这样毫无价值的东西上，因为这些费用增加了他们无法实现目标的风险。

11. "扑克是我自己生活的缩影。"

迈克尔·莫布森喜欢引用这位爱抽雪茄的赌博传奇人物佩吉·皮尔森（Puggy Pearson）的话，来说明玩扑克和投资的相似之处：

出生于贫寒之家，只接受过八年级教育（"大约相当于今天的三年级教育。"皮尔森打趣地说），尽管这样，皮尔森获得了令人印象深刻的成就：1973年获得了世界扑克大赛冠军，曾经是世界十大台球高手之一，并成功成为一名职业高尔夫球运动员——出场费高达7 000美元。他是如何做到的？皮尔森解释说："赌博就是三件事——知道一场比赛的60对40概率的结局、对钱的管理、了解自己。"至于好的方法，他补充说："驴都晓得这一点。"

查理·芒格花在扑克和桥牌上的时间，帮助他在投资方面取得了不小的成功。他说："正确的思考方式是哈佛大学教授泽克豪泽打桥牌的方式，就是这么简单。"从基本面来看，投资只是另一种赌博方式，不同的是，押注的方式是投资（净现值为正）而不是赌（净现值为负）。

投资本质上是一种关于概率的练习，从其他关于机会的游戏中获得的经验对投资是有帮助的。理查德·泽克豪泽是一位优秀的桥牌手，他指出：

> 桥牌需要不断努力估算几乎不可知状态的概率。选手需要在一局做出数百个决定，通常要平衡预期的得与失，往往还需要接受正确决定导致的糟糕结果，包括自己的决定和搭档的决定。要在未知世界中做出明智的投资，这种"接受"的能力是必要的。

沃伦·巴菲特也认为，桥牌与投资有许多共同特征：

> 每个人拿到的牌不同，但过去发生过的事情是有指导意义的。在投资时，你必须根据每一张已出的牌、已出现

的局以及未出的牌做出推断。就和打桥牌一样，如果有幸有一位优秀的搭档或者拥有很好的人际关系技巧，你会很受益。无论是玩牌，还是在商业和投资中，对概率和统计学的理解都非常关键。

12. "要在创始人身上寻找的品质包括高智商、强烈的目标感、对成功的不懈追求、有进取心和竞争性、对高品质的完美主义追求、喜欢改变和颠覆、把事情做得更好的新想法、为人正直、把优秀的人聚拢在自己身边、热衷于创造真正的价值（基于洞察）。"

　　我们试图找到那些技术模糊不清、很难的商业点，这需要巨大的智力支持，但这些商业点会满足巨大的人类需求，推动社会向前。这些事情不一定要花很多钱，但它们通常要花很多时间，需要真正有使命感的人。

帕里哈毕提亚列出的具有吸引力的创始人品质不言而喻。关于最后一点，本书反复强调，图利的创始人不太可能像有使命感的创始人那样对创造真正的价值感兴趣。为什么反复强调这一点？因为这很重要而且很普遍。你的确会听到一位投资人说："我真的很喜欢投资那些为致富而创业的创始人。"像帕里哈毕提亚一样的人相信，有使命感的创始人在本质上与投资人及用户的利益是一致的。创建一家初创公司是一项如此具有挑战性的工作，因而有使命感的创始人大大增加了公司繁荣壮大的可能性，这也是因为上述的一致性。帕里哈毕提亚是这么解释的："你珍视什么，你就会获得什么。"

28. 基思·拉波伊斯

科斯拉风险投资公司

基思·拉波伊斯（Keith Rabois）自 2013 年 3 月起就一直是科斯拉风险投资公司的合伙人。拉波伊斯曾是 PayPal 的高管，之后在领英就任有影响力的职位，并担任 Square 公司的首席运营官。他加入 PayPal 时，PayPal 每月的资金消耗为 600 万美元，而在他加入领英、Slide 和 Square 时，这些公司都还没有收益。他的投资包括爱彼迎、Counsyl、Eventbrite、Lyft、Mixpanel、Palantir Technologies、Quora、Skybox、Weebly、Wish、Yammer 和 YouTube。他参与社交媒体非常活跃、坦率直言，并且经常就行业话题发表见解。他获得了斯坦福大学的学士学位和哈佛法学院的法学博士学位。

1. "学习投资的唯一方法就是进行投资，投资无法模拟。"

获得他人的反馈在学习过程中十分必要。阅读和学习他人经验很有帮助，但在某些时候，提高技能的唯一方法就是真正参与投资。比如，很多人都参加过课程学习，在课程中他们模拟股市投资进行交易。遗憾的是，对于这样做的人来说，模拟并不能代替投资，因为投资中的大多数错误都是因心理作用而发生的。如果没有在真实的情境中测试自己的情绪并从真实的反馈中学习，那么你实际上并没有把自己放在一个可以测试自己情绪控制能力的地方。

我读过的关于投资最有用的一篇文章是理查德·泽克豪斯所写的《投资于未知和不可知》。在该文中，泽克豪斯写了下面一段话：

> 最聪明的投资者通过投资未知的和不可知的（unknown and unknowable，UU）获得了可观回报。但他们这样做是理由充分的、明智的。本文解释了这类投资者所运用的一些核心原则。首先讨论的是"无知"，这是现实投资领域中的普遍现象。在投资领域中，甚至可能的状态是什么样的都是未知的。传统的财务理论并不适用于 UU 的情况……当资金与补充性能力相结合，比如知道如何开发新技术时，许多巨额投资就会出现。

谁拥有这些补充性能力？泽克豪斯写道：投资者可以获得丰厚的回报……因为处于早期阶段的公司需要他们的能力和人脉。简而言之，这些投资的回报来自稀缺的能力和明智的投资选择。

泽克豪斯用表 28-1 阐明了风险、不确定性和无知三者之间的不同。

表 28 - 1　　　　　　有效投资面临不断升级的挑战

三种状态	关于世界状况的知识	投资环境	需要的能力
风险	概率已知	投资回报的分布已知	投资组合优化
不确定性	概率未知	推测投资回报的分布	投资组合优化；决策理论
无知	世界状况未知	推测投资回报的分布，通常通过他人行为推测；补充性能力通常会与投资一起获得回报	投资组合优化；决策理论；补充性能力（理想状态）；战略性推理

具有补充性能力的投资者，其能力的获得是通过多年在现实世界的投资，以及作为创始人或早期员工参与初创公司的工作。模拟风险投资无法让投资者在不确定和无知的环境中获得收益，成为风险投资者最好的方法就是实际进行风险投资，没有什么能够代替实践经验。

2. "早期，几乎我认识的每一位成功的创业者都不太在乎经济条款，他们更在乎要与谁合作。"

如果有选择权，那就选择拥有恰当的能力组合、出色的背景和良好的性格的投资者，从他那里筹集资金。

科斯拉风险投资公司认为，投资者给创业者的建议和指导的质量非常重要，他们给予公司的是"风险支持"，而不是"风险资金"。根据泽克豪斯的分类方式，是补充性能力而非资金造就了超凡的投资结果。有心的创始人已经发现，年复一年不断获得大满贯结果的总是那些投资人。

　　每个人的能力组合中一个重要的方面是早期运气。早期比较幸运的那些人会通过叫作"累积优势"的过程在最后获得较多的能力。创业者应该从中明白的一点是：钱是可以取代的，投资者的能力却不可取代。钱都是一样的（假设交易条款一样），但投资者却是不一样的。能力应该成为创业者选择投资者的重要因素。

　　对于投资者来说，除了补充性能力的重要性，我们很难否认：拥有一家顶级风险投资公司也会给他们带来信号传递效应价值。世界充满了不确定性，人们在做决定时会去寻找信号。员工和其他人被吸引到初创公司，是因为他们看到另一些人加入这家公司。成功会以非线性的方式带来更多的成功。

　　3. "寻找作为局外人的创始人。"

　　　　如果知道该往哪里看，凸性其实无处不在。但是，最好的正向凸性通常只能在没有人关注的地方找到。如果一个创始人是局外人，他更有可能发现其他人没关注或关注了却没有看到的东西。投资者不可能凭随大流就可以发现错误定价的凸性。关键的一点是，对于成熟的投资人来说，不确定性和无知的情况是他们的朋友。在不确定性和无知的情境中，你可以发现拉波伊斯所说的局外人。

　　4. "最优秀的创始人能用简单的概念来传达极其复杂的观点，能看到普通人看不到的东西。他们足智多谋，总有新创意，而且不墨守成规。"

拉波伊斯在这段话中指出了一个伟大的创始人应具备的四种重要品质。首先，他们可以用容易理解的方式表达自己的想法。其次，他们看待问题的方式很独特。伟大的创始人在至少一个重要的方面不会像常人那样思考，他们至少会对一件重要的事情毫不畏惧。再次，成功的创始人几乎总是拥有杰夫·贝佐斯所说的希望未来伴侣具备的特质。贝佐斯说，他想要一个足够机智、有办法的妻子，可以将他从第三世界监狱里救出来。最后，他们明白，要想使自己的公司获得非同一般的成功（不仅仅在财务方面），他们必须对某些重要的事情有不同的看法，而且他们与大部分人相左的看法必须是正确的。除了造就伟大创始人的这四种品质之外，当然还有其他的特质，包括招聘人才的能力、找到与他们自己技能互补的人才的能力。

找到原本是圈外人的创始人的能力对投资者来说是一项特别有价值的能力。我相信，寻找最优秀的创始人所涉及的能力无疑是基于模式识别的。投资人在实际中见的创始人越多，就越能"在看到时辨别出来"。

5. "天使和专业投资者之间有着本质的区别。我称前者为业余投资人，称后者为风险投资人。"

当一个人开始用他人的钱做投资时，他就不再是一个天使，而是专业的投资者。在我看来，像罗恩·康韦和迈克·梅普斯这样优秀的职业种子期投资人，不应该被称为天使，而应该叫专业种子阶段投资人。专业投资者提供的不仅仅是资金，更重要的是，他们不太可能提出没有价值的要求，分创业者的心。

6. "我们想做的是过去被称为风险投资的东西，而不是增长投资。"

那些在初创公司的早期阶段表现出色的风险投资人，提供给公司的不仅仅是钱。后期融资往往更多的是获得资金，而不是从风险投资人那里获得重要的帮助。大型共同基金进入增长投资业务领域，自然而然地推动一些风险投资人将关注点集中在更早的融资轮上，在这些阶段，他们可以带来更多价值。

7. "许多创业者募集的资金比他们所需要的多，这可能会引发衍生后果，使公司走上不健康的道路。"

风险投资人推动初创公司融过多资金的例子很多。有经验的投资人经常花时间告诉创业者要少融资，而不是更多。经验丰富的投资人知道，如果一家公司融了太多的钱，那么公司中就可能会出现一种倾向：用不是最优的方法来解决创业初期不可避免会出现的那些问题。试图用金钱而不是策略来解决问题往往会导致某种形式的无效。换句话说，仅仅用金钱来解决难题并不会使公司发展。更好的方法是用创新和健全的企业文化来解决问题。例如，一位有才华但与创始人有分歧的软件开发人员提出要辞职，也许能用金钱留住他，但更好的方法是提供指导，或者给他提供另一个岗位的工作机会。

8. "第一原则：你所建立的团队就是你所创建的公司。"

拉波伊斯说，当他加入 Square 董事会的时候，他第一次听到维诺德·科斯拉的这句话。一些投资者认为，公司的一切都始于人，另外一些人则认为产品更重要，但很显然，两者都是创建公司的基本要素。还有一些风险投资者认为，庞大的潜在市场是最重要的。有人可能会说，要素重要性排序的过程有点像问父母哪个孩子是他们最喜欢的。大多数父母都会回答："每个孩子我都喜欢。"

9."公司中优秀的人才分为两类：一类是有子弹的人，一类是有枪的人。你可以加上你想要的所有子弹，但是如果你的公司只有五支枪，实际上只能同时做五件事。如果加一支枪，你可以突然多 1/6 的能力；如果再加一支，你可以同时做七件事。因此，找到那些可以射击的枪支是关键。"

我曾经和克雷格·麦考一起见过波音公司的一位高管，这位高管说，公司里有成千上万名工程师，只有七人能够设计出一架完整的飞机。他说，他可以说出这七名工程师的名字。这些工程师相当于拉波伊斯所说的"枪"。"枪"就是独一无二的员工，他们为其他员工达成目标提供方向。找到并招聘"枪"并不容易，非常难得。在现实中，"枪"十分难得，聘请到很多"枪"的情况并不多见。

10."在硅谷，优秀的人才分散在许多公司中，所以成功公司并不多。"

一般来说，你想要聘请那些和公司有着相同"第一原则"的人，"第一原则"与战略、人员、文化有关。

当进入一个未知领域，你没有这方面的知识背景，你需要来自与你非常不同的那些人的视角。从这个角度来说，拥有多样化的人员非常重要。

　　同时拥有具有凸性的想法、才华横溢的工程师、优秀的团队这三者的创始人才可以成就伟大的公司，然而这样的创始人并不多。这种稀缺往往会在风投行业引发激烈的竞争，因为争夺最优秀人才的竞争非常激烈。

　　11."将自己的时间和优先事项相匹配是非常重要的。"

　　投资者最稀缺的资源是自己的时间。投资者能负责的公司董事会或者能帮忙进行招聘的公司只能那么多，风险投资公司或合伙人能投资的初创公司只能这么多，否则效率就会降低、表现不佳。

　　12."作为一名首席执行官，你的工作是编辑，而不是写作。每当做一件事的时候，你都应该好好想一想，问问自己：'我是在写作还是在编辑？'你必须明白两者的区别。"

　　我读到这段话时，想到的是埃里克·施密特对玛丽莎·梅耶尔（Marissa Mayer）的建议：

　　　　作为领导，你要做的是防守，而不是进攻。团队一起决定了我们努力的方向，你的工作就是扫清道路，消除路上的障碍，让团队的决策更高效，让团队跑得更快、更远。

　　首席执行官必须决定什么是重要的。"编辑"工作应该留给那些重要的事情。在某些情况下，团队需要更多的监督，正如拉波伊斯指出的那样：有些人知道自己不知道什么，有些人并不知道自己不知道什么。在他们能很好地区分之前，首席执行官需要监督，不能让团队失控。

29. 安迪·拉切列夫
Wealthfront 公司

1995—2004 年，安迪·拉切列夫一直是 Benchmark 资本公司的普通合伙人。拉切列夫是风险投资领域最有见地的思想家之一。他创造并表达了一种具有聚合力的风险投资哲学，无人能与之匹敌。你越仔细地审视他的想法，你就越能意识到这些想法是多么合理又深刻。他在斯坦福大学商学院授课，愿意将他所经历的那些实践案例以及他的学术知识无私地分享出来，这本身就激励人心。在创办 Benchmark 资本公司之前，拉切列夫是 Merrill、Pickard、Anderson&Eyre 公司的普通合伙人。他是 Wealthfront 的联合创始人和执行主席。他于 1980 年获得宾夕法尼亚大学的学士学位，并于 1984 年获得斯坦福大学商学院工商管理硕士学位。

1. "当伟大的团队遇到糟糕的市场，市场赢。当糟糕的团队遇到伟大的市场，市场赢。当伟大的团队遇到伟大的市场，会发生不同寻常的事情。"

> 如果市场真的需要你的产品（狗吃狗粮），就是把公司里的一切都搞砸，你也会成功。相反，如果你的公司真的做得很好，但是狗不想吃狗粮，你就没有赢的机会。

当伟大的产品遇到伟大的市场，公司的首席执行官会看起来很伟大——不管他的能力如何。当一位有才华的首席执行官试图通过糟糕的产品或糟糕的市场取得成功时，结果必然是糟糕的。沃伦·巴菲特也曾表达过类似的想法："当一个以出色业绩闻名的管理团队接手一家经济状况不好的公司时，公司状况很难得到改善。"拉切列夫做投资时想要的是好的管理和好的市场。

2. "当一个颠覆性的产品进入之前未被服务的市场，这叫作新市场颠覆；当相对于市场上已有的产品，出现了一种更简洁、更便宜、更便利的替代品，这叫作低级颠覆。硅谷的文化是设计'更优、更便宜、更快'的产品的文化，但这并不意味着这些产品具有颠覆性。"

商业、医疗等行业的人都能看到创新的步伐在加快。人们不再购买大量的固定设备（如机床），这并不是创新放缓的证据。关注实体经济的人都能清楚地看到，软件正在取代固定设备。创新正在加速，但并非所有的创新都能产生利润。一种简单的分析颠覆性创新的方法，就是当一家公司研发出了能够削弱或消除另一家公司的竞争优势的创新产品时，颠覆就发生了。创新既创造又破坏竞争优势，因此也会带来利润。用户总是从创新中受益。生产者只是有时会从创新中受益，这取决于创新是创造还是破坏了护城河。

3. "真正的大赢家不是先从市场开始，然后开发产品；而是先有产品，再找到市场。"

发现巨大的新市场可以获得巨额利润。当某种非线性现象（如摩尔定律）推动了产品的改进，发现巨大的新市场更有可能。谷歌和 eBay 经常被作为这样的案例引用，这两家公司都是先开发出了产品，然后才找到了新的市场。说服用户、分销商及其他合作伙伴以前所未有的方式看待世界，从而创建新市场，这并不容易，但一旦成功，往往能造就伟大的公司。

4. "创新并非易事。"

伟大的创业者都是拥有信念和使命感的人，他们创业并不单纯是为了逐利。拥有使命感的创业者忠诚于自己的洞察，金钱只是次之的东西。逐利的创业者主要目标是钱，落在创业正态分布曲线中间的某个地方，他们很少有想要改变世界的愿望，而这种愿望是取得巨大的成就所必需的；他们也没有耐心去了解自己的想法。我并不是对他们提前获得回报不满，只是觉得他们不是最好的创业者。

在每年新产生的大满贯中，只有很少一部分是推动风险投资高额回报的因素，同一个创始人多次尝试去挑战特别困难的事情的概率很低。某一个特定的人有可能多次获得大满贯这样的成功，但是能获得这个水平的成功的总人数是有限的。那些在早期或中途就把公司卖掉的人通常没能够坚持足够长久。经验表明，帮助产生大满贯结果的很可能是真挚的热情和所属领域的专业知识，而不是拉切列夫所说的"生产创新"。

5. "我们从不投资没有推荐人推荐的公司，也不投资我们不知道的创业者。"

　　这是某种形式的检验，如果你不能得到投资人的推荐，你也不太可能成功地说服其他投资人投资你的公司。

做一名创业者需要在最广泛的意义上进行有效的销售。创业者必须能推销创意、产品和服务，要说服合作伙伴、投资者、潜在员工、媒体等认可他们。最重要的是，他们必须把公司背后的想法推销给投资者。

6. "风险投资是具有周期性的行业。1980 年到 1983 年的这个周期看起来和 1996 年到 1999 年的非常相似，只是在各个维度上都小一个数量级。"

我不认为泡沫是事物被过高估值的一种环境；相反，我认为泡沫是糟糕的公司被过高估值的环境。

拉切列夫及许多其他投资人都是著名投资人霍华德·马克斯的粉丝。马克斯喜欢强调：商业周期是一直存在的，最好的办法是期待商业周期无法避免、不可预测的变化。马克斯提醒说：你可以做好准备，但无法预测。风险投资比其他许多市场的周期性特点更明显。不同行业、不同部门的商业周期往往不同步，这使得现实世界既有趣又充满挑战。投资者用承诺资本应对周期，所以他们一直都有很好的流动性；更重要的是，在经济下行期，他们手上也会有资金。一些最好的投资都是在市场调整期进行的，因为这时候更容易招聘到优秀的人才，其他资源也更容易获得。

7. "对于在硅谷工作的人士，我的建议都基于一个简单的理念：你选择哪家公司比其他一切都重要，比你的职位、薪酬、职责都要重要。"

在当今市场上，反馈是驱动公司获得回报的因素。正如里德·霍夫曼所说，你为哪家公司工作、你从谁身上学习比以往任何时候都重要。尽早建立关系网络无论是对于商业还是对于生活都是很重要的，尤其是在数字时代。建立关系网络是一种技能。学会付出、让自己成为值得信赖的人，都是宝贵的人生经验。付出的越多，收获的就越多，尤其是在网络经济中。

8. "人们总是想要回报，但不喜欢冒险。"

许多人会谈论有关风险和不确定性的好生意，但真的要开始做些什么的时候，他们却又退缩了。大多数人都倾向于规避风险，这意味着一些愿意冒险又有能力的人有时就能够发现错误定价的凸性。

9. "你失败过多少次并不重要，重要的是你的成功足够大。"

作为投资者，你可能会损失掉全部的钱。做投资，你必须愿意承受经常犯错的代价。风险投资是我所知道的极少数你可以在70%的时间都犯错，还能非常出色的行业。

迈克尔·莫布森最为简明扼要地阐述了这一点："正确的频率并不重要，重要的是正确的程度。"许多投资者投资的公司做的是具有社交属性的产品，任何具有社交属性的产品都会经历累积优势和路径依赖，这往往会产生一些巨大的赢家和许多失败的初创公司。

10. "当谈到给风险投资公司投资时，我会遵循格劳乔·马克斯（Groucho Marx）的名言：'永远不要以会员形式加入任何俱乐部。'"

最好的风险投资公司不需要你的钱。你有机会投资一家排名前十的风险投资公司的概率很低，因为这些公司都有长期的有限合伙人，他们投资于每个基金。最好的风险投资公司通常能筹集到更多的资金，但它不会这样做，因为会拖累财务回报。风险投资是一项不容易扩大规模的业务。例如，一家风险投资公司会决定筹集4亿美元——事实上它有能力筹集到8亿美元或者更多。从有限合伙人中手中筹集的钱越多，在基金的整个生命周期中，这些钱变成三倍就越难。

对创业者来说，最重要的是，必须尽可能找到最优秀的投资者。显然，不是每个初创公司都能从排名前10%的风险投资公司获得资金。

11. "可以用一个2乘2矩阵来解释投资这件事。一个轴代表你正确或错误的决定，另一个轴代表你是与大流一致还是不一致。很显然，如果你错了，你赚不到钱。大多数人没有意识到的是，如果你是正确的并且与大流一致，那么你也赚不到钱，因为收益会被套利。作为投资人和创业者，获得巨额回报的唯一途径是正确并且与大流不一致。"

你必须时常来点反向思维，并且在使用反向思维的时候正确的次数要足够多，只有这样，你才能超越大众。理想情况下，这意味着凸性结果的投资。

12. "除了我的妻子，布鲁斯·唐勒维是对我影响最大的人。他的建议是，把枪放在他人的手上。换句话说，如果你正在和某人谈判，你让他们告诉你他们觉得怎样是公平的，然后你就这么去做。最好的方式是先信任别人，而不是让别人证明他是值得信任的。"

我从投资人布鲁斯·唐勒维身上学到了很多东西，尤其值得一提的是，他是一个考虑周全、全面发展、值得信赖的人。在生活中拥有具备这些品质的同事是一件美好的事情。作为一种回报，当你与可以信任的高素质人群建立起关系网络时，你就拥有了查理·芒格所说的"值得信任的无缝网络"，它可以让你提高效率并获得更好的财务回报。但这些好处不应该让你忘记一个事实：做一个好人本身就是一种回报。

30. 纳瓦尔·拉维康特

AngelList 公司

纳瓦尔·拉维康特（Naval Ravikant），AngelList 公司的首席执行官和合伙创始人。拉维康特之前曾和其他人共同创建了 Epinions（已作为 Shopping.com 的一部分上市）和 Vast.com 网站。拉维康特还曾在@Home Network 的战略规划团队工作，并在波士顿咨询集团做高科技实践方面的顾问。他是许多公司的种子投资者，包括 Optimizely、Postmates、Stack Overflow、Thumbtack、Twitter、优步、Wish。拉维康特在达特茅斯学院获得计算机科学和经济学位。

1. "创建一家公司的成本已经大幅降低。"

   随着启动创业试验的成本开始下降，更多的创业试验正在被启动。

   三年前，在筹集种子资金前，公司完成了首次服务的原型。两年前，在筹集资金前，公司已完成产品的发布。现在，在开始寻找种子资金的时候，公司已开始吸引用户基数。

在开发更好的产品和服务方面，创业者现在采用的方式是进行"演绎式的修修补补"。埃里克·莱斯这样描述这个过程："学会如何建立一家可持续发展的公司是不断试验的结果，试验包含三个步骤：构建、评估、学习。"为什么试验在经济中如此重要？因为试验是应对复杂适应性系统的最好方法，经济系统就是这样一种系统。

经济系统是一个复杂的系统，它是网络化的，因而具有适应性；与简单的形式主义（如传统物理学所使用的）不同，它无法准确预测结果。在复杂的、适应性的系统（如经济系统或商业系统）中，正确的方法是通过尝试和犯错而不是预测来发现解决方案。纳西姆·塔勒布描述了为什么试验方法在商业系统中是有效的：

> 在复杂系统中，我们无法知晓因果关系链。在这样的系统中，修修补补、尝试和犯错这样的方式已经广泛展示出它是比有目的的行动更有效的方式，它是自然推进的方法。但是，修补必须具有凸性，这很必要。为了得到有用的结果，在这个过程中，人们期待拥有选择权，而不是义务。这一点很重要，这样才能获得好的结果，并且不被不利结果影响。

> 在一个具有凸性的项目中，创业者或投资者最多

可以损失的是他们在初创公司投资的全部，然而他们

可能获得的回报却是投资的许多倍。

2．"成功率虽然是在下降，但这是因为进行创业试验的成本下降了，所以创业试验增多了。在过去，我们会花费 1 000 万美元请市场研究公司来分析新产品的未来市场情况。今天，也许同一家公司用少于 100 万～200 万美元就能做到。作为整体，资本可能会产生相同或更好的回报，但是，如果失败的成本是过去的一半还不到，实际上也是在省钱，这是一个更有效的市场。"

从绝对性来说，更多的试验必然意味着更多的失败。随着商业试验速度的提高，装模作样试图创建新公司的人数必然会增加，这将使得失败率增加。然而，总体来说，由于试验次数的增加而导致的整体成功率较低，是一种积极权衡的结果，因为社会从不断增加的创新中受益。尽管大多数试验都失败了，但其净社会效益还是存在的，一些试验是在边缘处进行的，这些装模作样的人很少或根本不知道自己在做什么。有些失败对于商业过程是至关重要的，因为它们是试验和创新，给成功提供保障。商业试验成本的大幅降低，极大地加快了创新流程的节奏。现在的创造性破坏过程就像服用了类固醇一样充满力量，使得利润转化为消费者剩余的比例空前之高，尤其是在科技行业。真正的经济是混乱无序的，伴随很多的失败，但失败是带来创新和健康经济过程必不可少的一部分。失败确实无处不在，它对商业的运行至关重要。

3. "融资市场往往持分化的观点，因为结果是分化的。"

初创公司的结果呈现幂律分布。创业融资看起来也是一样的，没有人会给你提供基金，直到你超额认购。在许多情况下，市场的性质变得更加消费化，人们已经意识到网络效应是如何起作用的。

网络效应正日益推动着财务上的成功和失败。谷歌是一个产生强大网络效应的公司的例子，摩托罗拉和黑莓是失去网络效应的公司的例子。投资者越来越认识到，网络效应是决定成功的因素，所以他们将更多的资金投入少数被认为有动力的公司，因为这些公司首先实现了产品与市场的匹配。因此，有些公司可以轻而易举地筹集到数十亿美元的风险资本，而其他公司却无法筹集到哪怕是少量的资金。

4. "互联网产生许多套利机会。你能想到的任何产品或服务都被人想到并尝试过。要想找到某种产品或服务，唯一的方法就是以非理性的程度坚持下去，并尝试一大堆事情。"

创业试验的数量增长如此之快，给创业者留下的明显的创业空间越来越少了。创业以前所未有的效率和速度发展着。如果一个人的商业计划是做些传统的事情，那么他将在激烈的竞争中无处可藏。这种现象赋予真正的产品突破式创新优势地位，真正的产品突破式创新常来自原始的研发和快速的试验。

5. "做第一，会获得回报，但是要想做第一，你就没有时间等待一致认可。"

在现代互联网经济中，第一个实现产品-市场匹配的公司往往是赢家。这意味着胆小的创业者在做反向投资时会处于很大的劣势地位。如果另一家公司通过正确地进行同样的反向投资首先启动，那么要赶上它几乎是不可能的，即便能，成本也会非常高。商业中的速度和敏捷性从没有像今天这样重要。

6. "市场必须非常大，因为每个人都会犯错，你不可能第一次就完全正确。那些不做大轴心的公司总是在做微轴心。你需要一个足够大的市场，才可以在其中围绕自己的轴心展开探索。"

投资者和创业者一直喜欢大的潜在市场。但是，由于技术进步导致的竞争日益激烈，投资者和创业者对大型潜在市场的需要从来没有像今天这样强烈。拥有巨大的潜在市场会增强潜在财务回报的凸性，因为它增加了可选择性。换句话说，如果潜在市场很大，公司就会有更多的空间进行调整。相反，小的潜在市场为创业者提供的选择更少，凸性也会更小。

7. "10亿美元的种子基金会摧毁整个市场，并使价格一夜之间上涨20%。"

我认为，我们无法在不扭曲市场的情况下配置这种类型的资本。

即便是所筹集的4亿美元，我们也会在6～8年内分摊使用。也许在第一年，当我们弄清楚商业模式时，我们会部署2 000万或3 000万美元，然后根据规模进行扩展。

风险投资市场受到全方位的制约，因为初创公司可能会进行财务退出。弗雷德·威尔逊和其他人曾就可扩展性问题有过描述。可扩展性问题意味着，在像美国这样的国家，2016 年只有大约 800 家初创公司募集到第一笔风险资本。这种制约是因为经济体吸收新业务的能力有限。然而，经济体向获得风险投资的公司提供财务退出选择的能力近年逐渐增强。理论上，退出的全部资金的价值可能比过去更大，但在实践中，这些数字并不意味着可能会发生那样的情况。

8. "建立大公司和小公司一样困难，所以创始人不妨建立一个大公司——二者付出的努力差不多。"

如果创始人要在两件事之间做选择，这两件事需要付出的努力和工作量相同，成功的概率也一样，但一个有潜在的巨大回报，另一个则相对较小，那么这个决定很简单：选择回报更大的那个。所有决策都需要基本的机会成本分析。许多重大的决策也应该以这样的方式做出。但遗憾的是，实际情况很少是这样。所有的投资机会都应基于期望价值去评估。沃伦·巴菲特的建议是："用可能获得的收益乘以获得该收益的概率，再用可能的损失乘以该损失发生的概率，然后用前者减去后者。这就是我们努力要做的。虽然这方法并不完美，但这就是事情的全部。"

9. "我使用沃伦·巴菲特评估团队的标准来评估一个团队：聪明、诚信、活力。你需要非常聪明、非常勤奋、值得信赖的人。很多人忘记了诚信这一条，如果缺少了这一标准，那么你招聘的人很可能是非常勤奋的骗子，他们会找到欺骗你的方法。"

是否聪明、是否有活力更容易评测。诚信才是最重要的素质。

有一个诚实的同事或合伙人会增加投资的选择性，因为信任会带给你更多的选择。你做决策时，会因之变得更迅速、更有信心，工作会有更多的乐趣，生活会更加美好。研究表明："高信任度的社会实现了更高的经济增长，因为交易成本降低了。由于信任保护了财产和合同权利，因此在一个充满信任的社会中，不再需要保护资源，而是可以将资源投入生产中。"这些关于信任价值的观念既适用于公司，也适用于个人层面。创新经济之所以仍然如此集中在硅谷，原因之一是硅谷高度互联的信任网络。大家互相之间都认识，有很多简单的方法可以检查和确认（或否定）新的创业者和投资者。

10. "公司之所以失败，有两个原因：创始人放弃了，或是钱用光了。"

不要骄傲，尽可能筹集资金，资金就是一切。

筹集两倍的资金，使它维持四倍长的时间之用。假装你在银行里没有钱，精益运行。单位经济至少要能保证盈亏平衡，保持最少的员工人数，筹集资金，并使用尽可能长的时间。建立一家伟大的公司需要十年时间，没有捷径可循。

　　在商业中唯一不可原谅的罪过是将资金用光。资金会给公司带来什么？选择。选择可以带来什么？凸性。到现在为止，你可能已经明白，凸性到处都有，条件是你要知道如何看待它。拉维康特说：

> 有一些类型的公司或市场是无法通过风险资本获得融资的，包括服务行业的公司、已完全没有影响的市场。如果你正在打一场已经赢了的战争，你最好有一些真正的核心差异化的东西和增长牵引力。其他使公司无法获得风险投资的因素包括：没有足够的技术人员，完全没有市场的行业，在产品发布前就做得不好的公司，没有信誉的团队。没有筹集到资金的公司往往是那些说得太多、做得太少的公司。个人简历是一个人过去行为的记录，而现在工作的执行力是一个人现阶段行为的记录。谈论你将来要做什么几乎是毫无意义的，谈论你能成为什么样的人同样毫无意义。人们想要证据。许多人谈到过这一点。

　　许多初创公司无法获得到风险资本的投资，但对于这些公司而言，这并不是世界末日。有很多方式可以获得资金，并不是只有风险资本这一种方式。

　　11.“在创业时，微观经济学是根本，宏观经济学是消遣。”

> 获得真正的增长很难，筹集几百万美元很难，建立一家可持续的、长期的公司很难。你的公司没有实现产品-市场的匹配，就会面临招人的困难。
>
> 我们并不缺少优秀的开发者和设计者，创始人却

又太多。

如果你想在商业上取得成功，理解微观经济学是必不可少的。在 2016 年伯克希尔·哈撒韦公司的股东大会上，查理·芒格解释了微观经济学和宏观经济学的区别："微观经济学就是我们所做的事情，宏观经济学是我们不得不忍受的。"

12. "似乎太多的部门，无论是公共部门还是私人部门，都在以分割馅饼为生，而不是烤馅饼。"

人生太短，不要与装腔作势的人共事。如果你和那些不做任何事情的人混在一起，很危险的是：你最终会习惯于什么都不做。找到那些愿意努力付出的人并和他们一起工作，就是这么简单。没有什么比做出积极的改变更好的了。

31. 海蒂·罗伊森

德丰杰风投公司

海蒂·罗伊森（Heidi Roizen）目前是硅谷风险投资公司DFJ 的运营合伙人。她是一位先锋式的创业者、公司高管、公司董事、风险投资人和教育家。罗伊森在其职业生涯早期就明白了关系在技术行业的重要性。她是 T/Maker 软件公司的联合创始人，并担任首席执行官达 12 年之久。在苹果公司担任负责全球开发者关系的副总裁一年后，她成为一名风险投资者。1999—2007 年，罗伊森曾是 Mobius 风险资本公司的总经理。她还曾在 TiVo、Great Plains 软件公司及软件出版协会等机构中任职。她获得了斯坦福大学的本科学位和斯坦福大学商学院的工商管理硕士学位。

1. "尽管这些数字很可能是错误的，但你是如何得到这些数字的，背后隐藏的思考至关重要。把每个假设都当作一个表盘。在确定哪些数字与重要事项有关联的问题上，如果结果只有一半的效度，那么它们会对最终结果产生什么样的影响？要是两倍有效呢？在影响最大的因素中，有哪些潜在因素决定了它们的结果？哪些会击垮你的公司？"

对于财务报表中的数字，有些人过于相信。财务报表中的数字只是数字而已。它们往往是某人疯狂的猜测或电子表格中的"单变量求解"函数①。实际情况是，财务报表是关于特定结果的假设，而真实的情况隐藏在这些数字背后，需要你去寻找真相。如果垃圾进入财务报表中，出来的就是垃圾。罗伊森在这里想表达的意思是：数字之间的关系（特别是数字在财务模型中对彼此的敏感度）才是真正重要的，能揭示深刻的洞察。例如，如果获取一个用户的成本较高，而你可以从财务模型中得知用户流失带来的危害更大，那么，在用户保留方面进行大力投入，也许才是更好的办法。同样，如果营销和销售的开支占了收入的50％以上，那么你就需要确保销售的产品的成本足够低。

2. "过去几年，创业者犯的最大错误之一是：'我拥有一家公司，我以500万美元的价格卖掉50％的股份，而当那500万美元进到公司的银行账户里时，我就有250万美元。'其实，你并没有。你有500万美元的债务，通常有3～4个流动偏好，还有需要偿还的参投，然后才能看到一分钱的进账。那笔钱是很

---

① 为得出特定结果，而进行单变量求解。——译者注

宝贵的，这也是为什么我要提醒每个人：条款比估值更重要。我们的许多投资会损失掉，我们再也看不到那笔钱了。但是，如果公司因你的汗水和我们的钱而产生了价值，那就是我们的钱得到回报了。"

　　经验不足的创业者对交易条款的关注太少。创业者需要清楚诸如清算优先权这样的条款，这很重要。筹集的资金可能比许多创始人和首席执行官想象的要昂贵得多，尤其是如果他们首先关注的是收到的资金，而不是融资的条款。股权稀释是痛苦的，但有些人却认为，使用筹集到的资金的最佳方式是去租能看到风景的漂亮办公室。

　　3. "如果你是首席执行官，你就几乎失去了自由，因为你不能打退堂鼓。"

　　　　我筹集了资金，我招聘了所有这些人，我给了投资者承诺，我要为他们带来好的回报。我并不只是出门随便走走。我记得，每天我走进公司，我们大约有100名员工，我会数停车场里停放的汽车，我会想汽车的贷款。

　　如果你进入一家初创公司工作，你不一定非得是首席执行官才会感到要对同事们负责。当我在一家初创公司工作时，我经常想到的是，不能让员工们无法偿还抵押贷款，或者没有工作不得已只能回家。如果你是一个有责任心的人，责任是一个巨大的激励因素。当然，在遇到危机时或者当事情变得糟糕时，有些人会留下来和你在一起共渡难关，但也有些人不会。

4. "创业是一项团体项目，同时也会有许多孤独时刻。"

我曾经是一名创业者，那时候我的生活并不平衡。我认为，我们的生活是以连续的方式在进行。有些阶段，你没有时间去做想做的所有事情。如果真的对某件事感到兴奋，你可以在某段时间内专注于它。

20世纪90年代，我有5年的时间，每年飞行50万英里（大部分是国际航班），几乎总是独自一人在我创业的公司中做商务开发，我的生活是失衡的。当时，我觉得有三件事我可以做：工作、家庭和个人生活。我决定把重心放在前两个。在我看来，你在建立初创公司的过程中不做出取舍是不现实的。你可以说，你以后会试图做到平衡，但有时，甚至经常，平衡是不可能达到的。创业是一项极限运动，如果你的另一半是一位圣人，可能会好很多。

5. "如果你总是想做房间里最聪明的人，那你建立的将是一个糟糕的团队。你真的想要一个对销售的了解比你少的副总裁吗？你真的想要一个对会计的了解比你还少的财务总监吗？当然不。你必须承担风险，以找到合适的人，然后信任那些关系。你的工作是给这些人授权，并确保他们工作顺利。我的目标一直都是成为房间里最笨的人，因为我想要我的周围是那些真正聪明的、非常了不起的人，这样才会发生激动人心的改变世界的事情。"

最优秀、最有才华的人希望与最优秀、最有才华的人共事。公司成功的关键在于产生良性反馈循环，而雇用最优秀的员工可以说是最重要的良性反馈循环的保证。

6."你所拥有的最重要的东西是时间，因为失去的不会再有。"

时间几乎总是最稀缺的资源。你需要明智地分配时间，找一些方法来摆脱那些会成为时间陷阱的人和活动。正如彼得·德鲁克曾经说过的："没有什么比高效地做那些根本不应该做的事情更没有意义了。"

7."不是每笔交易都应该有风险资本。"

有很多公司可以产生有吸引力的经济回报，但这些公司不一定适合风险资本。这些公司可以依靠像储蓄和银行贷款这样的资金来源来启动或建立。很多人在没有筹集一分钱风险资本的情况下建立了自己的公司，一些非常成功的公司在创办后的很多年里都未筹集风险资本。这些公司可能从生活方式型公司①开始，到最后发展得远超出创始人的想象。比尔·格利指出："只付出人力，建立2～3个人的公司，其实花不了多少钱。"但是，如果创始人想要创造可以实现大满贯财务目标的潜力，他们就需要筹集能够产生必要的增长的风险资本。

8."不要害怕失败，每个人都会失败，忘记它！承认自己的失败，做出补救，确保不让该错误再次发生，然后继续前进。"

在大多数过程中，错误是必要的一部分，只要错误不太大，

---

① 生活方式型公司是指其创始人更想追求一种反映其生活方式的兴趣，只是为了一种舒适的生活，而非为了赚钱。——译者注

只要犯的错误不是在重复以前犯过的错误。失败是风险行业的必要组成部分，因为它是获取凸性不可或缺的部分。你不可能不打破鸡蛋就做出煎蛋卷，但你也可能打破了很多鸡蛋，还是没能做出像样的煎蛋卷。

9. "掌控之外的事情一定会发生，认清这个事实。"

生活中太多的事情是由运气决定的。罗伊森的意思是，你常常无法控制生活中发生的事情，当此类事情发生时，你必须面对变化，并勇敢地应对。当不幸发生时，你最不该做的是不接受现实。

10. "20/40/60 法则：20 多岁时，我们在意他人对我们的评价；40 岁时，我们懂得别人说什么并不重要；60 岁时，我们认识到别人对我们不感兴趣。"

你的老板不会关心你，你的同事不会关心你，你应该自己关心自己的事。

当人们为自己在生活中经历的失败感到不安时，通常情况下，他们是唯一真正注意到所发生的事情的人。不要担心。重新启动你的个人能量，继续前进。在功能文化中，"失败"只是"经验"的代名词。同样，当你认为某人在照顾你的时候，实际上并非如此。所以，明智的做法是照顾好自己，珍惜那些关心你的为数不多的人。如果你找到了一个支持你的工作环境，那也要珍惜。

11. "现在，'网络'与建立人际关系、和感兴趣的人建立联系相关。"

以关系为导向而不是以交易为导向。

建立关系网络也意味着从你能给予什么开始。

《驱动力》（*Drive*）一书的作者丹尼尔·平克（Daniel Pink）在书中谈到了互惠原则——如果你帮了别人一个忙，他们会觉得有义务为你做点什么。

我与他人合写过一本关于建立牢固关系的书，书名为《全球谈判者》（*The Global Negotiator*），此书可以在我的博客上免费下载。书要传达的理念很简单：建立关系，不要做交易。罗伯特·西奥迪尼（Robert Cialdini）在他的著作《影响力》（*Influence*）一书中简单地描述了互惠原则："如果你过去曾帮人们实现目标，人们也会帮助你的，这就是互惠原则。"反过来也是如此：当你损害了某人的利益，你会经常发现自己的利益也受到了损害。

12．"谈判是寻找双方需求的最大交集的过程。"

为了创造一种持久的关系，最好把注意力放在双方需求的交叉点上，而不要试图依赖于一个"聪明"的法律协议。当今世界变化的速度意味着我们不可能预见到在与协议条款相关的方面，世界将发生什么样的变化。依靠律师来执行某项交易应该成为最后一种选择。

32. 马克·苏斯特
Upfront 风险投资公司

马克·苏斯特（Mark Suster），创业者、天使投资人，Upfront 风险投资公司的管理合伙人。苏斯特是正在崛起的洛杉矶初创公司和风险投资社区的教父。他很慷慨地在其著作及演讲中给出清晰的投资建议。他勇敢地坚持自己的立场，即便有时他的观点是反向的，这也使得他所说的非常有趣。在加入 Upfront 风险投资公司之前，苏斯特曾在 Salesforce.com 做负责产品管理的副总裁，当时该网站收购了 Koral 公司（苏斯特是该公司的创始人兼首席执行官）。在此之前，苏斯特创办了 BuildOnline 公司——一家欧洲的软件即服务（SaaS）公司。苏斯特从加州大学圣迭戈分校获得经济学学士学位，并获得芝加哥大学工商管理硕士学位。

1. "如果这是你第一次获得融资，不要过度融资，即筹集对你来说适量的钱，不管是 100 万美元、500 万美元，还是 1 000 万美元。"

试着筹集 18～24 个月的资金。

当开胃小菜传过来时，拿两样……但是，放一样在你的口袋里。

我喜欢少筹集一些钱的原因是，这样可以放慢行动的节奏；而且对于刚创办的公司，你真的不知道公司会有什么需求。如果你意识到"我们有目标了"，你就可以去筹更多的钱。

假如说你筹集了 700 万美元，你就在特快列车上。假设投资者预期他们能获得的回报是 4 倍，这可能会有好的结果，也可能什么都没有。请记住，公司被以 1 亿美元以上的价格买下的情况并不多。

投资者想要的是有价值的所有权，"比较好的份额"是公司的 25%～33%。

要小心，不要使银行里的钱少于公司 6 个月的资金需求。当还有 9 个月的时候，就要开始筹集资金。如果资金只够用 3 个月，就应当开始感到恐慌了。

在任何情况下，应该筹集的以及手上应该有的合适资金量取决于以下因素：

· 业务的性质（如资本密集程度如何、用户获取成本有多高、烧钱率有多少）。

· 当前业务所处的生命周期阶段，这是不断变化的。风险投资是一个周期性明显的行业。

众所周知，比尔·盖茨在微软早期曾希望银行里存有足够一整年开支的资金，但是当时的境况、商业模式都与现在有很大的不同，并且公司用的都是自己挣的钱。微软只在临近首次公开募股时筹集过一小笔风险资本，当时是为了说服一位投资者加入董事会，除此之外，没有使用过其他任何风险资本。

2. "资金损耗没有所谓的'合适'数量。密切注意你的跑道。"

　　公司创造的价值必须至少是损耗资金的 3 倍，否则你就是在浪费投资者价值。想一想：如果你以前期 3 000 万美元筹集 1 000 万美元（后期达 4 000 万美元），那么投资者就要求你以至少 1.2 亿美元（3 倍）的价格退出，以达到最低投资的回报目标，因为为风险投资公司投钱的投资者们有这样的预期。因此，花出去的钱应该能增加股权价值或者最终创造出知识产权。

　　使用风险资本就像给公司添加火箭燃料，这会带来很多不好的行为。

高烧钱率和高估值之间存在很大的差别。媒体往往把关于高烧钱率的信息转换成高估值的评价，我认为这是因为与财富相关的概念更容易理解，也是读者热衷的话题。但是，烧钱率和估值不是一回事。在估值合理的环境中，公司可能烧钱过多。烧钱过多会快速导致公司不得不进行股权稀释，或者股权结构表会出问题。当市场基本上停止为公司提供新的资金时，储备的资金可以派上用场。

比尔·格利讲述了一个故事：21世纪初，当互联网泡沫破灭时，因为无法筹集到新的资金，OpenTable不得不大幅削减其资金损耗。通过节约资金，该公司得以坚持多年，直到经济恢复增长。由于我们无法准确预测短期内的市场动态，一定数量的资金缓冲会提供积极的选择权。

3. "正常的风投、传统的风投，每年做两笔交易——从1 000种方案中选出。"

如果一个投资者不想投资你的初创公司，创始人不要往心里去。潜在投资者说"不"有很多原因。创业者们也应该记得，苏斯特引用的数字只提到了前100名投资者（个人，而不是公司）。这些人每年只做200项投资。鉴于大约有4 000家初创公司正在寻找资金，所以不是所有的初创公司都能由前100名投资者投资。投资者所拥有的最稀缺的资产是时间，因此，他们的投资组合中公司数量有限，也只能有效地服务于一定数量的公司董事会。换句话说，投资者的时间比资本更有限。

4. "你必须自己去找订单。"

为了成功地销售产品，你得去"找订单"。如果不这样做，你将永远无法完成销售。如果团队不学习如何销售，即使最好的产品或服务也可能无法获胜。有些人觉得请求别人买自己的东西会很尴尬，有些人则做起来很轻松。为什么会这样？真的很难解释。但是，在过去的几年里，我注意到：在学校里成绩为 B 和 C 的学生通常比得 A 的学生更容易获得订单，那些得 A 的学生往往认为他们不需要求别人。花点时间去做销售是一种有益的生活体验，它通常会使你成为一个更好的买家，当然也会是更好的卖家。

5. "坚韧性可能是创业者身上最重要的特质——做一个永不放弃的人，从不接受否定的答案。"

当我决定投资的时候，我在创业者身上寻找什么？实际上，我寻找很多东西：坚韧（最重要的）、应变能力、领导力、谦逊、关注细节、街头智慧、透明度、对公司的痴迷和对胜利的强烈渴望。

每个成功的初创公司都曾有这样的时刻，似乎灾难近在咫尺、离死亡一步之遥。如果面临灾难时公司创始人和领导者失去了勇气和坚韧，很少会有好的结果。

6. "我不喜欢失败，我真的不喜欢失败。但是，如果想学到东西，就必须拥抱失败。审视失败的原因，寻求真实、坦诚的反馈，不要为自己辩解，试着去理解。同时，要跳出来看清楚导致失败的深层次原因，并将这些经验带到下一次竞争中去。"

我认为，一个好的创业者的标志是能够发现自己的错误，并迅速改正，不再犯同样的错误。我也曾犯过很多错误。

不要辩解。

有很多人嘴巴大、耳朵小，他们说很多话，很少倾听，即使停下来听，也是在想下次什么时候轮到他们说话。

从自己所犯的错误中学习是非常简单的理念。没有什么比时时想想自己犯过的错，更能迫使一个人面对需要做出的改变了。最好的创业者总是做出必要的、实际的改变，而不是仅仅谈论变化。一种更好地发现自己身上的错误的方法，是和可信赖的人在一起，他们会坦诚地告诉你他们对事情的看法。如果你生活中有一个忠诚可靠的人，善于倾听，有良好的判断力，愿意给你合理的建议，你就有了真正无价的财富。

7. "真正的创业者往往是在市场低迷时产生的。"

创业的最佳时机往往是在市场低迷时：雇人更容易，竞争也更少。例如，1998 年，谷歌成立。几年后，由于互联网泡沫的破灭导致的经济衰退，使谷歌有机会雇用了许多优秀的人才。

8. "如果你的生活中还有选择，你就不会完蛋。"

由于这个简单的理念，《谈判力》（Getting to Yes）成为一本畅销书。在这本关于谈判的书中，罗杰·费舍尔（Roger Fisher）和威廉·尤里（William Ury）讨论了拥有一个 BATNA（通过谈判达成协议的最好替代方式）的重要性。当你有另一种选择时，你可以获得更好的条件和更好的价格。举一个简单的例子来说明这项原则的具体使用方式：在条款（包括价格）达成一致之前，绝不能同意购买任何东西。谈判应该在你同意做某事之前进行，而不是同意之后再谈判。

9. "你可以读很多关于创业的书或博客文章，但事实是，只有在你开始创业时，你才真的能学到东西。越早犯错，就越能快速地建成一个成功的公司。"

如果你要领导一家处于早期阶段的公司，你需要熟练掌握所有的细节，你需要了解财务模式、参与产品设计，你还需要对销售渠道有详细的了解。总之，你需要亲力亲为。

作为一个好的创业者，你需要擅长协调。

不要让公关领先于产品质量。

你的竞争对手和你一样焦虑。你看了他们的新闻稿，认为他们办公室里都是彩虹和棒棒糖，其实并不是这样，你只是在看他们的新闻营造的假象。

不要轻视竞争对手。

成功的创业者往往拥有大量的技能，而这些技能是现实世界的经验和天赋的结合。每个人都会犯错误，但有些人有能力更多地犯新错误而不是重复犯过的错误。成功的创始人会留心并学习，他们知道如何同时做若干件事。他们周围都是聪明的人，这些人懂得面对自己的错误。测试你是否正在审视自己错误的最好方法是，问问自己：在过去的一年里，你是否在某个重大问题上改变了看法？如果没有，你思考得有多深入？你做了多少思考？

10．"创业者不'玩虚的'，他们'实干'。这就是创业者与大公司高管、顾问和投资者的区别所在。别人可以'分析'，做事后诸葛亮。创业者每天面临着大量的日常决策，其中大部分是细节，所有这些都需要决策和行动。"

20世纪90年代，我曾与一群投资者在沙丘路开会，有人提到了某一位企业高管，称其为"船先生"（Mr. Ship），这是一种赞美。这个人的意思是，这位高管按时将承诺的产品发货。把事情做好是一项被低估了的技能。那些照片出现在科技杂志封面、凝望远方、眼神充满激情的人能产生几个月的公关效果，但他们不是那些能创造长期价值的人。

11. "不要雇用那些和你一模一样的人。"

当我看到一个首席执行官的讲话占了会议时间的90%时，我认为，作为一个领导者，这个人要么不会听取别人的意见（而倾听意见是领导者应该做的），要么就是不信任他的同事。要让你的团队成员表达自己的想法。

从最广泛的意义上说，多样性使团队变得更好：不同而互补的技能、不同的个性、不同的兴趣、不同的方法、不同的背景。苏斯特还认为，一个真正有效的团队并不依赖于某一个人完成任务。

12. "关注大型颠覆性市场。"

我们需要4M：管理（management）、市场规模（market size）、资金（money）、动力（momentum）。在创业的世界里，低毛利率几乎就等于死亡，这就是许多互联网零售商失败或将要失败的原因（很多零售商以35%的毛利率经营）。许多软件公司的毛利率超过80%，这就是为什么这些公司比诸如传统零售商或消费品公司更有价值。但软件公司通常比零售商花费更长的时间来扩大营收，因此需要时间。这就是为什么有些记者大肆宣扬"X公司（所说的公司可能只是在卖别人的实体产品）的营收是2 000万美元"，并且认为这很好。而事实是，它可能比一家营收为500万美元的公司（可能是在销售软件，并且销售的利润率非常高）要糟糕得多。

投资者在投资初创公司时想要寻找的东西有很多。苏斯特认同这里引用的一些内容，如巨大的目标市场、显著的凸性、高毛利率。苏斯特也提到了商业中我最讨厌的事情之一：记者热衷于关注一家公司的营收。遗憾的是，这样的记者往往会把对营收的关注传递给其他人。收入不是利润，不能仅仅用损益表来判断一家公司是否在创造价值。投资者必须理解单位经济学，以理解何时创造价值。

33. 彼得·蒂尔

Founders 基金公司

彼得·蒂尔，创业者、投资人和政治活动家。他是 PayPal 的联合创始人，并以作为 Facebook 的第一个外部投资者而闻名。毫无疑问，他是当今硅谷最具争议的人物——因为他直言不讳的观点和独特的个性。他的政治观点是自由意志论和保守主义思想的结合。他是 Clarium 资本公司的总裁，也是 Founders 基金的管理合伙人。他是《从 0 到 1》（*Zero to One*）这本书的合著者之一，还帮助成立了一家分析软件公司 Palantir Technologies，并担任董事长。彼得·蒂尔出生在德国，幼时随家人移居美国，他童年也在非洲生活过一段时间。他在斯坦福大学获得哲学学士学位，然后在斯坦福大学法学院获得法学学位。

1. "伟大的公司会做三件事。首先，它们创造价值。其次，它们以有意义的方式发展得更长久。最后，它们至少能回收其所创造价值的一部分溢价。"

　　比成为第一个行动者更重要的是做最后一个行动者。你必须有持久的耐力。

　　对于初创公司来说，最重要的就是把一件事情做得特别好，好过其他所有人。

所有的公司都必须创造一条护城河，以保证持续盈利。遗憾的是，有时创造了新价值的公司无法以可持续的方式获得其价值创造的溢价，这样唯一的受益者是用户。关于溢价回收①的一个最好的解释来自查理·芒格的文章《世俗智慧》（"Worldly Wisdom"）：

　　如今有各种各样奇妙的新发明。作为新发明的所有者，除了获得一个机会，把更多的钱花在不久就会变得不赚钱的生意上外，别的什么都得不到。发明者还是赚不到钱。巨大的改进带来的所有好处都将流向用户。

2. "也许我们把太多的重点放在从 1 到 n 上，因为这样做更容易。毫无疑问，从 0 到 1 在性质上是不同的，而且几乎总是比 n 次复制某事更困难。"

　　试图实现垂直的从 0 到 1 的进展，是一个巨大的挑战——例外的挑战。每个尝试新事情的创始人或发明者都应该思考："我神智清醒吗？我是不是疯了？"

---

　　①　溢价回收（value-capture）：一家公司以创新的方式实现了价值创造，其他公司很快会通过效仿进入该市场，削弱最初做出创新的公司能获得的溢价能力。——译者注

做一些以前从来没有做过的事情真的很难。许多人有意识或无意识地宁愿跟在别人的车尾，而不是真正地实行"从0到1"的创新。遗憾的是，循规蹈矩地失败而不是不同寻常地成功，是许多人选择的道路。从1到n的发展不会产生带来大满贯结果的新公司。

3. "当公司像病毒一样发展时，我们看到复利的力量。成功的公司往往有一条指数级增长曲线。"

> 这些公司可能会以每年50%的速度实现业务增长，而且会持续数年，增幅可能会比这个更大一些或更小一些。但这一模式，即一段时期内持续的指数级增长，是所有成功的科技公司的核心。在此期间，公司的估值也会呈指数级增长。

这是一种非线性现象，能够推动大满贯的财务结果，也是投资者获得成功所需要的。如果偏离像摩尔定律这样的非线性现象，投资者的财务健康会受到不利的影响。摩尔定律不是唯一具有指数弧线的现象，但它是一种重要的现象。山姆·阿尔特曼解释了人们往往不理解非线性现象的力量的一个重要原因："处于指数曲线上的困难之处是：当你向后看时，它看起来是平的；当你向前看时，它看起来是垂直的。"生活中很少有什么是指数级的，所以当指数级现象发生时，人们很容易看不到或不理解它的影响。

4. "当你打算创业时，你一定想创办一家这样的公司：它有效运营，获得巨大的成功，而不是疯狂地跟成千上万个做着和你一样的事情的人竞争。"

有可能产生大满贯结果的错误定价的凸性领域，不会在成千上万人都在寻找的地方。蒂尔想要说明的另一点是：只要挥棒击球，就很有可能获得非常好的积极结果。这两点很简单，但经常被忽略。

5. "设想一个 2 乘 2 矩阵：一个轴代表了高信任度的优秀人员及低信任度的人员，另一个轴代表规整的结构（有精心制定的规则）及杂乱的结构（缺乏有效的规则）（见图 33 - 1）。高信任度的优秀人员和杂乱的结构，这种组合基本上是无政府状态。最接近这种状态的是 2000—2007 年的谷歌，公司中有才能的人可以在各种不同的项目中工作，可以不受太多约束地工作。与这种状态相反的组合——低信任度的人员和规整的结构——有时也可以使公司有效运转，这种组合基本上是极权主义。富士康公司是这种组合的一个代表性例子：许多人在那儿工作，他们是某种形式的苦工；公司甚至安排了防护栏，防止工人跳楼自杀。但不可否认，富士康是一家具有生产力的公司。"

图 33 - 1　人员-结构矩阵

蒂尔认为，低信任度的人员和杂乱的结构这种组合是一种自相残杀的状态，最好避免这样的组合。蒂尔认为，理想的组合是高信任度的人员和规整的结构，因为在这种状态下，人们总是劲往一处使，而不是偶然。股权激励，如果设计得结构合理的话，是在初创公司中建立规整结构、形成良好合作的重要方式。

6.　"天使投资人可能不了解如何估值。可转换债券，使得天使投资人可以推迟估值问题，让 A 轮投资人来完成。其他的好处包括可以通过数学计算来排除估值较低的融资①的可能性。若天使投资人系统性地高估了公司的价值，可能会出现这个问题。"

　　一轮估值较低的融资，真的是一场灾难。经历一轮估值较低的融资这种灾难，很多疯狂的人就会被彻底清除出去，那么当你开始艰巨的重建任务时，就不会再有这些人制造更多的问题，你就不会再遭遇估值较低的融资。如果你找到一家公司，每一轮融资都估值较高，你至少会赚到一些钱。而一旦有一轮估值较低，你就赚不到钱。

蒂尔这段话的意思是，现在有许多天使投资人，他们对公司的错误估值可能会搞砸股权结构表。当一家公司以低于前一轮的估值融资时，就会出现估值较低的融资。在估值较低的融资中，有些投资者通常会基于前一轮融资合同中的反稀释条款获得更多的股份。股权稀释会降低员工和创始人留在公司的积极性。

---

① 估值较低的融资（down round），指投资者在一轮融资中购买同一家公司股票的价格低于上一轮融资投资者支付的价格。——译者注

7. "一种健康的企业文化是指人们有一些共同的东西，使他们与世界上其他的人有很大的区别。如果每个人都喜欢吃冰激凌，那就没什么可说的了……你还需要在运动员（有竞争力的人）和书呆子（创造者）之间找到恰当的平衡。"

蒂尔描述了成功的企业文化的核心要素，比如独特的共同使命和充满激情的人的完美组合。优秀的领导者知道如何将这些输入恰当地进行组合，组合会因团队而异。他们可以通过模式识别和良好的判断来找到合适的人的组合。一个多样化的团队必须具有自己独特的共同使命。

8. "风险投资者依赖的是非常谨慎的人脉网络，他们与这些人有紧密联系，也就是说，他们可以接触到独特的创业者群体。人脉网络是核心价值主张。"

随着世界变得越来越数字化，各种类型的人际网络变得越来越重要。你的个人网络、参与的公司网络，其力量、价值会以相同的方式增强。成功比以往任何时候都更能带来成功。这是因为"连接"创建了纳西姆·塔勒布所称的选择权。塔勒布说过："如果你知道如何去找的话，选择到处可见。"城市生活、聚会、上课学习、获得创业技能、银行账户中有存款、避免负债——这些活动都可以增加你拥有的选择。有目的地开发你的人脉网络和公司网络，可以带来巨大的回报。

9. "任何一家价值数百万美元的公司，其创始人或公司的一两个关键人物都应该花 25%～33% 的时间来寻找和吸引人才。"

这样做的人有更好的模式识别技能，正如我之前所说，这是做出正确判断的重要因素。一位顶级投资者曾对我说过："当我看到合适的团队时，我感觉对此模式似曾相识。这样的团队以及团队成员之间的默契与其他成功团队不完全一样，但仍然有一个模式。这个模式不会是相同的，但看上去很熟悉。"一个好的团队内部成员是多样化的，团队成员拥有的技能及其他特质是相互补充的，信任度会很高，团队文化将能够包容那些通过试验学习的人。诸如强烈的职业道德和良好的判断力这些特质至关重要。

10. "自以为是，是硅谷每家成功的公司都有的问题。"

对一个领域做到精通很难；而对许多领域都很精通，且仍然谦虚地承认自己并非无所不知，这就更难了。风险投资人兼作家摩根·豪斯（Morgan Housel）明确指出了这一点："知识和谦逊之间有着很强的相关性。"查理·芒格曾说过，他追求的是"理性的谦逊"，并指出"承认自己有所不知是智慧的开端"。特别是在互联网泡沫时期，许多非常聪明的人因为自以为是而犯了愚蠢的错误。正如沃伦·巴菲特说过的：

> 投资和投机两者之间的边界从来都不是非常明了、清晰的，而当大多数市场参与者都取得了成功时，这一边界变得更加模糊了。没有什么比大笔大笔地轻松赚钱更能让理性消失。在那样一段令人兴奋的经历之后，通常明智的人会倾向于采取类似参加舞会的灰姑娘那样的行为。他们知道，如果过了午夜仍逗留在舞会上，也就是说继续对那

些相对于它们未来可能赚的钱而言估值过高的公司进行投机，最终得到的将会是南瓜和老鼠。但他们还是不愿意错过这种难得聚会的每一分钟。因此，那些头晕目眩的市场参与者们都计划在午夜前几秒钟离开，但问题是：他们跳舞的房间里的钟没有指针。

11. "我总是试图成为一个逆行者，与大家走不一样的路，在人们不关注的地方寻找机会。"

如果你做普通的事，那么你就只能成为普通的人。如果你不能勇敢地进行反向投资，那么作为投资者，你就不可能收获超出市场平均水平的回报。正是预期价值和市场价格之间的差距，推动了投资者的投资决策。如果你的观点仅反映了大众的一致见解，你就不太可能超越市场，因为市场反映了普遍共识。然而，在实践中，反对大众的观点并不是一件容易的事，因为投资者是在和社会认同对着干。在很多情况下，随大流是有道理的。对大多数人来说，与大众的热情保持一致是一种天然的本能。

12. "不合格的投资者倾向于认为所有的公司都是平等的，只是有些失败了，有些表现平平，有些实现了增长。现实中，初创公司的表现呈幂律分布。"

蒂尔认为，在风险投资领域，别指望靠打"小球"（指依靠某一家或少数几家公司）就能赚大钱。他倡导一种"打全垒"的方式，来寻求"大满贯"的结果。

34. 弗雷德·威尔逊

Union Square 风险投资公司

弗雷德·威尔逊，Union Square 风险投资公司的联合创始人、管理合伙人。威尔逊一直是 Foursquare、Kickstarter、Tumblr、Twitter 和 Zynga 等公司的风险投资支持者。威尔逊同时也是正在快速发展的纽约创业和风险投资社区的领导者。他的著作，包括他在 avc.com 的博客文章，见解深刻，引人入胜。他的著作涉及广泛的主题，从技术（如可转换债券）到社会（如医疗），无所不谈。他曾经是 Euclid Partners 的普通合伙人，是 Flatiron Partners 的联合创始人。威尔逊拥有麻省理工学院机械工程学士学位和宾夕法尼亚大学沃顿商学院的工商管理硕士学位。

1. "风险投资是一种集中性的生意，所有回报都来自最顶部的几个投资。"

如果十年期间的回报不到原来资金的 3 倍，就是回报平庸的风险投资。

投资回报需要包含相当于原来资金 2.5 倍的管理费和业绩报酬，这才能算得上还不错的回报。

在风险投资领域，具有高风险的项目往往更能获得投资。当创业项目包含高风险但同时也有巨大的光明面时，风险资本仍然是最好的资金选择。

如果每年退出 1 000 亿美元是一个稳定状态，那么我们就需要据此倒推，计算我们的资产类别能投资的规模。

风险投资人选择那些具有显著凸性的项目，组成他们的投资组合。在基金的生命周期内，风险投资人非常努力地做投资，以便能产生少见的大满贯结果。当一个成功的大满贯出现时，许多人会在事后认为获得大满贯的这家初创公司是注定会成功的。这种幸存者偏见会让许多风险投资行业之外的人忘记这样一个事实——许多风险投资人的投资颗粒无收。而行业内的风险投资人在这种情况下则比较少有幸存者偏见，因为他们目睹了真实公司失败的过程——这些公司雇用了他们看中、关心的真实能干的人。有经验的风险投资人明白，在创业过程中，通过观察各部分的加总来预测会发生的整体结果，是不可行的。

2. "大多数被嘲笑为荒唐的想法却得到了最好的结果。别做平淡无奇的事情。"

威尔·罗杰斯以另一种方式表达了同样的观点："一定要在

比牧群饮水的地方更上游的水源处饮水。"千方百计在其他人都高度关注的领域发现积极的凸性，这是投资者所称的拥挤交易（太多人试图做同一件事情）。如果你是暴徒的一分子，你不可能比暴徒好到哪里去。

那些随大流还期待成功的人让我想起一则笑话：一天深夜，一名警察发现一个醉汉在路灯下匍匐前行，醉汉告诉警察他在找钥匙，警察问他是否确定把钥匙掉在那儿了，醉汉回答说确信自己把钥匙扔在街对面了。"那你为什么在这里找呢？"警察问。醉汉解释说："因为这里的灯光更好。"一个随大流的投资人，就像醉汉在路灯下寻找钥匙，而钥匙却在街对面。

3. "让产品对路意味着要找到产品-市场的匹配。这并不是说仅仅推出产品就行了，而是要达到市场接受你的产品并且会需要更多这样的产品的那个点。"

你旅程的第一步是：创建一个产品，打入市场，找到产品-市场的匹配。我认为，种子期融来的资金需要用来做这些事。旅程的第二步是雇用一个小团队，来帮助你运营前期通过找到产品-市场匹配已经成形的业务，并使该业务发展壮大，这是A轮融资获得的资金的用途。旅程的第三步是扩大团队规模、增加收入并占领市场，这是B轮融资获得的资金的用途。旅程的第四步，你需要获得盈利能力，这样，减掉所有开支后的资金流能维持和发展业务，这是C轮融资所获资金的用途。旅程的第五步是为自己、团队及投资人创造流动性，这就是首次公开募股的目的。

融资必须要有节奏，这很重要。没有任何两个融资过程是完全相同的，但都倾向于遵循大致相似的节奏。换句话说，投资者和公司往往会使用一些里程碑和推断方法。套用马克·吐温的说法，创业融资的成功从来都不会完全重复，但它们确实有节奏。会有两个不同的方面：如果估值太高，后续可能出现"估值较低的融资"或更糟糕的情况，而卖得太便宜可能意味着痛苦的股权稀释。就像金凤花姑娘一样，在为公司融资的时候，创业者必须找到"刚刚好"的点。

4. "在明确自己拥有了恰当的产品以及支持产品的优秀员工和清晰流程之前，切勿大规模扩张人员和烧钱，这是非常危险的。而早期关于收入的诱惑往往是由充满激情的创始人带来的，可能会是令人讨厌的假象。"

这些观点让我想起了价值投资中的"安全边际"概念。对于可能受到风险、不确定性和无知影响的系统来说，对它进行成功预测的过程中不可避免会出错。拥有"安全边际"意味着即使犯了错误，你仍然可以赢，因为你已经建立了财务上的"安全驾驶距离"。公司唯一不可饶恕的罪过就是用光资金。只要手上还有钱，即使你犯了一个错误，你还可以再搏一次。在价值假设还没有被证明是合理的之前就试图拓展业务，这是个错误。

5. "股权资本非常贵。每一次融资，都是在稀释。"

我想讲一个年轻的创始人的故事。他告诉我，他对会议室里昂贵的名牌办公椅感到非常自豪，他用一些新投资者给公司投资的钱购买了这些椅子。当我向他解释，如果公司有朝一日上市，那么这些椅子因股权稀释而付出的成本是多少时，他脸上的笑容瞬间消失了。股权稀释事关重大，好好算算吧。据说，如果你向沃伦·巴菲特展示像跑车这样昂贵的玩具，他几乎可以精确地告诉你，你会少多少收入。实际上，这有点令人害怕，因为他脑子里算得如此精确。当房地产经纪人向创始人展示带漂亮湖景的昂贵办公空间时，创始人应该立刻想到"股权稀释"！

6. "不仅需要精益方法，还需要精益文化。"

　　我认为，精益是创始人及其团队应该具有的思维方式，应体现在公司业务的方方面面。毫无疑问，产品和工程方案是精益创业活动的核心，是最重要的。但是，如果可以将精益理念应用于招聘、销售、市场营销、用户服务、财务等各方面，那么，作为回报，你的公司将变得灵活、高效。

在最广泛的意义上做到"精益"的公司将更敏捷，能够更好地适应变化。适应性增加了公司拥有的选择。

史蒂夫·布兰克指出："最小可行产品并不总是最终产品的更小或更便宜的版本。"最小可行产品同样能为用户提供价值，即使它不是完整的最终产品。

7. "让初始团队团结齐心、培育团队文化、灌输使命和价值观，这些都和设计、开发最初产品一样重要。"

大多数人低估了优秀的投资人在帮助创业团队形成默契方

面的价值。在出色的团队中，优秀的人才为创业者提供了宝贵的选择权，因为他们可以迅速适应变化。

8. "初创公司绝对不能犹豫不决，必须果断抓住每个机会。如果组织领导者对要做的决策感到焦虑不安，那么他的恐惧会渗透到整个组织中。"

创业，尤其是在有潜力产生大满贯财务业绩的初创公司中，对于创始人、员工、投资人来说，是一个"全面投入"的过程。恐惧和无所畏惧都具有传染性，创始人无所畏惧尤其重要。作为第四个加入这家现在价值 30 亿美元的初创公司的人，我非常高兴自己参与了。但是，像生活中任何有价值的东西一样，它伴随着一定的权衡。现在看起来这是正确的选择，但与当时我面临的其他选择相比，这项选择在某些方面完全不理性。当我回顾这段经历时，让我感到很惊讶的是，我对自己所做的事情毫无畏惧。

9. "做一名创业者很难。有关心你、支持你的投资者会很有帮助。"

在风险投资中，最艰难的事情之一就是在投资的项目遇到困难时坚持下来。

有经验的投资者知道，一家成功的公司在开始向上发展，直至名列前茅之前，往往会面临将要死掉的境地。虽然还运营着但其业务前途黯淡的公司，以及仍有市场机会的公司，两者是不同的，了解这种不同是伟大的投资人应具备的素质。

10. "声誉是一次又一次为你带来机会的吸铁石。我发现，和善待人可以为你树立良好的声誉。"

做一个友善的人能带来的好处是被高度低估的。随着个人网络重要性的增强，做一个友善的人的重要性正在上升。而且，为人友善本身就有回报。所以，要友善待人。查理·芒格说得很清楚："避免和性格有问题的人打交道。"芒格认为，只要与品行好的人打交道，管理费用就会显著下降，因为你可以通过"无缝的信任网络"更高效地运作。

11."顶级的投资人能看到最有趣的投资机会，但是对一项投资说'是'的机会成本是：他们从该领域的其他事务中抽身出来。"

投资某个特定公司的机会成本是，投资人通常决定不投资同一类别的其他公司，因为存在利益冲突。一家特定公司转入另一个产品类别的可能性越大，投资人就越担心潜在的冲突造成失去机会。

12."所有的市场都是繁荣与萧条循环往复。我认为，风险资本市场有着更为夸张的繁荣和萧条周期。"

霍华德·马克斯曾经说过："规则一：大多数事情都会被证明是周期性的。规则二：当其他人忘记第一条规则的时候，一些最大的得失机会就出现了。"你无法确切地预测商业周期的变化，但可以为变化做好准备。风险投资业务的周期性可能让新人感到措手不及，但像威尔逊这样有经验的投资者并不会对其感到意外。

35. 安·温布莱德
HWVP 风险投资公司

安·温布莱德（Ann Winblad），HWVP 风险投资公司的创始合伙人。她是软件行业一位著名的、受人尊敬的创业者，同时也是呼吁提高女性在风险投资中的作用的先锋和倡导者。她的公司领先地进行了在软件投资方面的专业化。她现在是几家上市公司和私营公司的董事会成员，包括 MuleSoft。她的第一份工作是在美国联邦储备银行做程序员。在创建 HWVP 风险投资公司前，她曾在 IBM、微软、普华永道及许多初创公司担任战略顾问。温布莱德于 1976 年和其他人共同创立了会计软件公司 Open Systems Inc.（该公司的初始投资为 500 美元，后来该公司被以 1 500 万美元的价格卖掉了）。她还是《面向对象的软件》（*Object-Oriented Software*）一书的合著者之一。在提升风险投资行业的女性比例方面，温布莱德既是一名榜样，也是有力的倡导者。她拥有圣凯瑟琳大学数学和工商管理学士学位，以及圣托马斯大学的教育和国际经济硕士学位。

1. "我们只投资软件公司。"

　　我们不投资发明。我们喜欢发明。

温布莱德在这里提出了两个重要观点。第一，她在职业生涯早期就决定：作为投资人，她只投资软件公司。她对软件和专业化的价值的理解是超前的。第二，关于发明与可盈利的商业项目之间的差异。许多人错误地认为发明能带来成功的创业，事实上，创业成功来自积极的反馈环形成的相互增强的网络，其核心是由创新和有能力的团队组成的。人才、用户认可、合作伙伴、新闻媒体和资金——这些是能彼此促进的，并且如果具备了合适的条件，这些能推动初创公司的非线性增长，从而形成推动风险投资行业财务回报的少数几个成功的投资项目中的一个。

2. "我们仔细研究产品和技术，以确认初创公司将要在市场上推出的产品或服务至少在可预见的将来具备可持续的竞争优势。"

如果一家公司没有可持续的竞争优势（护城河），该公司创造价值的方式很容易被复制或模仿，而且该公司永远不会看到超过资本机会成本的利润。这是一个很简单的理念，但人们常常不能透彻理解。拥有出色的产品或服务并不足以实现显著的盈利。有时，从创新产品或服务中受益的只有用户。

3. "我们投资时会优先考虑市场因素。如果市场机会不大，抛开人员或技术因素，生意将会失败。由于激烈的竞争和资本效率的问题，如果你投资这样的公司，机会通常会变得越来越小。"

即使拥有护城河和巨大的市场份额，如果市场本身很小，投资者也永远不会获得产生自己所期望的大满贯财务结果所需的经济回报。鉴于时间是投资者最稀缺的资产，每个投资者在其投资组合中只能选择一定数量的初创公司。这意味着投资者希望拥有每家初创公司相当部分的股权。尽管投资者在投资每个项目时，一开始都愿意相信它会成为大满贯，但只有非常大的机会才能证明这种类型投资的合理性。

4. "沃伦·巴菲特曾说：'市场最后出手。'意思是，你弄清楚市场上是否有用户了吗？"

狗把头伸到食盘里了吗？用户会购买吗？

在客户开发过程中，初创公司会努力找到产品-市场匹配并推出最小可行产品，这个过程是进一步扩大业务规模之前要完成的重要步骤。如果狗不吃这家初创公司的狗粮，那么唯一的选择是重新开始客户开发过程或者进行转向（不是关闭）。这时候，一个具有高度适应性的团队显得特别重要。

5. "你要创办一家公司时，你需要有工程师团队，需要有管理者，你需要说服他们从原来的公司跳槽到你的公司。这是对你吸引人才能力的考验。"

无论什么公司，吸引优秀人才的能力都非常重要，而最早的员工是最重要的员工，这就是投资者经常亲自参与招聘的原因——尤其是在创业的最初阶段。

6. "投资者的角色是做最好的机会主义者，有梦想的人会成为创业者。当我搬到加利福尼亚并在 20 世纪 80 年代后期成为风险投资人时，我就放弃了梦想家的头衔。"

投资者如果能专注于帮助创业者实现梦想而不是取代他们的愿景，将能取得很大的成功。就是这么简单。没有人会拥有无限的创意源泉，以产生足够的核心产品价值，进而产生大满贯的结果。即便是我们这个时代最伟大的创业者，获得改变世界这个层面的成功，次数也有限。有些创始人一生只取得了一次较大的成功。

7. "初创公司的建立很难，没有指导手册。"

你会缺人、缺钱……所以，你必须找到有效的杠杆，而不是一路沿着细小的台阶而上并时不时看看是否到目的地了。要具备大格局的思维方式，为实现目标努力找到可利用的杠杆。

寻找创新的方式来评估初创公司的不同方面是很重要的。换言之，不仅产品或服务本身需要创新，在如何创建公司以及产品或服务如何被开发并推向市场方面，也需要创新。

8. "将一些创业者与其他创业者区分开来的是，他们很少焦虑。他们不为未知而担心，他们并不担心前方的风险。"

随着年龄的增长，你拥有的经验越来越多。你要训练自己提前考虑风险，而不是不断征服下一座山。但风险规避型的人和非创业者会对此感到非常头痛，他们需要一定程度的舒适性和安全性。创业者需要具备这些素质：完成工作的勇气、判断商业环境的能力、领导力、与市场交互的能力、将信念融入战略的能力。

从根本上来看，不确定性是理性投资者的朋友。大多数创始人本能地知道，不确定性蕴涵着巨大的机会，因为不确定性会使其他人错误地评估凸性。

9. "我们所做的就是模式匹配，但我们确实需要一些指标。"

（1）他们看上去需要对所有不可扩展的东西拥有掌控力吗？

（2）他们会与所有股东、员工、合作伙伴、用户及投资者构建起相互信任的关系吗？我们可以一起成长吗？

（3）他们拥有足够好的智力条件和身体条件，以在创业的路上走得更远吗？从零开始创办一家公司是很难的。

大多数公司的失败是领导团队自身造成的。

伟大的创始人和团队需要各种技能，所以，多样性团队往往会更强大。正如华特·凯利（Walt Kelly）笔下的漫画人物波哥（Pogo）曾经说过的那样："我们遇到了敌人，而敌人就是我们自己。"拥有多样性团队可以降低群体思维的风险。多样性团队可以更快地适应，更轻松、更快地找到解决方案。

10. "遗漏的错误在我看来与选择的罪恶一样愚蠢。"

生活中最大的错误往往是我们没有犯的错误。风险投资人没有投资的公司、没有聘用的人可能是所有错误中最大的错误。关于这一点，沃伦·巴菲特也曾表示，他所犯的最大错误之一是没有投资沃尔玛，而这种"遗漏错误"可能使伯克希尔公司损失 100 亿美元。在风险投资中，一些最优秀的投资者要么放弃了，要么没有继续投资亚马逊、Facebook、谷歌。这样的遗漏错误是这个行业不可避免的一部分。

11. "以目标为导向并专注于目标，就像半满的玻璃杯，你必须看到积极乐观的一面。女性尤其应该始终拿好这个半满的玻璃杯。"

（当我们）出去筹集第一笔资金时，我们开了 132 个会才得到了第一个承诺。大部分人可能早就放弃了。但是，我和约翰相当有竞争力，我们遭遇的挫折越多，就越有动力。约翰没有告诉我，在我们出去筹集第一笔资金的那个时候，已经有几年没有创建新的风险基金了。我总是选择在经济环境很糟糕的时候创业。

这段话让我想起一个关于男孩和马粪的故事。男孩的父母发现这个孩子过度乐观，非常担心，于是把他送去看精神病医生。精神病医生在之前的患者中见到过这种情况。医生把孩子带到一个特别的房间，里面只有一大堆马粪。男孩立刻开始用双手挖粪堆，并高兴地大声喊叫。所有人都能听到："这里有这么多马粪，肯定就有小马！"这进一步证实了"过度乐观"的诊断。

　　我认识的最好的风险投资人都是乐观主义者。就像那个挖粪的小男孩那样，伟大的风险投资人从坏消息中获得动力。他们在做事情时不知疲倦，比如帮助其投资的公司招聘合适的员工、与潜在的有限合伙人联系、一次又一次遭到拒绝。温布莱德的经历也证明了，在别人看起来是最糟糕的时期，她却不懈努力并收获成功。

　　12. "玛丽·盖茨（Mary Gates）是一个了不起的人。她显然是一位伟大的母亲，因为她有三个伟大的孩子（包括比尔·盖茨）。她是一个伟大的妻子，她有一个伟大的并爱她的丈夫。玛丽自己也活跃于学校，是华盛顿大学及其他许多机构的董事会成员。"

　　　　每当你见到玛丽，你都会得到一封手写的感谢信。她总是看起来活力满满，似乎永远都不会疲倦，她一直非常专注。三十年前，我问她："玛丽，你怎么能找到时间做好这一切？"那时候，我还是一个比较年轻的风险投资人，我没有加入那么多的董事会，我还没有加入我的大学董事会，也没有加入非营利组织的董事会。她说："你知道吗，安，你实际上有很多时间，只是你浪费了太多的时间。你可以找出很多时间帮助别人，你可以有时间安静地坐下来谢谢别人，你有很多时间可以做善事，更不用说你可以找到很多时间贡献自己的智力资本和财务资本，这些都让你觉得很开心。

　　随着年龄的增长，你会发现，你变得更擅长利用时间。"这给了我很大启发：不要追求跑得多快，而是要努力做到更加专注。

　　除了我的家人，玛丽·盖茨和她的丈夫老比尔·盖茨比其他任何人给我的帮助都要多。玛丽·盖茨是一个超前的、充满活力的人。她聪明伶俐，见过她的人都喜欢她。她进入好几家机构的董事会，而那时候女性进入董事会并不常见。在许多人职业生涯的关键时刻，她给予他们帮助，包括我。例如，20世纪80年代，她说服我转向移动行业。她知道这是个机会，因为她是第一批"蜂窝"公司其中之一的董事会成员。像安·温布莱德这样的人传承了玛丽·盖茨的传统，即在创业的世界中及其他任何地方成为女性的榜样。

　　我想引用温布莱德的最后这一段话作为本书的结尾，因为风险投资行业中的最大机会来自让尽可能多元化的一群人参与到团队中。多样性使系统灵活性更好、韧性更强、生产力更高。靠近人群中温暖的地方，对于人的发展是一项好策略。但伟大的创业者和伟大的风险投资人不是平常人，他们最好地诠释了"古怪"这个词，而且他们当中没有任何两个人是彼此相似的。

结　　语

　　从本质上来说，风险投资是一项服务性的业务。要想把风险投资做得很好，需要付出辛苦和努力，需要具有智慧和良好的判断力，还需要一些运气。我最敬佩的那些投资人都热爱这份工作，他们喜欢花时间和精力去创建真正的公司。他们对财务有着深刻的理解。对他们来说，财务能够促成他们最喜欢做的事。如果一种设计良好的财务结构只是保证了较高的比例，而公司经营业绩很差，那么这样的财务结构毫无意义。可以把风险投资看成某种有三条腿的凳子：人、市场和产品创新。每条腿对成功都是必不可少的，但不同的投资人在不同的时期将重点放在不同的腿上。一家成功的公司一定是在许多维度上都取得了成功并可以靠自己自我成长。有才华且努力的员工、用户的认可、合作伙伴、品牌价值、资金——这些是能彼此促进的，并且如果具备了合适的条件，这些能推动初创公司的非线性增长，从而促成推高风险投资行业财务回报的少数几个成功的投资项目中的一个。投资人的工作就是成为帮助实现这一目标的重要枢纽。读完本书之后，我希望你现在明白，将本书中的这些理念付诸实践更像是艺术，而不是科学。永远不要停止学习。

词汇表

A 轮融资（A round）：参见"A 轮系列融资"（Series A）。

加速器（accelerator）：为初创公司提供支持，使其加快发展的机构。常常要求参与的公司以一定的股权作为回报。

指导老师（adviser）：能为公司创始人提供商业建议、人脉网及其他支持的个人。

阿尔法（Alpha）：一种评价投资绩效的方法，与诸如指数等基准相关。

天使投资人（angel）：在公司创业的早期阶段进行投资的富有的个人。有些天使投资人是在公司种子期进行投资的职业投资者，其他一些天使投资人则是以兼职方式做这类投资。

资产类别（asset class）：在市场中显示出相似特征的一组资产（如股票、债券、现金等价物）。

资产负债表（balance sheet）：列有资产、负债及股东所有者权益的会计报表。

市场进入壁垒（barrier to entry）：参见"护城河"（moat）。

董事会（board of directors）：公司职能机构。其成员代表股东处理与公司重大决策相关的事务。

种子式自扩张（bootstrap）：用个人资金进行创业，并用公司赚的钱进行再投资（源于"靠自己的力量把自己拉起来"这种表达）。

商业模式（business model）：公司将创新转化为经济价值的方式。

资金损耗率（burn rate）：反映公司消耗资本快慢的度量法，常以月度或年度进行计算（也翻译为"烧钱率"）。

股权结构表（capitalization table）：说明每位投资人拥有公司股权情况的数据表单或表格。

鸡和蛋（chicken and egg）：只有双方或多方都到位，才能产生想要结果的情形。

能力圈（circle of competence）：某人拥有超出一般投资人的知识和专长的领域。

复杂适应系统（complex adaptive system）：它包括三个特点。第一，该系统包含许多异质的主体，各主体会做出如何行事的决策。此特点最重要的方面是，随着时间推移，决策会进化。第二，这些主体彼此互动。这种互动导致出现第三个特点，就是科学家所谓的"浮现"——总体变得大于部分总和。关键问题是，人们无法通过分析各个部分而理解整个系统。

反向投资（contrarian investing）：以一种跟多数其他投资者的投资思路相反的方式投资（不随大流）。

凸性（convexity）：在风险投资中，潜在的（大）收益和（小或无害）的损失之间非常不对称的情况。

相关（correlation）：资产价格彼此之间如何变动。

众筹（crowdfunding）：（典型地通过网络）从较多的人（众人）那儿为初创公司筹集资金的过程。相对于从较少的职业投资人那儿筹集的资金，众筹的资金量较少。

累积优势（cumulative advantage）：如果某产品在正巧合适的时机比竞争对手更受欢迎一些，那么此产品就会变得愈加受欢迎。参见马太效应（Matthew effect）。

客户开发过程（customer development process）：一种系统方法，帮助找到可重复的、能形成规模的商业模式。

交易流（deal flow）：投资人做出投资方案的品质和速度。

稀释（dilution）：由于后期投资者追加投资，使得前期投资者所持有的资产价值降低了。

现金流量贴现（discounted cash flow，DCF）：以合适的利息将公司来自投资的预期现金流量还原为当前现值。

分配（distribution）：在清偿事件发生后将资金返还给合伙人。

估值较低的融资（down round）：公司估值低于前轮融资的一轮融资。

尽职调查（due diligence）：交易前，对参与交易的个人或机构进行调查、分析和评估的过程。

早期投资（early stage）：在初创公司远未成熟前进行投资，包括种子期，也可能包括在后面的融资轮继续投资。

电梯演讲（elevator pitch）：创始人向潜在投资者进行展示，以推介自己的公司，一般只限几分钟（与乘电梯所用时间相当）。

股权（equity）：对公司股票的持有权。

退出（exit）：全部或部分出售组合投资，包括公司收购、二次收购、首次公开募股。也称作流动事件。

推断（extrapolation）：根据过去发展和现有数据对未来进行预测。

创始人（founder）：创建并培育新公司的人。

自由现金流（free cash flow）：除去开销、债务还本付息、资本性支出及红利后，其余可用的现金。

资金/基金（fund）：投资者们承诺的构成投资的资金池的投资总额。

普通合伙人（general partner）：在有限合伙公司管理基金的个人或实体。普通合伙人收取管理费，如果基金运作成功，普通合伙人还可获得一定比例的业绩报酬。

大满贯（grand slam）：在风投业，它指这样的投资——投资回报收益是分散的、可用的（流动），回报数额可达全部风投基金的一倍或多倍。

毛利（gross margin）：商品销售收入与营业成本的差额。

增长假设（growth hypothesis）：新用户寻找和购买某产品或服务的方式。

对冲（hedge）：购买一资产，期望给另一资产带来逆向回报，以抵消价格变化带来的冲击。

启发式的/探索的（heuristic）：可以让人们快速解决问题或做出判断的心理捷径——心理的经验法则。这些捷径有时可能会引起偏差，导致失误。

损益表（income statement）：反映企业在某一特定时间段盈利或亏损的会计报表。

孵化器（incubator）：旨在支持初创公司发展的机构，一般提供办公室、试验空间，并帮助联系指导老师。与加速器相比，孵化器更侧重于激发创业想法。

首次公开募股（initial public offering，IPO）：私人公司首次向公众提供个人可购买的公司股票。

内部收益率（internal rate of return）：所有未来资金流的现值与最初投资额相等时的折现率。

投资理论（investment thesis）：相信创业想法能创造价值所基于的基本理念。

内在价值（intrinsic value）：未来资金流的现值。

投资（investment）：购买某资产以期得到一定的回报。

投资银行（investment bank）：当新证券发行时，提供代理或担保服务的金融机构。

投资者（investor）：将钱投向投资产品，以期获得一定财务回报的个人或机构。其投资方式是对某资产的价值进行评估，而非对其他人的行为进行评估（也就是说，投资者不是投机者）。

关键绩效指标（key performance indicators）：用于确认公司业绩和状态的一些度量指标。

后期（late stage）：在一项业务生命周期后期进入的风险资本阶段。

主要投资者（lead investor）：融资轮中的重要投资人，具有一些特定职能，如设定融资轮中的每股价格。

精益创业（Lean Startup）：一种创建和管理初创公司的科学方法，旨在将研发的产品更快地投放到用户手中。

有限合伙人（limited partner）：投资于有限合伙公司的投资者。

有限合伙公司（limited partnership）：指这样的组织——其普通合伙人及各种有限合伙人主持公司业务，有限合伙人的债务受到一定限制。

清算（liquidation）：变卖资产，以偿还债权人和/或股东的债务。

清算优先权（liquidation preference）：投资者拥有的对企业清算所得收入的优先获得权。

流动性（liquidity）：衡量企业为获得现金或现金等价物而出售资产的难易程度。

清偿事件（liquidity event）：出售诸如股权等资产，或出售诸如现金或股票等流动资产，以便能使资金回到投资者手中，也称"退出"。

合奏效应（lollapalooza）：查理·芒格提出的术语，描述一种由反馈驱动的现象。这种现象可能导致正面或负面的结果，而且结果大于各部分总和。

看涨（long）：基于价格会上涨的预测而购进某物。

宏观经济学（macroeconomics）：对经济体中的群体行为进行的研究。

管理费（management fee）：由风投基金收取的管理费，往往占其所管理资产的2%。

安全边际（margin of safety）：在财务中，指资产的内在价值和市场价格之间的差异。

马太效应（Matthew effect）："富者会更富，贫者会更贫"的现象，参见"累积优势"。

心智模型（mental model）：一种反映人们之间互动现象的有效的认知框架。

微风投（Micro VC）：投资于初创公司生命周期早期阶段的职业投资人，主要投资于种子期或接着投资于A轮。

微观经济学（microeconomics）：对构成经济体的一个个要素进行的研究。

最小可行产品（minimum viable product，MVP）：公司提供的只包括基本性能的产品（足够进行市场测试）。

护城河（moat）：可防止竞争对手进入市场的壁垒，以保证公司能持续创造价值。拥有护城河的公司必须能持续获得超过其资本成本的收益，并获得高出竞争对手平均值的经济回报。可以创建防御竞争者的护城河的要素包括：品牌、管理、供应侧的规模经济、网络效应、知识产权等。

市场先生（Mr. Market）：描述市场短期内不可预测特性的比喻。

净现值（net present value）：投资减去投资成本的现金流量的现值。

网络效应（network effects）：当一个系统或一种形式的价值依赖于用户数量时所产生的需求侧规模经济。这种效应可能是正面的（如电话网络），也可能是负面的（如交通拥堵）。这种效应可能是直接的（如系统用户的增长会直接给用户带来价值，如电话），也可能是间接的（如系统的使用会带来互补性商品生产的增长，如移动电话）。

非线性（nonlinear）：如果一个系统的整体行为比人们根据系统输入之和所预测的要复杂得多，那么输出与输入就不是线性关系。

机会成本（opportunity cost）：之前弃选方案的价值。

期权（option）：合同持有者拥有的在将来某时以特定价格购买特定数目证券或其他资产的权利。

可选择权（optionality）：期权的潜力。在财务中，它是指除了正在追逐的投资机会，投资者还有其他备选机会的情况。

路径依赖（path dependence）：如果固守某决定，且长久不变，便出现路径依赖。

融资演讲（pitch deck）：公司创始人为扩大潜在投资所做的陈述。

转向（pivot）：吸取了之前的经验教训后，初创公司转而追求一个新的发展方向。转向不是重启。

平台（platform）：一个多方参与的市场，双方用户或多方用户可以直接在其中进行交流而得以创造价值。

投资组合公司（portfolio company）：从风投公司或其他投资人那里接受了股权投资的公司。

幂律分布（power law）：两个量之间的函数关系，一个量的相对变化会引起另一个量的一定比例的相应变化，无论这些量的最初大小如何。一个量的变化是另一个量的次幂。

优先股（preferred stock）：包含一些特定条款的股票。这些条款确保持股者在诸如红利和支付等方面具有优于普通股的优先权。

产品-市场匹配（product-market fit，PMF）：产品满足市场需求的状态。

现值（present value）：未来某笔钱，或未来会获得的现金流量（付款）的现在价值。

可扩展性（scalability）：一项新业务可以获得增长的难易情况。

证券（security）：由私人公司或政府发行的债务或权益

工具。

种子期（seed stage）：风险投资的最早阶段。在此阶段，投资者将相对小额的资金投给仅有创始人、创业想法及几名早期员工的初创公司，在确立产品-市场匹配方面只有一点点进展。

系列融资（series）：发生在特定时间节点的融资轮。根据在种子期之后进行了多少轮融资，用字母表示（如 A 轮系列融资、B 轮系列融资、C 轮系列融资、D 轮系列融资）。

A 轮系列融资（Series A）：公司种子期后的第一轮风投融资。

投机者（speculator）：试图通过猜测未来他人行为来预测某资产未来价格的人。

股票/股份（stock）：对某公司的部分拥有权。

条款清单/条款说明书（term sheet）：在签订具有约束力的最终协定前，双方同意的投资结构或其他交易的清单。

引爆点（tipping point）：公司在某方面达到关键量的时刻。

独角兽（unicorn）：通过私人投资或公共投资，估值达 10 亿美元的初创公司。在许多情况下，独角兽公司还未考虑一些条款（如清算优先权等）。

价值假设（value hypothesis）：一旦某产品或服务被使用，它们是否能真正给用户带来价值。

风险投资/风险资本（venture capital）：一种私人股本。它专注于具有高增长潜力的公司，对其进行长线投资。

风投基金（venture capital fund）：投资人定期筹集的专用于

风投的资金池，常常以有限合伙公司的形式存在。基金一般有以年计算的固定周期（虽然投资者常常有可能答应延长数年）。

投资合伙人（venture partner）：在风险投资公司工作的寻找和管理投资的人，但他们不是普通合伙人。

病毒式传播（virality）：现有用户通过推荐方式发展更多用户的频率测算。

波动（volatility）：变量的起伏，比如市场价格随时间变化。

译者说明

    本书主要由河海大学笪鸿安、吴益华翻译，陈俊娴、朱亚楠、颜思宇做了部分翻译工作，感谢她们的辛苦付出。在翻译过程中，我们尽了最大的努力，使译文准确、流畅，真实反映原著的意思。由于能力所限，翻译难免有不妥之处，请读者不吝指正。

笪鸿安　吴益华

2019 年 1 月

图书在版编目（CIP）数据

硅谷创业课/（美）特恩·格里芬（Tren Griffin）著；笪鸿安，吴益华译 . —北京：中国人民大学出版社，2019.7
书名原文：A Dozen Lessons for Entrepreneurs
ISBN 978-7-300-26976-4

Ⅰ.①硅… Ⅱ.①特… ②笪… ③吴… Ⅲ.①创业 Ⅳ.①F241.4

中国版本图书馆 CIP 数据核字（2019）第 091291 号

硅谷创业课

［美］特恩·格里芬（Tren Griffin）　著

笪鸿安　吴益华　译

王　玥　审校

Guigu Chuangyeke

出版发行	中国人民大学出版社	
社　　址	北京中关村大街 31 号	邮政编码　100080
电　　话	010 - 62511242（总编室）	010 - 62511770（质管部）
	010 - 82501766（邮购部）	010 - 62514148（门市部）
	010 - 62515195（发行公司）	010 - 62515275（盗版举报）
网　　址	http://www.crup.com.cn	
经　　销	新华书店	
印　　刷	北京德富泰印务有限公司	
规　　格	148mm×210mm　32 开本	版　　次　2019 年 7 月第 1 版
印　　张	10.875 插页 2	印　　次　2019 年 7 月第 1 次印刷
字　　数	211 000	定　　价　59.00 元